Microservices
Up & Running

처음 시작하는 마이크로서비스

| 표지 설명 |

표지 그림은 푸른귀 벌새(sparkling violetear, 학명 *Colibri coruscans*)다. 푸른귀 벌새는 남아메리카 북서부 해안을 따라 있는 안데스산맥 사이의 고지대 서식지에 산다. 케추아어로 Siwar q'inti이라 알려진 이 벌새는 현지에서 행운을 상징한다. 푸른귀 벌새는 머리와 가슴에 보라색 무늬가 있으며 무지갯빛 녹색을 지니고 있다. 귀에 있는 보라색 깃털은 머리에서 바깥쪽으로 뻗어 나간다. 벌새치고는 크지만 평균 길이가 약 12~13cm이고, 무게는 약 7그램이다. 암컷은 자신이 만든 둥지에서 두 개의 알을 낳고 품는다. 새끼는 3주가 되면 둥지에서 나온다. 높고 추운 고도에서 살기 때문에 푸른귀 벌새는 매일 밤 깊은 잠에 빠지는 벌새 중 하나다. 온도가 낮은 밤 동안 주변 온도에 맞춰 자신의 체온을 극도로 낮춘다. 거의 가사 상태에 빠지기 때문에 음식 없이도 길고 추운 밤을 견딜 수 있다. 푸른귀 벌새는 국제 자연 보전 연맹(IUCN)에서 최소관심종으로 분류한다.

오라일리 표지의 동물들은 대부분 멸종위기종이다. 이 동물들은 모두 우리에게 소중한 존재다. 표지 그림은 『Wood's Natural History』에 실린 흑백 판화를 바탕으로 캐런 몽고메리Karen Montgomery가 채색했다.

처음 시작하는 마이크로서비스

AWS, 도커, 테라폼 등으로 구축하는 마이크로서비스 아키텍처

초판 1쇄 발행 2021년 8월 1일

지은이 로니 미트라, 이라클리 나다레이슈빌리 / **옮긴이** 최경현 / **펴낸이** 김태헌
펴낸곳 한빛미디어(주) / **주소** 서울시 서대문구 연희로2길 62 한빛미디어(주) IT출판부
전화 02-325-5544 / **팩스** 02-336-7124
등록 1999년 6월 24일 제25100-2017-000058호 / **ISBN** 979-11-6224-457-9 93000

총괄 전정아 / **책임편집** 서현 / **기획·편집** 김종찬
디자인 표지 이아란 내지 박정화 / **전산편집** 이경숙
영업 김형진, 김진불, 조유미 / **마케팅** 박상용, 송경석, 한종진, 이행은, 고광일, 성화정 / **제작** 박성우, 김정우

이 책에 대한 의견이나 오탈자 및 잘못된 내용에 대한 수정 정보는 한빛미디어(주)의 홈페이지나 아래 이메일로 알려주십시오. 잘못된 책은 구입하신 서점에서 교환해드립니다. 책값은 뒤표지에 표시되어 있습니다.
한빛미디어 홈페이지 www.hanbit.co.kr / **이메일** ask@hanbit.co.kr

지금 하지 않으면 할 수 없는 일이 있습니다.
책으로 펴내고 싶은 아이디어나 원고를 메일(writer@hanbit.co.kr)로 보내주세요.
한빛미디어(주)는 여러분의 소중한 경험과 지식을 기다리고 있습니다.

Microservices
Up & Running

처음 시작하는 마이크로서비스

O'REILLY® **HB** 한빛미디어
Hanbit Media, Inc.

시간을 내어 자신의 경험을 기록하고 공유하는 모든 사람에게.
이 헌사를 쓰는 데 도움을 주지 않은 카이라브에게도.
– 로니 미트라

이 책을 쓰기 시작할 때 태어난 루카스에게,
루카스의 미소는 세계적인 팬더믹 속에서 이 책을 완성할 수 있는 힘을 주었습니다.
곁에서 지원해준 사랑하는 아내 애나에게.
이 책 초기 버전의 많은 내용을 군말 없이 검토해준
멋진 필라델피아 템플 대학교 제자들에게.
– 이라클리

지은이·옮긴이 소개

지은이 **로니 미트라** Ronnie Mitra

25년 이상의 웹 및 연결 기술connectivity technology을 사용한 경험을 가진 전략가이자 컨설턴트. 사람들에게 더 나은 분산 시스템을 설계하도록 지원하고, 전 세계를 돌아다니면서 조직의 인터페이스 설계를 위한 설계 중심 접근법과 애플리케이션 아키텍처에 대한 시스템 중심 접근 방식을 채택하도록 돕고 있다. 『Microservice Architecture』(O'Reilly, 2016) 및 『Continuous API Management, 2nd ed.』(O'Reilly, 2021)를 공저했다.

지은이 **이라클리 나다레이슈빌리** Irakli Nadareishvili

Capital One에서 Tech Fellows Group의 선임 이사. 마이크로서비스 혁신을 주도하고 있다. 『Microservice Architecture』(O'Reilly, 2016)의 공동 저자이며, 이전에는 NY 기반 의료 기술 스타트업인 ReferWell의 공동 창립자이자 CTO였다. CA 테크놀로지스와 내셔널 퍼블릭 라디오(NPR)에서 기술 리더십 역할을 수행하기도 했다.

옮긴이 **최경현** mr.november11@gmail.com

SK텔레콤에서 통신 및 플랫폼 인프라 등 다양한 시스템을 운영했으며 현재는 개발 업무를 담당한다. 옮긴 책으로는 『쿠버네티스를 활용한 클라우드 네이티브 데브옵스』(한빛미디어, 2019)가 있다.

옮긴이의 말

코로나19로 인한 비대면 일상이 지속되면서 오프라인 비즈니스의 온라인화가 급속도로 진행되어 개발자에 대한 수요가 크게 늘었습니다. 바야흐로 개발자 전성시대라고 해도 과언이 아닐 만큼 IT 업계에서는 개발자 모시기 경쟁이 치열합니다. 이 중 백엔드 개발자 채용 공고를 살펴보면 대부분의 우대 사항에 **마이크로서비스** 키워드가 등장합니다.

마이크로서비스는 최근 대세가 된 클라우드, 데브옵스와 함께 모두가 인정하는 모던 애플리케이션의 필수 요소입니다. 하지만 마이크로서비스에 대한 정의를 제대로 알고 있는 사람들은 아직 많지 않습니다. 저 또한 이 책을 접하기 전에는 단순히 기능이 분리된 API 컨테이너 서버를 마이크로서비스라 생각했었으나, 번역 작업을 통해서 마이크로서비스에 대한 시야를 좀 더 포괄적으로 넓힐 수 있었습니다.

이 책은 저자가 현업에서 마이크로서비스를 구현하며 얻은 지식과 경험을 담고 있습니다. 마이크로서비스 관점에서 팀과 도메인을 설계하는 방법뿐만 아니라 인프라, 개발, 운영에 관련된 내용을 다루고 있으며 풍부한 예제와 그림을 제공합니다. 마이크로서비스를 처음 접하는 사람이라면 이 책을 통해 마이크로서비스에 대한 전반적인 이해를 얻을 수 있을 것입니다.

마이크로서비스는 특정 결과물이나 목적이 아닌 여정입니다. 처음부터 완벽한 원칙과 규범을 강제하려는 것은 위험한 생각입니다. 마이크로서비스는 소프트웨어 개발 방법론 중 하나일 뿐이며, 소프트웨어 개발은 변화하는 환경에 맞춰 유기적으로 대응하는 팀 활동입니다. 이 책의 저자가 강조하듯이 특정 기술이나 패턴에 매몰되지 않는 유연한 사고와 방법을 통해 비즈니스의 문제를 해결하기를 권합니다.

이 책이 출간되기까지 많은 도움을 주신 한빛미디어 김종찬 님과 성장할 수 있는 문화를 만들어 주시는 SK텔레콤 AI Transformation Product&Biz 담당에 감사드립니다. 마지막으로 늘 곁에서 든든한 지원군이 되어주시는 양가 부모님과 사랑하는 아내 은결에게 감사의 인사를 전하고 싶습니다.

최경현

서문

10년 전 소프트웨어 아키텍트들이 모여 마이크로서비스라는 용어를 만들고, 진화한 소프트웨어 아키텍처 스타일을 정의했다. 그 이후로 마이크로서비스 스타일을 위한 강의, 동영상, 문서가 폭발적으로 증가했다. 실제로 필자는 2016년에 마이크로서비스 시스템의 원리에 대한 입문 가이드인 『Microservice Architecture』(O'Reilly, 2016)[1]를 공동 저술했다.

2016년 이후로 많은 사람들이 마이크로서비스 시스템 구축을 경험했다. 마이크로서비스에 대한 필자의 경험과 다른 실무자들의 경험을 통해서 우리는 마이크로서비스를 구축할 때 직면하는 현실적인 문제를 더 잘 이해할 수 있게 되었다. 이러한 이해의 대부분은 성공을 통해서 얻게 되지만 가장 유용한 통찰력은 실수를 통해 배울 수 있었다.

필자는 실무자들의 경험을 토대로 한 객관적인 가이드를 이 책에 담기 위해 노력했다. 우리는 풍부한 정보의 바닷속에서 살고 있지만, 다양한 정보를 올바르게 탐색하고 작동하는 방식으로 결합하는 것은 어려운 일이다. 이 책은 팀 설계, 도메인 설계, 인프라, 엔지니어링, 릴리스를 포괄하는 실용적이고 규범적인 모델을 제공한다. 이 책의 목표는 마이크로서비스 구현에 대한 통합적인 관점을 제공하여 여러분이 마이크로서비스 여정의 첫 단추를 잘 끼울 수 있게 하는 것이다.

대상 독자

이 책은 마이크로서비스로 시스템을 구현하는 사람들을 위해 썼다. 마이크로서비스 시스템의 원리와 패턴에 대해 몇 가지 언급하지만, 이 책의 초점은 실용적인 설계와 엔지니어링에 있다. 마이크로서비스 아키텍처를 구축하는 아키텍트나 엔지니어에게 이 책을 권하고 싶다.

그러나 이 책은 마이크로서비스 구현에 대해 간단하게 알고 싶은 독자에게도 유용하다. 여러분의 역할이 무엇이든 간에 마이크로서비스 시스템을 구축하는 작업을 이해하고 싶다면 이 책이 도움이 될 것이다.

---

[1] *https://learning.oreilly.com/library/view/microservice-architecture/9781491956328*

예제를 실습하기 위해 필요한 기술

마이크로서비스의 범위는 매우 넓기 때문에 다양한 도구와 방법을 활용한다. 이 책에서 제공하는 모든 예제를 따라 실습하려면 다음 도구 및 플랫폼을 설치하거나 구독해야 한다.

- 도커
- 레디스
- MySQL
- 깃허브
- 깃허브 액션
- 테라폼
- 아마존 웹 서비스(AWS)
- kubectl
- 헬름
- Argo CD

각 도구 및 플랫폼을 사용하는 방법은 관련 절에서 설명한다.

소스 코드 내려받기

이 책에서 사용한 코드 예제나 그 외의 추가 자료는 아래 링크에서 내려받을 수 있다.

- https://oreil.ly/MicroservicesUpandRunning

CONTENTS

CHAPTER 1 마이크로서비스 아키텍처로의 여정

CHAPTER 2 마이크로서비스 운영 모델 설계

CONTENTS

CHAPTER 3 마이크로 서비스 설계:SEED(S) 프로세스

CONTENTS

CHAPTER 8 개발자 워크스페이스

CHAPTER 9 마이크로서비스 개발

CONTENTS

CHAPTER 10 마이크로서비스 릴리스

CHAPTER 11 변경 관리

CHAPTER 12 여정의 끝(그리고 새로운 시작)

마이크로서비스 아키텍처로의 여정

마이크로서비스는 최근에 인기를 끌고 있는 소프트웨어 구축 방식이다. 2010년대 초반에 등장한 **마이크로서비스** 용어는 새로운 스타일의 소프트웨어 아키텍처를 설명하는 하나의 방법이다. 마이크로서비스로 구축된 애플리케이션은 작고 독립적인 구성 요소가 함께 작동한다. 마이크로서비스는 처음 소개된 이후로 많은 프로젝트에서 사용되고 있다. 스타트업, 대기업 등 다양한 규모의 조직에서 마이크로서비스 아키텍처를 배우고 구현한다. 마이크로서비스의 인기가 높아지면서 관련된 도구, 서비스, 솔루션 등과 같은 생태계 또한 점점 커지고 있다. 인도의 시장조사 업체인 얼라이드 마켓 리서치Allied Market Research는 마이크로서비스 아키텍처의 글로벌 시장 규모가 2018년 2조 3천억원에서 2026년 9조 2천억원로 성장할 것이라고 예측한다.[1] 이는 마이크로서비스의 인기가 지속되며 도입 사례가 꾸준히 늘어날 것을 의미한다.

많은 사람이 마이크로서비스 방식으로 소프트웨어를 구축하는 것은 어렵다고 생각한다. 마이크로서비스 시스템을 구현하는 것이 쉽지 않은 것은 사실이다. 여러 개의 독립적인 구성 요소가 함께 작동하도록 만드는 것은 생각보다 어려운 일이다. 또한 관리, 유지 보수, 지원, 테스트 비용이 규모에 따라 시스템에 추가된다. 만약 관리자가 시스템 관리에 소홀하다면 여러 문제가 발생하여 마이크로서비스 아키텍처 도입을 후회하게 될 수도 있다.

하지만 마이크로서비스 도입의 이점은 이러한 위험을 감수할 가치가 있다. 마이크로서비스 아키텍처는 소프트웨어 변경 작업을 빠르고 안전하게 수행할 수 있도록 하여 비즈니스에 민첩성

---

1 *https://oreil.ly/cugsz*

을 제공한다. 이러한 민첩성은 비즈니스와 조직에 더 나은 성과를 제공한다.

마이크로서비스의 장점을 얻기 위해서는 서비스를 지원하는 올바른 아키텍처를 설계해야 한다. 독립적인 서비스를 유지하며 시스템 비용을 줄여야 한다. 아키텍처를 구축하기 위해서는 방법론, 프로세스, 팀, 기술, 도구와 같은 중요한 것들을 먼저 결정해야 한다. 이러한 결정은 최적화된 새로운 시스템을 구성하기 위해 함께 협력해야 한다.

마이크로서비스는 진화를 통해 좋은 시스템이 된다. 몇 가지 작은 결정으로 시작하여 여러 시도를 거쳐 배우고 성장한다. 실제로 초기에 마이크로서비스 아키텍처를 도입한 대부분은 반복적인 실험을 통해서 일정 수준 이상의 서비스를 제공하게 되었다. 그들은 처음부터 완벽한 마이크로서비스 기반 애플리케이션을 구축하는 데 목표를 두지 않고 지속적인 반복 프로세스로 최적화와 개선을 수행했다.

마이크로서비스 구축을 아무것도 없이 시작하여 반복하려면 긴 시간이 걸린다. 하지만 좋은 소식은 전문가의 경험을 참고하여 시스템을 더 빠르게 구축할 수 있다는 것이다. 성공적인 마이크로서비스 아키텍처에 활용된 패턴, 방법론, 도구를 기반으로 구축을 시작해보자. 그런 다음 조직의 고유한 목표와 제약 조건을 만족하도록 시스템을 최적화하자.

이 책에서는 강력한 마이크로서비스의 기반이 되는 결정들을 문서화했다. 이러한 결정들에 대해 자세히 알아보기 전에 먼저 마이크로서비스의 정의를 살펴보자. '마이크로서비스'란 정확히 무엇을 의미할까?

1.1 마이크로서비스란 무엇인가?

마이크로서비스에 대한 공식적인 정의는 없지만 제임스 루이스^{James Lewis}와 마틴 파울러^{Martin Fowler}는 2014년 세미나 기사를 통해 다음과 같이 설명했다.

> 마이크로서비스는 단일 애플리케이션을 작은 규모의 서비스 조합으로 나눠 개발하는 방식이다. 각 서비스는 자체 프로세스로 실행되며 가벼운 메커니즘으로 통신한다. 비즈니스 기능을 중심으로 구축되며 완전 자동화된 배포 기계를 통해 독립적으로 배포할 수 있다.

루이스와 파울러 기사의 핵심은 마이크로서비스가 보유한 9가지 특성이다. 마이크로서비스의 핵심 특성인 **서비스를 통한 컴포넌트화**componentization via service는 애플리케이션을 더 작은 서비스로 분리하는 것을 의미한다. 더 나아가 조직과 관리 설계를 위한 **비즈니스 기능 중심의 조직 구성**organization around business capabilitie과 **거버넌스 분산**decentralized governance을 소개한다. 데브옵스와 애자일 전달 실행 방식에서는 **인프라 자동화**infrastructure automation와 **프로젝트가 아닌 제품 중심**Products Not Projects의 특성을 소개한다. 또한 **스마트 엔드포인트와 덤 파이프**smart endpoints and dumb pipes, **장애 대응 설계**design for failure, **진화하는 설계**evolutionary design와 같은 주요 아키텍처 원칙을 설명한다.

이러한 각각의 특성들은 이해할 만한 가치가 있으니 기사를 아직 읽어보지 않았다면 읽어보기를 권한다. 기술, 인프라, 엔지니어링, 운영화operationalization, 거버넌스governance, 팀 구조 및 문화가 포함된 특성들은 하나로 모여 전체적인 솔루션을 형성한다.

반면에 이라클리 나다레이슈빌리Irakli Nadareishvili, 로니 미트라Ronnie Mitra, 맷 맥라티Matt McLarty, 마이크 아문센Mike Amundsen이 쓴 『Microservice Architecture』(O'Reilly, 2016)에서는 마이크로서비스를 다음과 같이 정의한다.

> 마이크로서비스는 제한된 범위의 독립적으로 배포 가능한 구성 요소이며 메시지 기반 통신으로 상호 운용성을 지원한다. 마이크로서비스 아키텍처는 높은 수준으로 자동화된 엔지니어링 스타일이며 기능별 마이크로서비스로 구성된 진화할 수 있는 소프트웨어 시스템이다.

『Microservice Architecture』에서 소개한 마이크로서비스의 정의는 루이스와 파울러가 정의한 내용과 비슷하지만 제한된 범위, 상호 운용성, 메시지 기반 통신에서 약간의 차이가 있다. 또한 마이크로서비스와 이를 가능하게 하는 아키텍처를 구별한다.

마이크로서비스에 대한 정의는 다양하다. 대부분의 정의는 대체로 유사하지만 각 정의마다 강조하는 부분이 조금씩 다르다. 따라서 교과서적인 마이크로서비스 시스템을 잘 구축했는지 판단하기란 쉽지 않다.

기술의 세계에서 이름은 복잡한 개념을 간단하게 전달하는 역할을 하기 때문에 중요하다. '마이크로서비스'라는 이름은 다음과 같은 세 가지 일반적인 설계 특성이 있는 소프트웨어 아키텍처 **스타일**을 의미한다.

1. 애플리케이션 아키텍처는 주로 네트워크에서 호출할 수 있는 '서비스'로 구성된다.

2. 서비스의 크기(또는 경계)는 중요한 설계 요소다. 설계 요소는 런타임, 설계 시간, 사람을 포함한다.

3. 목표를 달성하기 위해 소프트웨어 시스템, 조직, 일하는 방식을 전체적으로 최적화한다.

이것은 꽤 일반적인 설계 특성으로 사용해야 하는 조직 스타일, 특정 도구, 아키텍처 원칙이 문서화되어 있지 않으며 공식적인 패턴이나 사례도 정의되어 있지 않다. 대신에 이러한 특성만으로도 마이크로서비스 시스템을 충분히 식별할 수 있다.

마이크로서비스 설계 특성을 잘 이해했다면 단순한 API 기반 시스템과 마이크로서비스 아키텍처를 구별할 수 있다. 이제 마이크로서비스를 구축하는 이유를 알아보자. 마이크로서비스에는 다양한 이점이 있지만, 조정 비용을 절감하는 것이 가장 큰 장점이다.

1.2 조정 비용 절감

전 세계 기업들이 마이크로서비스 아키텍처 구현에 성공했다. 이 책을 쓰는 동안 인터뷰한 실무자들은 일반적으로 마이크로서비스 아키텍처로 소프트웨어 제공 속도를 높일 수 있었다고 대답했다. 이러한 개선 효과는 마이크로서비스 스타일이 지닌 근본적인 장점인 조정 비용 절감에서 비롯된다.

소프트웨어 엔지니어링 속도를 높이는 방법은 다양하다. 마이크로서비스 방식으로 소프트웨어를 구축하는 것은 하나의 옵션일 뿐이다. 예를 들어 나중에 처리할 '기술 부채[2]를 남겨두고 우선 시스템을 신속하게 구축할 수 있다. 또는 안정성에 덜 집중하고 제품을 빠르게 출시할 수도 있다. 일부 상황이나 비즈니스에서는 이러한 접근 방식이 더 합리적일 수 있다.

하지만 금융, 의료, 정부 부문을 위해 개발된 시스템은 속도를 위해 안정성이 희생되어서는 안된다. 그럼에도 경쟁과 시장 원리는 다른 산업과 마찬가지로 이러한 안정성이 우선이 되어야하는 산업에서조차 빠른 속도를 요구한다. 바로 이 부분이 마이크로서비스가 빛을 발할 수 있는 곳이다. 마이크로서비스 아키텍처는 안정성을 보장하는 동시에 속도를 높일 수 있는 접근 방식이다.

---

2 https://en.wikipedia.org/wiki/Technical_debt

1.2.1 조정 비용 문제

복잡한 소프트웨어를 만드는 일은 기본적으로 어렵다. 영화와 TV에서 뛰어난 프로그래머는 주말 동안 밤을 새우며 세상을 바꾸는 제품을 만들어낸다. 하지만 실제로는 좋은 결과를 만들기 위해서 많은 시간과 사람이 필요하다. 복잡한 프로젝트를 수행하는 여러 팀은 일반적으로 독립적인 로드맵에 따라 독립적인 속도로 시스템에서 각자 맡은 부분을 구현한다. 이러한 부분은 의존성 문제를 해결하기 위해 주기적으로 통합되어야 하며 통합 시점에서도 대부분의 자율적인 팀은 그들의 작업을 조정해야 한다(그림 1-1).

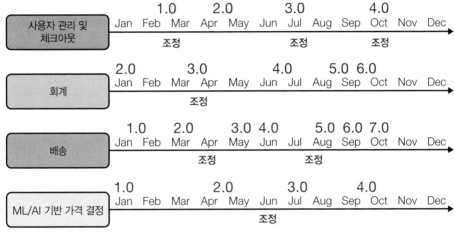

그림 1-1 조정 접점이 있는 복잡한 프로젝트의 샘플 타임라인

제인이 '회계' 모듈을 담당하고 타이론은 '배송' 모듈을 담당하는 팀의 리더라고 생각해보자. 제인의 팀은 방금 스프린트를 마쳤으나 의존성이 있는 '배송' 모듈이 아직 개발 중인 상태다. 각 팀은 독립적인 로드맵을 따르기 때문에 '배송' 모듈에는 필요한 구성 요소가 실제로 구현되지 않을 수 있다. 이 시점에서 제인은 두 가지 방안 중 하나를 선택할 수 있다. 첫 번째 방안은 구성 요소가 전달될 때까지 (안전성을 우선하여 개발 속도를 늦춰서) 적절한 통합 테스트를 수행한다. 두 번째는 타이론의 팀이 계획한 대로 정확한 컴포넌트를 제공할 것이라 가정하고 합의된 인터페이스의 계약에 의존하는 것이다. 후자의 경우 제인은 늦추지 않고 진행하여 팀의 속도를 높일 수 있다. 하지만 초기 단계에서 통합 테스트를 하지 못했고 예상치 못한 문제가 없을 것이라고 가정하는 '행복 회로happy path'에서 작업을 진행했기 때문에 시스템의 전반적인 안정성을 보장할 수 없다.

복잡한 여러 팀이 협업하는 환경에서 팀 리더는 조정 비용을 무시하고 추진력을 유지하는 것과 조정의 필요성을 인식하고 속도를 늦추는 것을 잘 판단하여 선택해야 한다. 일반적으로는 위험과 이점을 직관적으로 비교하여 선택할 수 있지만 복잡한 시스템에서는 위험과 이점을 비교하기 어려운 상황이 많다.

조정 비용을 최소화하는 방식으로 특별히 설계된 시스템이 있다면 어떨까? 어떤 방법을 선택할지 고민하는 대신에 팀이 대부분의 시간을 서비스 개발에 집중할 수 있다면 어떨까? 조정의 최소화를 강조하면서 자율적인 팀이 독립된 소규모 작업을 수행하는 설계가 바로 마이크로서비스 아키텍처의 본질이다.

마이크로서비스를 성공적으로 구축하는 근본적인 힘은 조정을 최소화하는 것이다. 이는 우리에게 보편적인 리트머스 테스트를 제공한다. 마이크로서비스 아키텍처와 같은 복잡한 분산 처리 시스템을 구축하는 일은 쉽지 않다. 의심스러울 때는 스스로에게 질문해야 한다. '나의 결정이 팀의 조정 비용을 감소시키는가?' 항상 조정 비용의 관점에서 생각하고 결정해야 마이크로서비스를 성공적으로 구축할 수 있다.

마이크로서비스는 궁극적으로 비즈니스 성공을 지원하기에 대중적인 인기를 얻었다. 현대의 조직은 더 자주, 더 빠르게 서비스를 적응, 변경, 개선해야 하는 엄청난 압박을 받고 있다. 그러므로 조직이 대규모 서비스에서 안정성을 유지하면서 빠르게 변경할 수 있는 아키텍처 기술에 투자하는 것은 어찌 보면 당연하다. 마이크로서비스 스타일은 복잡한 도메인에서 운영되는 기업이 실제 크기의 힘과 범위를 계속 활용하면서도 더 단순하고 작은 회사만의 민첩성도 가질 수 있도록 지원한다. 이는 놀라울 정도로 매력적이기 때문에 마이크로서비스를 채택하는 기업은 계속해서 증가하고 있다. 하지만 이러한 이점은 무료가 아니다. 마이크로서비스 아키텍처가 제공하는 이점을 얻으려면 많은 선행 작업, 집중, 의사 결정이 필요하다.

1.2.2 마이크로서비스의 어려운 부분

마이크로서비스를 처음 도입할 때 직면하는 큰 장애물은 마이크로서비스 시스템의 방대한 범위를 다루는 것이다. 이 문제는 더 작고 제한된 서비스를 만드는 것에 우선 집중하는 것으로 해결할 수 있다. 그러나 곧 이를 지원할 인프라, 데이터 모델, 프레임워크, 팀 모델, 프로세스를 마련해야 한다. 이 모든 범위를 다루고 처리하려면 몇 가지 고유한 문제가 발생할 수 있다. 다음은 마이크로서비스 설계자와 엔지니어가 일반적으로 경험하는 세 가지 주요 설계 문제다.

긴 피드백 루프

마이크로서비스 시스템에서 의사 결정의 영향을 판단하는 것은 쉽지 않은 문제다. 오늘 내리는 결정의 문제가 오랜 시간이 지난 후에야 나타날 수 있다. 예를 들어 처음 시작할 때 서비스가 서로 더 쉽게 통신할 수 있도록 공유 커뮤니케이션 라이브러리를 사용하기로 결정했다고 생각해보자. 시간이 지남에 따라 마이크로서비스와 팀에서 해당 라이브러리를 최신 상태로 유지하는 것이 큰 문제가 될 수 있다. 여기서 핵심은 문제가 발생하기 전까지 결정의 영향을 판단하기 어렵기 때문에 각 옵션을 평가하고 선택하기 어렵다는 것이다.

복잡한 시스템 구조

기본적으로 마이크로서비스는 복잡한 적응형 시스템이다. 이는 시스템의 각 파트가 어떤 식으로든 다른 부분에 영향을 미친다는 것을 의미한다. 이러한 모든 파트가 함께 모여 새로운 시스템을 형성한다. 조직에 새로운 도구나 프로세스를 소개한 적이 있다면 아마 직접 경험했을 것이다. 일부 팀은 새로운 자극을 받아 즉시 변화하고 일부 팀은 적응하기 위한 도움과 지원이 필요하다. 어떤 식으로든 결과적으로 사람들이 일하는 방식과 결정에 영향을 미칠 수 있다. 예를 들어 도커Docker 컨테이너화 도구를 도입한 기술 팀은 컨테이너 배포 모델을 채택하여 개발 및 릴리스 수명 주기를 조정해야 한다. 이러한 변화는 일반적으로 계획한 대로 진행되지만 때로는 도입된 변화로 인해 의도하지 않은 상황에 대처해야 하는 경우도 종종 있다. 이러한 복잡성 때문에 마이크로서비스 시스템 설계는 어렵다. 도입된 변경 사항의 구체적인 영향을 예측하기 어렵기 때문에 새로운 아키텍처 사용으로 득보다 실이 더 클 수도 있다.

분석 마비

우리가 설계해야 할 복잡한 시스템과 긴 피드백 루프 문제를 결합해보면 마이크로서비스 아키텍처가 왜 어려운지 쉽게 알 수 있다. 내려야 하는 결정은 매우 영향력이 크지만 측정하기는 어렵다. 이것은 잘못된 종류의 시스템을 만드는 것에 대한 두려움으로 이어져 아키텍처 결정에 대한 끝없는 추측, 토론, 평가를 하게 만든다. 비즈니스 성과를 달성할 수 있는 시스 팀을 구축하는 대신에 선택에 대해 끝없이 고민만 반복하는 상황에 빠진다. 이러한 상태를 일반적으로 **분석 마비**라 한다. 또한 웹상에 마이크로서비스 아키텍처를 구축을 위한 모범 사례와는 반대되는 잘못된 정보가 많기 때문에 결정을 더욱 어렵게 만들 수 있다.

궁극적으로 마이크로서비스 아키텍처를 구축할 때 해결해야 할 진정한 과제는 넓은 범위에 걸쳐있는 크고 복잡한 시스템을 다루는 것이다. 다행히도 이러한 문제를 해결할 수 있는 다양한 솔루션이 있다. 이 책에서는 이러한 유형의 문제 해결에 도움을 주는 다양한 사례와 패턴을 소개한다. 또한 마이크로서비스 시스템에서 더 쉽고, 안전하고, 저렴하고, 빠르게 작업을 수행할 수 있는 도구를 소개한다.

1.3 실행을 통한 학습

마이크로서비스 스타일은 소프트웨어를 더 빠르고 안정적으로 제공하지만 좋은 마이크로서비스 아키텍처를 설계하기 위해서는 까다롭고 복잡한 결정을 내리는 과정이 필요하다. 성공적으로 마이크로서비스를 구축한 많은 사람은 대부분 지속적인 반복과 개선을 통해 시스템을 발전시켰다. 하지만 시스템 구축 방법에 대한 이해도가 낮을 때는 아키텍처 구축에 실패하는 경우가 종종 있다.

만약 시스템 구축에 시간제한이 없다면 다양한 시도를 통해 훌륭한 마이크로서비스 아키텍처를 구축할 수 있을 것이다. 여러 조직 모델을 채택하고 모든 방법론을 시도하여 다양한 크기의 마이크로서비스를 구축할 수 있다면 어떨까? 결과를 측정할 수 있는 한 계속해서 시스템을 개선하며 충분한 시도를 통해서 마이크로서비스 시스템 구축 경험을 쌓고 자신에게 잘 맞는 시스템을 찾을 수 있을 것이다.

하지만 현실에서 시간제한이 없는 사치를 누릴 확률은 지극히 낮다. 그렇다면 더 나은 마이크로서비스를 구축하기 위해 필요한 전문 지식은 어떻게 얻을 수 있을까?

이를 위해 이 책에서는 규범적인 마이크로서비스 모델을 개발했다. 우리는 팀 설계, 프로세스, 아키텍처, 인프라, 도구와 기술까지 결정하여 제공한다. 또한 광범위한 주제 영역을 다루면서 이러한 영역을 통합하는 솔루션을 구축할 예정이다. 우리의 결정은 필자의 대규모 조직을 위한 마이크로서비스 시스템 구축 경험을 바탕으로 한다. 이 책의 마지막 장까지 실습을 잘 따른다면 클라우드 기반 아키텍처에서 운영 가능한 간단한 마이크로서비스 시스템을 구축할 수 있을 것이다.

> **NOTE_** 마이크로서비스를 설명하기 위해 가상의 항공 예약 시스템을 예제의 배경으로 사용한다. 이는 실제 예약 시스템과 비교했을 때 매우 단순한 버전이 될 것이다. 예제의 항공 예약 시스템은 기본적으로 항공편 정보 서비스와 좌석 예약 서비스 기능을 포함한다.

우리의 목표는 가능한 빨리 첫 번째 마이크로서비스를 구축하는 것이다. 필자의 경험상 실제 시스템을 구축해보는 것이 관련된 작업과 주요 결정을 이해할 수 있는 가장 좋은 방법이다. 모든 결정을 이 책에서 제시하는 의견에 따를 필요는 없다. 우리가 내린 결정에 의문을 제기하고 고민하여 깊게 탐구한다면 마이크로서비스 학습에 큰 도움이 될 것이다. 우리가 함께 만들 마이크로서비스 모델이 앞으로 여러분이 구축할 많은 마이크로서비스 시스템 중 첫 번째가 되기를 바란다.

> **TIP** 드레이퍼스 기술 습득 모형
>
> 지침에 따라 학습을 시작하는 것은 전문 지식을 얻기 위한 검증된 방법이다. 스튜어트 드레이퍼스Stuart Dreyfus 와 휴버트 드레이퍼스Hubert Dreyfus가 정의한 기술 습득 5단계 모형[3]에서 첫 번째 단계는 숙련도와 전문 지식이 확립되기 전에 규범적인 지침을 따르는 것이다.

1.3.1 '업 앤 러닝' 마이크로서비스 모델

마이크로서비스 아키텍처의 범위는 상당히 넓다. 안타깝게도 이 책에서 모든 범위를 다룰 수는 없다. 따라서 마이크로서비스 시스템과 가장 관련 있고 성공에 큰 영향을 미치는 주제를 선정했다. '업 앤 러닝' 마이크로서비스 모델에서 다룰 내용을 간략히 살펴보자.

팀 설계

2장에서는 마이크로서비스 시스템에서의 사람을 다루며 조직 구성을 시작한다. 효과적인 팀 설계와 마이크로서비스 조정에 영향을 미치는 근본적인 요소를 알아본다. 또한 설계 지

---

3 *https://oreil.ly/vs3ao*

원 도구인 팀 토폴로지^{Team Topologies}와 함께 예제 시스템에서 사용할 팀을 소개한다.

마이크로서비스 설계

팀을 설계한 후 3장에서는 SEED(S) 프로세스를 소개한다. SEED(S)는 마이크로서비스가 실행 가능한 인터페이스와 행동으로 사용자와 소비자의 요구를 충족하게 만드는 프로세스다. 그리고 4장에서는 마이크로서비스 예제에 대한 적합한 경계를 설계하는 문제를 다룬다. 또한 몇 가지 중요한 도메인 주도 설계^{domain-driven design}(DDD) 개념을 소개하고 이벤트 스토밍^{event storming}이라는 프로세스를 사용하여 서비스를 '적절한 크기'로 조정한다.

데이터 설계

데이터 설계는 마이크로서비스 설계에서 가장 어려운 부분이다. 5장에서는 마이크로서비스 시스템에서 고려해야 할 데이터 요소를 살펴본다. 데이터 독립성의 개념을 소개하고 예제 프로젝트에서 사용할 데이터 아키텍처를 설계한다.

클라우드 플랫폼

마이크로서비스 구현은 클라우드 기반 인프라 위에 구축된다. 6장에서는 마이크로서비스 인프라에서 사용하는 변경 불가능한 인프라와 코드형 인프라^{infrastructure as code}(IaC) 원칙을 소개하고 구현한다. 또한 클라우드 플랫폼으로 AWS를 소개하고 깃허브 작업 기반 CI/CD 파이프라인을 구축한다. 7장에서는 CI/CD 파이프라인을 사용하여 네트워킹, 쿠버네티스 클러스터^{Kubernetes cluster}, 깃옵스^{GitOps} 배포 도구를 포함하는 AWS 기반 마이크로서비스 인프라를 설계하고 개발한다.

마이크로서비스 개발

인프라 플랫폼이 갖추어지면 마이크로서비스 엔지니어링을 시작한다. 8장에서는 성공적인 마이크로서비스를 개발하는 데 필요한 원칙과 도구를 알아본다. 9장에서는 서로 다른 언어로 개발된 독립적인 두 개의 마이크로서비스 예제를 구현한다.

릴리스와 변경

10장에서는 전체 솔루션을 통합하여 마이크로서비스 예제를 클라우드 기반 플랫폼에 배포한다. 이를 위해 도커 허브$^{Docker\ Hub}$, 쿠버네티스^{Kubernetes}, 헬름^{Helm}, Argo CD 등의 기술을 사용한다. 마지막으로 11장에서는 릴리스 후 시스템을 다시 살펴본다.

> **NOTE_** 우리가 개발한 모델은 'The Twelve Factors'[4]를 포함하여 5가지 원칙[5]을 바탕으로 구축되었다.

간략한 개요를 통해 마이크로서비스 모델과 예제 애플리케이션의 범위를 파악했기를 바란다. 이 책의 후반부에서는 본격적으로 시스템을 구축할 예정이다. 하지만 구축 단계에 도달하기까지 많은 결정을 내려야 한다. 따라서 우리에게 필요한 첫 번째 도구는 중요한 결정을 추적하는 방법이다.

1.4 결정과 결정

소프트웨어 구축에서 의사 결정은 매우 중요하다. 소프트웨어 엔지니어와 아키텍처는 그들이 내리는 결정과 해결하는 문제에 대해 많은 보상을 받는다. 소프트웨어의 품질과 그들이 추진하는 비즈니스의 결과는 이러한 결정의 품질에 달려있다.

하지만 결정이 항상 쉬운 것은 아니다. 또한 항상 정확하지 않다. 우리는 우리가 가진 정보, 경험, 재능을 바탕으로 최선의 결정을 내리지만 변수가 발생하면 결정도 변해야 한다. 어떤 결정은 그 당시에는 정확하지만 기술, 사람, 상황이 변하면 금방 구식이 된다. 애초부터 좋은 결정이 아닌 것도 있다. 어떤 경우든 중요한 결정을 기록하여 시간이 지남에 따라 재평가하고 개선할 수 있는 방법이 필요하다.

우리는 결정을 기록하기 위해 **아키텍처 결정 기록**$^{architecture\ decision\ record}$**(ADR)**이라는 도구를 사용한다. 'ADR'이라는 용어를 누가 발명했는지 언제 처음 사용했는지는 확실하지 않지만 설계 결정을 문서화한다는 아이디어는 오랫동안 존재해왔다. 하지만 실제로는 많은 사람이 설계 결정 문서화에 시간을 투자하지 않는다. 필자의 경험상 ADR은 매우 유용한 도구이자 명확한 결정을 내릴 수 있는 좋은 방법이다.

---

4 _https://12factor.net_
5 _https://implementing-microservices.github.io/five-principles-ms_

좋은 결정 기록은 다음과 같은 네 가지 중요 요소를 포함해야 한다.

콘텍스트

목표는 무엇인가? 해결해야 하는 문제는 무엇인가? 제약은 무엇인가? 결정 기록은 이러한 상황에 대한 요약을 제공해야 한다. 그렇게 하면 결정의 근거와 기록의 업데이트가 필요한 이유를 이해할 수 있다.

대안

결정을 내릴 수 있는 선택지가 없다면 좋은 결정이 아니다. 좋은 결정 기록은 선택지가 무엇인지 이해하는 데 도움이 되어야 한다. 이는 결정이 내려진 시점의 상황과 '선택 공간'을 이해하는 데 도움이 된다.

선택

결정의 핵심은 선택이다. 모든 결정 기록은 선택한 사항을 문서화해야 한다.

영향

결정에는 그에 따른 결과가 있으며 중요한 내용은 결정 기록에 문서화되어야 한다. 장단점은 무엇인가? 우리의 선택은 우리가 일하는 방식이나 내려야 할 다른 결정에 어떤 영향을 미치는가?

결정 기록은 원하는 방식으로 작성할 수 있다. 텍스트 파일로 작성하거나 프로젝트 관리 도구를 사용하거나 스프레드 시트로 관리할 수 있다. 형식과 도구보다는 내용이 더 중요하다. 이 책에서 다루는 각 영역의 결정을 잘 기록한다면 좋은 의사 결정 기록으로 남을 것이다.

예제 프로젝트에서는 **경량 아키텍처 결정 기록**lightweight architectural decision record(LADR)이라는 형식을 사용한다. LADR 형식은 의사 결정 기록을 문서화하는 간결한 방법으로 마이클 나이가드Michael Nygard가 만들었다.[6] 다음 절에서 LADR에 대해 더 자세히 알아보자.

---

6 https://oreil.ly/_mVoC

TIP 만약 LADR 아닌 다른 것을 사용하고 싶다면 조엘 파커 헨더슨^{Joel Parker Henderson}이 제공하는 훌륭한 ADR 형식 및 템플릿 목록을 참고하기 바란다.[7]

1.4.1 경량 아키텍처 결정 기록 작성

우리가 기록할 첫 번째 결정은 결정을 기록하기로 한 결정이다. 간단히 말해서 우리가 내린 결정을 추적하기 위해 ADR을 작성한다. 이 책에서는 앞서 언급한 LADR 형식을 사용한다. LADR은 가볍게 설계되어 간단한 텍스트 파일로 빠르게 작성하고 열람할 수 있다. 또한 소스 코드를 관리하는 것과 같은 방식으로 텍스트 파일에 작성된 의사 결정 기록을 관리할 수 있다.

LADR은 문서를 작성하는 우아하고 간단한 방법인 마크다운^{Markdown}[8] 텍스트 형식으로 작성된다. 마크다운은 사람이 읽기 쉽고 대부분의 인기 있는 도구들이 렌더링을 지원하는 장점이 있다. 예를 들어 컨플루언스^{confluence}, 깃랩^{GitLab}, 깃허브^{GitHub}, 셰어포인트^{SharePoint}는 마크다운을 처리하여 사람이 읽을 수 있는 형식의 문서로 제공한다.

첫 번째 마크다운 기반 LADR을 만들기 위해 자주 사용하는 편집기에서 새 문서를 생성한다. 가장 먼저 구조를 만든다.

LADR 파일에 다음 텍스트를 추가한다.

```
# OPM1: 결정을 추적하기 위해 ADR을 사용한다.

## 상태
승인됨

## 콘텍스트

## 결정

## 결과
```

상태, 콘텍스트, 결정, 결과는 LADR의 핵심 요소다. 줄 맨 앞의 # 문자는 마크다운 파서에 제

---

7 *https://oreil.ly/T3Tc-*
8 *https://oreil.ly/oRyx0*

목임을 알리는 토큰이다. 예제의 첫 번째 결정에는 'OPM1'이라는 제목을 지정했다. 'OPM1'은 짧은 형식의 코드일 뿐이며 우리의 운영 모델과 관련한 첫 번째 결정임을 나타낸다.

상태 절에는 결정이 위치한 생명 주기 단계를 작성한다. 예를 들어 동의가 필요한 새로운 결정 초안을 작성하는 경우에는 **제안됨** 상태로 작성한다. 또는 기존의 결정을 변경하려는 경우 **검토 중**으로 상태를 변경할 수 있다. 예제에서는 이미 결정을 내렸으므로 상태를 **승인됨**으로 설정했다.

콘텍스트 절에는 결정을 내리기 위한 문제, 제약, 배경을 설명한다. 예제에서는 중요한 결정을 기록해야 하는 배경과 이유를 작성한다. 콘텍스트 절에 다음 내용을 추가한다(또는 여러분이 생각하는 내용을 자유롭게 작성해도 된다).

콘텍스트
마이크로서비스 아키텍처는 복잡하기 때문에 많은 결정이 필요하다.
결정에 대한 결과를 재평가하기 위해 중요한 결정을 추적할 수 있는 방법도 필요하다.
우리는 새로운 소프트웨어를 설치하지 않아도 되는 가벼운 텍스트 기반 솔루션을 원한다.

콘텍스트를 작성한 후에는 실제 결정을 기록하는 단계로 넘어간다. 앞서 LADR을 사용하기로 한 선택과 고려했던 몇 가지 사항을 작성한다. **결정** 절에 다음 내용을 추가한다.

결정
우리는 마이클 나이가드의 경량 아키텍처 결정 기록(LADR)을 사용하기로 결정했다.
LADR은 텍스트 기반이며 우리의 요구사항을 충족시킬 수 있을 만큼 가볍다.
우리는 각 LADR 기록을 자체 텍스트 파일에 보관하고 파일을 코드처럼 관리한다.

또한 다음과 같은 사항의 도입을 고려했다.
* 프로젝트 관리 도구 사용(새로운 도구 설치를 원하지 않았기 때문에 선택하지 않음)
* 비공식 또는 '입소문word of mouth' 정보 보관(신뢰할 수 없기 때문에 선택하지 않음)

이제 결과를 문서화하는 일만 남았다. 우리의 경우 주요 결과 중 하나는 실제로 결정을 문서화하고 기록을 관리하는 데 시간을 투자해야 한다는 것이다. **결과** 절에 다음 내용을 추가한다.

결과
* 주요 결정을 위한 결정 기록을 작성한다.
* 결정 기록 파일을 관리하기 위한 소스 코드 관리 솔루션이 필요하다.

첫 번째 LADR 작성이 끝났다. LADR은 생각을 기록하는 매우 유용한 방법으로 합리적이고 사려 깊은 결정을 내릴 수 있게 돕는다. 우리는 항공 애플리케이션 예제를 구축하는 과정에서 주요 결정 사항을 기록할 것이다. 하지만 시간을 절약하기 위해 결정 기록 전체를 작성하지는 않는다. 대신 다음과 같은 방식으로 우리가 내린 주요 결정을 강조한다.

결정을 추적하기 위해 ADR 사용

ADR을 사용하여 시스템 설계와 구축에 내린 주요 결정을 기록한다.

각 결정의 자세한 내용은 이 책의 깃허브 저장소를 참고하기 바란다.[9]

1.5 마치며

이번 장에서는 마이크로서비스 아키텍처의 몇 가지 기본 개념을 소개했다. 마이크로서비스 시스템에 대한 세 가지 주요 특성을 소개하고 마이크로서비스의 주요 장점인 조정 비용 감소를 설명했다. 또한 마이크로서비스를 도입하는 과정에서 발생할 수 있는 복잡성과 분석 마비의 문제를 살펴보았다.

'업 앤 러닝'은 마이크로서비스 아키텍처를 구축할 때 발생하는 문제를 해결할 수 있는 모델로 마이크로서비스 학습에 도움이 되는 규범적인 구현 모델이다. 이번 장에서는 앞으로 다룰 '업 앤 러닝' 모델의 개략적인 내용을 소개했다. 마지막으로 책 전반에 걸쳐 사용할 아키텍처 결정 기록(ADR)의 개념을 소개했다.

마이크로서비스 아키텍처의 개요 설명을 마쳤다. 이제 마이크로서비스 시스템을 구축하는 것이 남았다. 2장에서는 팀 조정에 초점을 맞춰 마이크로서비스 팀을 구성하는 방법을 소개한다.

---

9 https://github.com/implementing-microservices/ADRs

## CHAPTER 2

마이크로서비스 운영 모델 설계

마이크로서비스 기반 애플리케이션을 구축하기 위해서는 마이크로서비스뿐만 아니라 이를 지원하는 인프라와 도구를 설계하고 구축해야 한다. 성공적인 마이크로서비스 구축을 위해서는 코드를 작성하고 배포하는 것 외에도 적절한 사람, 일하는 방식, 운영 원칙이 필요하다. 이번 장에서는 애플리케이션을 위한 일반적인 운영 모델을 설계하는 방법을 알아본다.

운영 모델은 시스템의 기반이 되는 사람, 프로세스, 도구의 집합이며 소프트웨어를 구축할 때 수행하는 모든 의사 결정과 작업에 중요한 영향을 미친다. 예를 들어 팀의 책임을 정의하고 의사 결정과 작업에 대한 거버넌스를 정의한다.

운영 모델은 솔루션을 위한 '운영체제'로 생각할 수 있다. 마이크로서비스를 구축하기 위한 모든 작업은 팀 구조, 프로세스, 경계 위에서 수행된다. 실제로 운영 모델은 큰 범위를 가질 수 있으며 매우 상세할 수 있다. 하지만 우리는 마이크로서비스 구축 과정에서 가장 중요한 팀 설계와 협업 방식에 초점을 맞춘다.

이번 장에서는 팀과 마이크로서비스 구현 간의 관계를 설명하고 팀 토폴로지 도구를 사용하여 항공 예약 서비스를 구축할 마이크로서비스 팀을 설계한다.

2.1 팀과 사람이 중요한 이유

이 책에서 다루는 모델 대부분은 기술과 도구 결정에 관한 것이다. 하지만 기술만으로는 마이크로서비스 시스템에서 필요한 가치를 얻을 수 없다. 물론 기술은 중요하다. 좋은 기술을 선택하면 엄청나게 어려운 문제를 더 쉽게 해결할 수 있다. 또한, 훌륭한 기술은 새로운 기회의 문을 열어줄 수도 있다. 하지만 좋은 기술만으로는 성공을 보장할 순 없다.

세계에서 가장 훌륭한 도구와 플랫폼을 사용하더라도 그것을 사용하는 올바른 문화와 조직이 없다면 실패할 것이다. 우리가 설계하는 모델의 목표는 좋은 기술을 독립적이고 우수한 팀high-functioning team에 제공하는 것이다. 따라서 우리가 개발할 모델에 가장 적합한 팀 유형과 구조를 고려해야 한다.

마이크로서비스 시스템에서 문화와 팀 설계는 중요하다. 필자의 경험과 조사 결과에 따르면 사람과 프로세스는 중요한 성공 요인 중 하나다. 마이크로서비스는 조직에 쉽고 빠르게 변경할 수 있는 자율성을 제공한다. 하지만 변경은 의사 결정의 결과물이다. 올바른 결정을 빠르게 내릴 수 없다면 마이크로서비스의 가치를 제대로 얻기 어렵다. 이는 엔진의 성능이 매우 형편없는 경주용 자동차를 만드는 것과 같다. 자동차를 아무리 잘 조립하더라도 제대로 달리지 못할 것이다.

물론 팀 설계와 문화가 중요하다는 생각은 새로운 것이 아니다. 멜 콘웨이Mel Conway는 유명한 논문인 「위원회는 어떻게 발명을 하는가? (How Do Committees Invent?)」[1]에서 팀 구조가 설계에 미치는 영향을 설명했다. 멜 콘웨이의 통찰은 '콘웨이의 법칙Conway's law'이라 불리며 그의 논문보다 훨씬 더 널리 인용되고 있다.

> 조직은 그 조직의 커뮤니케이션 구조를 닮은 시스템 구조를 설계한다.
>
> – 프레더릭 브룩스Fred Brooks

콘웨이는 조직의 결과물이 사람과 팀이 소통하는 방식을 반영한다고 말한다. 예를 들어 데이터 모델을 변경할 때마다 중앙 집중식 데이터베이스 전문가와 상의해야 하는 마이크로서비스 팀을 생각해보자. 데이터 모델과 구현도 중앙 집중식으로 관리할 가능성이 높다. 결국 시스템은 조직 및 조정 모델과 일치하게 된다.

---

1 https://hashingit.com/elements/research-resources/1968-04-committees.pdf

이는 마이크로서비스 시스템에서 사람이 가장 중요하다는 것을 의미한다. 사람은 결정을 내리고 서로 소통하고 일을 하며 시스템에 큰 영향을 미친다. 일반적으로 마이크로서비스 시스템에서 사람과 관련된 세 가지 요소는 팀 규모, 팀 역량, 팀 간 조정이다. 먼저 팀 규모부터 자세히 알아보자.

2.1.1 팀 규모

마이크로서비스의 '마이크로'는 크기가 중요하며 작은 것이 가장 좋다는 것을 의미한다. 하지만 이는 지나치게 단순화한 것이다. 소규모의 배포 가능한 작은 서비스를 구축하는 것은 마이크로서비스의 성공에서 중요한 부분이다. 그에 못지않게 이러한 서비스를 구축하는 팀 규모 역시 매우 중요하다.

팀 규모가 너무 크다면 구성원 간의 의사소통에 더 많은 시간이 필요하다. 이러한 내부 조정은 팀의 속도를 느리게 만들어 결국에는 변경 사항의 전달을 늦춘다. 반대로 팀의 규모가 너무 작다면 일손이 부족하다. '적절한 규모'의 팀은 시스템 설계에서 중요하다. 모든 상황에서 모두를 만족시키는 구체적인 규모는 따로 없지만 팀 규모에 대한 다양한 연구와 사례가 있다.

고어텍스의 공동 창립자인 빌 고어[Bill Gore]는 팀의 효율성을 유지하기 위해 팀 규모를 제한했다. 팀의 모든 구성원은 서로 개인적인 관계를 맺어야 하는 규칙을 만들었다. 팀 규모가 너무 커져서 구성원들이 서로 모르게 된다면 적절한 팀의 규모를 넘어선 것이다.

인류학자 로버트 던바[Robert Dunbar]는 침팬지의 사회적 행동에 대한 연구에서 침팬지 집단의 크기가 뇌 크기와 관련이 있음을 관찰했다. 이러한 발견을 기반으로 그는 사람을 위한 집단 크기를 추론했다. '던바의 숫자[Dunbar number][2]'에 따르면 뇌 크기에 따라 사람은 150명의 안정적인 관계만 편안하게 유지할 수 있다. 또한 5명의 친밀한 가족 관계를 유지할 수 있고 15명의 신뢰할 수 있는 친구를 유지할 수 있다.

가장 유명한 것은 아마존 CEO 제프 베조스[Jeff Bezos]가 제시한 '피자 두 판의 법칙[two pizza rule][3]'이다. 제프 베조스는 아마존 팀이 피자 두 판을 먹을 수 있을 만큼 작아야 한다고 말한다. 피자의 크기와 팀원의 식욕에 대한 구체적인 세부 사항은 불분명하지만 피자 두 판의 팀은 던바가 설

---

2 *https://oreil.ly/-DbyT*
3 *https://oreil.ly/ccT85*

명한 개인이 유지할 수 있는 5~15명과 고어가 얘기한 개인적인 관계를 유지할 수 있는 범위 안에 포함될 것이다.

이 모든 이야기는 사람들이 효율적으로 의사소통할 수 있는 능력에 따라 팀의 크기를 결정한다는 것을 말한다. 이는 필자의 경험 및 연구와 일치한다. 변화율을 높게 유지하려면 시스템의 팀 규모를 제한해야 한다. 필자가 소개하는 마이크로서비스 모델에서는 팀 규모를 5명에서 8명 정도로 유지한다.

팀 규모를 제한

마이크로서비스 시스템에서 작업을 수행하는 팀의 규모는 8명을 넘지 않아야 한다.

팀 규모를 줄이면 내부 상호작용을 제한하는 데 도움이 된다. 하지만 이는 연쇄 효과knock-on effect를 가져온다. 일반적으로 팀의 규모가 작아지면 팀이 더 많아진다. 따라서 나머지 시스템을 어떻게 설계할지 신중하게 고민해야 한다. 하지만 많은 시간을 팀끼리 서로 조정하는 데 소비해야 한다면 작은 규모의 팀을 구성하는 것은 좋지 않다. 이를 피하기 위해서는 최대한 독립적이고 자율적인 작업이 가능해야 한다.

작은 규모를 가진 팀의 또 다른 부작용은 전문가의 수를 제한하는 문제다. 팀 구성원이 적기 때문에 좋은 결과물을 만들 수 있는 충분한 인재를 확보하기 힘들다. 그렇기 때문에 역량적인 관점에서 팀을 구성하는 방법을 고려해야 한다.

2.1.2 팀 역량

성과가 높은 팀을 원한다면 팀 구성원을 정하는 방식에 특히 주의해야 한다. 예를 들어, 우리 팀은 어떤 역할과 전문성을 필요로 하는가? 팀 구성원 개개인에게 필요한 역량과 경험은 어떤 것인가? 기술과 경험의 올바른 조합은 무엇일까?

사실 일반적으로 이러한 질문들은 대답하기 어렵다. 사람과 문화는 일하는 환경에 따라 다르기 때문이다. 예를 들어 어떤 기업은 상위 1%의 기술 인재를 채용하기 위해 많은 돈을 지출한다. 또 다른 기업은 소수의 전문가로부터 직무 학습에 중점을 두고 지역 인재를 주로 채용하여 성장시킨다. 두 기업이 생각하는 좋은 팀 설계 방법은 아마 서로 다를 것이다.

이 책에서는 마이크로서비스 구축하는 데 초점을 맞추기 때문에 조직 및 문화 설계에 대해 자세히 다루지는 않는다. 좋은 소식은 마이크로서비스 구현자들이 주로 사용하는 일반적인 원칙이 있다는 것이다. 이는 교차 기능 팀cross-functional team의 원칙이다.

교차 기능 팀에서는 서로 다른 유형의 전문 지식(또는 기능)을 가진 사람들이 동일한 목표를 가지고 함께 일한다. 이러한 전문 지식은 기술과 비즈니스 영역 모두에 걸쳐있을 수 있다. 예를 들어 교차 기능 팀은 UX 디자이너, 애플리케이션 개발자, 제품 소유자, 비즈니스 분석가를 포함할 수 있다.

> **NOTE_** 교차 기능 팀은 새로운 것이 아니다. 1950년대로 거슬러 올라가 노스웨스턴 뮤추얼 생명 보험 회사Northwestern Mutual Life Insurance Company에서도 교차 기능 팀을 활용했다.

교차 기능으로 팀을 구성하면 더 나은 결정을 더 빨리 내릴 수 있다. 우리는 이미 팀 규모를 8명으로 제한했다. '적절한' 사람으로 구성된 '적절한 규모의' 팀은 권한을 갖고 빠르게 업무를 수행할 수 있다.

여기서 **적절한** 사람이란 무엇을 의미하는가? 팀 규모에 대해서는 여러 일화, 경험, 학술적인 연구가 있지만 팀 프로필에 대해서는 일관된 이야기를 찾기 어렵다. 예를 들어 대규모 클라우드 업체가 마이크로서비스로 일할 때에는 테스트 전문가와 4~5명의 도메인 전문가로 팀을 구성한다. 반대로 컨설팅 회사는 전문 엔지니어, 제품 소유자, 프로젝트 관리자, 테스팅 전문가를 각 팀에서 다양하게 혼합한다. 각 조직의 역량, 경험, 문화에 따라 팀 조합이 변한다.

따라서 팀에서 필요한 역할을 정확하게 지정하는 대신 운영 모델에 대한 일반적인 두 가지 결정을 내릴 수 있다. 첫째, 팀은 교차 기능을 수행해야 한다. 우리의 경험상 마이크로서비스 업무는 팀이 스스로 좋은 결정을 내릴 수 있을 때 더 잘 운영된다. 둘째, 팀은 결과물에 직접적으로 영향을 미치는 사람으로 구성되어야 한다. 우리는 이러한 방식으로 팀에 가치를 더할 수 있는 사람을 선발한다. 팀 관찰자나 업무와 의사 결정에 관련이 없는 사람은 필요하지 않다.

> **팀 구성원의 원칙을 정의**
>
> 팀은 여러 기능을 수행해야 하며 결과물, 서비스, 제품에 직접적으로 가치를 더할 수 있는 사람
> 으로 구성되어야 한다.

적절한 규모와 적절한 사람으로 업무를 수행할 수 있는 효율적인 팀을 구성해야 한다. 마지막
으로 우리는 팀의 수가 늘어남에 따라 팀 간 조정 방식을 고려해야 한다. 이는 다음 절에서 설
명한다.

2.1.3 팀 간 조정

적절한 규모의 팀을 만들고 이를 적절한 사람으로 채우면 높은 성과를 창출하는 팀을 만들 수
있다. 하지만 팀 간의 커뮤니케이션은 팀 내부가 아닌 전체 마이크로서비스 시스템을 지연시킬
수 있다. 우리는 앞서 1.2.1절에서는 조정 비용의 문제를 강조했다. 팀 간 조정 작업을 줄일 수
있다면 마이크로서비스 시스템이 변경 사항을 더 빠르게 전달할 수 있을 것이다.

마이크로서비스 팀이 완전히 자율적이고 독립적으로 행동할 수 있다면 좋을 것이다. 팀이
자유롭게 설계, 개발, 테스트, 배포 결정을 내릴 수 있다면 작업 속도를 늦추는 '조직적 마
찰organizational friction'은 없을 것이다. 필자의 경험상 팀 간 조정을 완전히 없애는 것은 불가능
하다.

이는 조직의 성공을 위해서 조정과 협업이 중요하기 때문이다. 우리는 마이크로서비스 팀이 독
립적으로 행동하면서 고객, 사용자, 조직에 가치를 전달할 수 있는 서비스를 만들기를 원한다.
이를 위해서는 공통의 목표를 설정하고, 변경과 피드백을 전달하고, 문제를 해결하기 위한 커
뮤니케이션이 반드시 필요하다.

팀이 완전히 독립적으로 운영 된다면 공유할 기회가 줄어든다. 독립적으로 작업하는 마이크로
서비스 팀은 적절한 작업 도구를 선택하고 매우 효율적인 시스템을 구축할 수 있다. 하지만 이
러한 효율성은 팀에 국한되기 때문에 **시스템 수준**의 효율성은 떨어질 수 있다. 예를 들어 모든
팀이 자체 클라우드 기반 네트워크 아키텍처를 설계하고 구축하는 경우 팀 간에 네트워크 작업
을 서로 공유할 수 있는 기회를 잃게 된다.

팀의 독립성과 자율성을 지나치게 강조한다면 시스템 수준의 비효율성과 조직의 목표와의 불일치가 발생한다. 너무 많은 조정을 도입하면 전체 시스템이 정체되고 변경에 대한 마이크로서비스의 이점이 사라질 위험이 있다. 문제는 독립적인 작업과 조정 사이에서 적절한 균형을 유지하는 것이다. 이를 위해 팀 설계에 대한 실험과 지속적인 조정이 필요하다.

팀 조정을 최적화하려면 적극적인 설계 노력이 필요하다. 실무자들이 저지르는 실수 중 하나는 기술 아키텍처에만 집중해서 기술 중심으로 팀을 구성하는 것이다. 이 경우 조정 모델의 문제가 발생하여 변경 사항을 적용하는 데 많은 비용이 발생하거나 변경하기 어려워진다.

이러한 문제를 방지하기 위해 우리는 시스템 설계 프로세스의 첫 번째 단계로 팀 조정 및 팀 설계를 진행한다. 이를 '역 콘웨이 전략inverse Conway maneuver'이라 한다. 우리가 설계한 커뮤니케이션 구조가 시스템 구조에 영향을 미치기 때문이다. 팀 설계 및 조정에 집중하여 설계를 시작하는 것은 성공적인 마이크로서비스를 설계하기 위한 유용한 방법이기 때문에 다음과 같이 결정으로 기록한다.

팀과 조정 모델을 설계할 때

팀 조정 및 모델은 시스템 아키텍처나 마이크로서비스를 설계하기 전에 설계해야 하면 지속적으로 업데이트하고 개선해야 한다.

다음 절에서는 마이크로서비스 팀 모델을 설계하는 데 유용한 도구인 팀 토폴로지를 소개한다.

---

4 https://oreil.ly/C1N0f

2.2 팀 토폴리지 소개

팀을 중심으로 설계 작업을 시작하기 위해 결정을 분류하고 전달하는 방법이 필요하다. 팀 설계를 문서화하는 방법은 다양하다. 우리의 모델에서는 팀 토폴로지라는 설계 도구를 사용한다.

팀 토폴로지는 매슈 스켈턴Matthew Skelton과 마누엘 파이스Manuel Pais가 개발한 설계 접근 방식이다.[5] 팀 토폴로지는 팀 간 일하는 방식에 특별히 중점을 두고 팀 설계에 대해 이야기할 수 있는 공식 언어를 제공한다.

우리는 팀 토폴로지 접근법의 모든 측면을 우리의 설계 작업에 활용하지는 않는다. 대신 팀 유형, 팀 상호작용 모드, 다이어그램 세 가지 요소를 작성한다. 이를 활용하여 우리의 마이크로서비스 팀을 위한 단순한 설계를 구축할 수 있다.

다음으로 우리가 정의할 수 있는 팀 유형부터 시작하여 팀 토폴로지 접근 방식의 여러 부분을 살펴본다.

2.2.1 팀 유형

팀 토폴로지의 핵심 개념 중 하나는 **팀 유형**이다. 팀 유형은 조직 간 의사 소통의 관점에서 팀의 기본적인 성격을 설명한다. 팀 토폴로지에 정의된 팀 유형에는 스트림 정렬stream-aligned, 활성화enabling, 난해한 하위 시스템complicated-subsystem, 플랫폼platform이 있다. 각 팀 유형에 대해 간략히 살펴보자.

스트림 정렬

스트림 정렬 팀은 전달 가능한 작업을 소유하고 실행한다. 스트림 정렬 팀의 주요 특징은 비즈니스 조직과 관련된 것을 지속적으로 전달하는 것이다. 스트림 정렬 팀은 아마존의 CTO 베르너 보겔Werner Vogel이 언급한 '구축한 것을 직접 운영하라(You build it, you run it)'[6]를 구체화한다. 스트림 정렬 팀은 출시 후에도 해체되지 않는다. 대신 스트림 정렬 팀은 계속해서 제품을 변경하고 개선하는 '스트림stream'을 계속 소유하고 구현한다. 예를 들어 마이크로서비스 팀은 일반적으로 서비스를 지속적으로 릴리스하며 스트림 정렬된다.

---

5 옮긴이_ 국내에 『팀 토폴로지』(에이콘출판, 2020)로 출간되었다. (https://teamtopologies.com)
6 https://oreil.ly/bIwkK

활성화

활성화 팀은 컨설팅 참여 모델로 다른 팀의 작업을 지원한다. 활성화 팀은 일반적으로 전문 지식이나 역량의 격차를 해소할 수 있는 전문가로 구성되며 각 팀이 조직이나 산업의 큰 그림을 이해하도록 도움을 준다. 예를 들어 활성화 아키텍처 팀은 마이크로서비스 팀이 새로운 기술 표준과 규약을 이해하도록 돕는다.

난해한 하위 시스템

난해한 하위 시스템 팀은 이해하기 어렵거나 조직 내 가용 리소스 부족으로 해결하기 어려운 도메인과 주제에 대해 작업한다. 일부 문제 영역은 확장되지 않고 모든 팀에 포함되지 않는다. 예를 들어 암호화 보안을 위해 소프트웨어를 조정하려면 특별한 종류의 전문 지식과 경험이 필요하다. 대부분의 조직은 모든 팀에서 이러한 기술을 확장하려고 노력하는 대신에 각 팀과 협력할 수 있는 난해한 하위 시스템 보안 팀을 만든다.

플랫폼

활성화 팀과 마찬가지로 플랫폼 팀은 다른 조직을 지원한다. 한 가지 중요한 차이점은 플랫폼 팀은 사용자에게 셀프서비스 사용자 경험을 제공한다는 것이다. 활성화 팀과 난해한 하위 시스템 팀은 사람의 대역폭에 의해 제한되지만 플랫폼 팀은 쉽게 확장할 수 있는 지원 도구와 지원 프로세스를 구축하는 데 투자한다. 이를 위해서는 더 많은 사전 투자와 지속적인 유지 관리 및 지원이 필요하다. 플랫폼 팀의 사용자는 조직의 나머지 팀이다. 예를 들어 운영 팀은 개발 팀이 사용할 수 있도록 빌드와 릴리스 도구를 제공할 때 플랫폼 팀이 될 수 있다.

네 가지 팀 유형을 이해했다면 팀 운영 방식에 대한 커뮤니케이션을 시작할 수 있다. 팀 설계를 실제로 커뮤니케이션 하려면 모델의 한 부분이 더 필요하다. 이는 팀이 서로 상호작용하는 방식이며 다음 절에서 설명한다.

2.2.2 상호작용 모드

마이크로서비스 구축을 위한 팀 설계의 목적은 작업을 완료하기 위해 필요한 조정의 양을 줄이는 것이다. 팀 토폴로지 팀 유형은 팀의 기본 특성을 식별하는 데 도움이 된다. 조정 비용을 어디에서 얼마나 줄일 수 있는지 제대로 이해하려면 팀이 서로 조정하는 방식을 명확히 해야 한다. 이것이 바로 팀 토폴로지 상호작용 모드의 시작이다. 스켈턴과 파이스는 그들이 쓴 책에서 서로 다른 수준의 세 가지 상호작용 모드를 설명한다.

협력

협력 상호작용 모드는 두 팀이 긴밀하게 협력한다. 협력은 팀이 배우고 발견하고 혁신할 수 있는 기회를 제공한다. 하지만 각 팀에 높은 수준의 조정을 요구하며 확장하기 어렵다. 예를 들어 보안 팀은 더 안전한 소프트웨어를 개발하기 위해 마이크로서비스 팀과 협력할 수 있다. 협력 작업에는 코드 설계, 작성, 테스트를 함께 하는 것이 포함될 수 있다.

촉진

촉진facilitating 상호작용은 협력과 유사하지만 단방향적인 상호작용이다. 공통의 문제를 여러 팀이 함께 해결하는 대신에 다른 팀이 원하는 결과를 전달할 수 있도록 지원한다. 예를 들어 촉진 상호작용은 네트워크 아키텍처 문제를 해결하기 위해 인프라 팀이 마이크로서비스 팀을 지원하는 경우다.

엑스 애즈 어 서비스

경우에 따라 팀 협력은 소비자–공급자의 형태를 지닌다. 이러한 유형의 상호작용에서 한 팀은 최소한의 조정 수준으로 조직의 다른 팀에 서비스를 제공한다. 이는 일반적으로 팀이 공통의 프로세스, 문서, 라이브러리, API, 플랫폼을 릴리스할 때 발생한다. 엑스 애즈 어 서비스 상호작용은 조정이 덜 필요하기 때문에 쉽게 확장할 수 있다. **엑스 애즈 어 서비스**x as a service(XaaS) 상호작용 모델은 플랫폼 팀에 적합하지만 다른 팀도 이러한 형태로 운영할 수 있다. 예를 들어 활성화 아키텍처 팀은 추천 소프트웨어 패턴의 목록을 작성하고 이를 '패턴 애즈 어 서비스patterns as a service(PaaS)' 모델로 모든 마이크로서비스 팀에 제공할 수 있다.

팀 토폴로지는 앞서 설명한 것보다 훨씬 더 다양하다. 종합하면, 이러한 종류의 팀 유형과 상호작용은 팀이 조정해야 하는 시기와 정도를 강조하고 마이크로서비스 팀의 모습을 그릴 수 있는 좋은 물감을 제공한다. 다음 절에서는 팀 토폴로지를 사용하여 마이크로서비스 팀 모델을 설계한다.

2.3 마이크로서비스 팀 토폴로지 설계

팀 토폴로지 접근 방식은 팀 조정에 대해 이야기할 수 있는 언어를 제공한다. 팀 토폴로지가 특별한 이유는 시각적 표현을 위해 만들어진 언어라는 점이다. 이번 절에서는 팀이 의사소통하고 함께 일하는 방법을 정의하며 마이크로서비스 팀을 설계한다. 설계가 끝나면 팀 조정 및 상호작용의 주요 지점을 나타낸 다이어그램이 생성된다.

팀 설계와 팀 토폴로지를 만들기 위해 다른 단계를 따른다.

1. 시스템 설계 팀을 구성한다.
2. 마이크로서비스 팀 템플릿을 생성한다.
3. 플랫폼 팀을 정의한다.
4. 활성화 팀과 난해한 하위 시스템 팀을 생성한다.
5. 주요 소비자 팀을 추가한다.

단계를 진행하면서 팀 설계를 문서화하고 팀 토폴로지를 작성한다. 각 단계마다 하나 이상의 팀을 식별하고 팀 설계 문서를 작성하며 팀 간 주요 상호작용을 도출한다. 먼저 시스템 설계 팀을 구성한다.

> **NOTE_** 모든 상황에 적합한 단일 팀 토폴로지는 없다. 조직의 규모, 사람, 기술, 요구사항을 모두 고려하는 것은 어렵다. 여기서 작성하는 토폴로지는 잘 작동하는 대규모 규모의 구현을 통합한 버전이다.

2.3.1 시스템 설계 팀 구성하기

마이크로서비스 시스템은 많은 부분과 많은 사람이 일을 하는 복잡한 시스템이다. 구축되는 소프트웨어는 모든 사람들이 함께 의사 결정을 내리고 작업하는 과정에서 생성된다. 필자의 경험상 모든 것을 원하는 방식으로 함께 작동하는 것은 쉽지 않다. 그렇기 때문에 시스템 비전과 행동을 구체화할 수 있는 사람을 그룹으로 구성해야 한다. 이 책의 모델에서는 이를 시스템 설계 팀이라 부른다.

시스템 설계 팀은 다음 세 가지 핵심 책임을 갖고 있다.

팀 구조 설계

시스템 설계 팀은 가장 먼저 구성되는 팀으로 시스템 구축 작업을 수행할 팀을 설계한다. 이는 현재 우리가 수행하고 있는 역할이기도 하다.

표준, 인센티브, '가드레일' 설정

팀을 구성하는 것 이외에도 시스템 설계 팀은 개별 팀이 내릴 수 있는 결정을 구체화해야 한다. 이를 통해 팀은 시스템 목표에 맞는 결과를 얻을 수 있다. 이를 위한 한 가지 방법은 팀이 할 수 있는 것과 할 수 없는 것을 지시하는 기준을 정하는 것이다. 이는 이 책의 많은 결정에 대해 우리가 택한 규범적인 접근 방식이다. 실제로 너무 많은 표준화는 유지하기 어렵고 건강한 시스템에는 너무 제한적이다. 훌륭한 설계자는 원하는 행동을 더 많이 얻을 수 있는 인센티브와 완전한 규칙보다는 가벼운 권장 사항과 참조 역할을 하는 '가드레일'을 도입한다.

지속적인 시스템 개선

마지막으로 시스템 설계 팀은 모든 팀 설계, 표준, 인센티브, 가드레일을 지속적으로 개선해야 한다. 시스템 전체를 모니터링하거나 측정 방법을 수립해야 하고 이를 통해 시스템을 변경하고 개선할 수 있도록 관리해야 한다.

각 팀의 역할을 명확하게 전달할 수 있도록 이러한 팀 책임은 문서화하는 것이 유용하다. 사실 시스템이 발전함에 따라 팀을 더 쉽게 이해하고 개선할 수 있도록 팀의 모든 주요 속성을 문서화해야 한다. 최소한 팀 토폴로지 유형, 팀 규모, 팀의 역할과 책임을 포함한다.

먼저 팀 토폴로지 유형을 결정하는 것으로 시작한다. 팀 설계와 표준을 초기에 설정한 후 시스템 설계 팀은 다른 팀이 마이크로서비스를 구축하는 것을 돕고 구성 요소를 지원하는 데 집중한다. 시스템 설계 팀의 대부분의 작업은 컨설팅 기반으로 전달 팀을 촉진하고 시스템을 탐색하는 데 도움이 되어야 한다. 시스템 설계 팀이 시스템을 전달하지만 우리가 원하는 작업은 활성화 팀 유형의 특징이다.

시스템 설계 팀은 규모가 작아야 한다. 시스템 전체에 대해 신속하게 결정을 내릴 수 있는 소수의 시니어 리더, 아키텍트, 시스템 설계자로 구성되어야 한다. 이를 위해 팀 규모를 3~5명으로 제한한다. 이는 앞서 설명한 일반 팀의 규모보다 작다.

시스템 설계 팀을 위한 결정과 팀의 속성을 경량 설계 문서에 기록한다. 자주 사용하는 텍스트 또는 문서 편집기를 사용하여 `system-design-team.md` 파일을 만들고 다음 내용을 작성한다.

```
# 시스템 설계 팀

## 팀 유형
활성화

## 팀 규모
3~5명

## 책임
* 팀 구조 설계
* 표준과 '가드레일' 설정
* 지속적인 시스템 개선
```

팀 문서로 텍스트 파일을 사용하는 것의 장점은 코드처럼 다룰 수 있다는 점이다. 문서를 코드 저장소에 저장하고 변경해야 할 때마다 해당 문서를 버전화할 수 있다. 또는 위키, 문서 저장소 또는 회사에서 사용하는 문서 관리 도구를 사용할 수 있다. 팀 설계 파일을 관리하는 방식을 결정하는 것은 사용자의 취향을 따른다. 팀 설계의 모든 예제는 책에서 제공하는 깃허브 저장소[7]를 참고하기 바란다.

이 시점에서 일반적으로 팀을 시각적으로 도식화하고 다른 팀과의 상호작용을 계획한다. 이것이 설계 업무의 핵심이다. 예를 들어 시스템 설계 팀은 촉진 상호작용 모델을 사용하여 마이크로서비스 팀과 협력할 것을 예상할 수 있다. 하지만 우리가 정의한 첫 번째 팀이기 때문에 소통할 수 있는 팀이 없다. 따라서 도식화 작업은 나중에 진행한다.

시스템 설계 팀이 문서를 작성하면 마이크로서비스 팀을 문서화하고 도식화를 진행할 수 있다.

2.3.2 마이크로서비스 팀 템플릿 구축

'업 앤 러닝' 모델에서는 단일 팀이 마이크로서비스의 설계, 구축, 전달, 유지 보수 작업과 결정을 소유한다. 또한 단일 팀은 여러 마이크로서비스를 소유할 수 있다. 이는 문제가 되지 않으며 불필요한 팀의 증가를 방지한다. 가장 중요한 것은 마이크로서비스 소유권을 단일 팀에 제한하

---

7 https://github.com/Sancho-kim/MSUR

여 마이크로서비스에 대한 책임이 여러 팀에 공유되지 않게 하는 것이다.

마이크로서비스 소유권

각 마이크로서비스는 단일 팀이 소유하며 해당 팀은 마이크로서비스를 설계, 구축, 실행한다. 이 팀은 서비스 수명 동안 마이크로서비스를 담당한다.

시스템이 성숙해짐에 따라 마이크로서비스가 증가하고 이에 따라 많은 수의 마이크로서비스 팀이 생길 것이다. 여러 개의 마이크로서비스 팀이 시스템에서 운영될 것이기 때문에 각 팀을 개별적으로는 설계하지 않는다. 대신에 마이크로서비스 팀 템플릿을 정의하여 새로운 팀이 생성될 때 적용한다. 템플릿은 새로운 마이크로서비스 팀이 필요할 때 '펀치 아웃punch out' 하여 찍어낼 수 있는 쿠키 커터로 생각하면 된다. 또는 프로그래밍 배경지식이 있다면 '인스턴스'를 생성할 때 사용하는 '클래스' 정의로 생각하면 된다.

시작하기 전에 시스템 설계 팀에서 했던 것과 동일한 몇 가지 필수 팀 속성을 정의한다. 이전과 마찬가지로 팀 유형, 팀 규모, 책임을 문서화할 것이다. 이전에 언급했듯이 팀은 하나 이상의 독립적인 마이크로서비스를 소유할 것으로 예상한다. 이러한 소유권은 서비스를 운영하고 필요에 따라 지속적인 개선, 수정, 변경하는 것을 포함한다.

이러한 특성으로 마이크로서비스 팀을 스트림 정렬로 분류한다. 앞서 내린 결정에 따라 팀 규모는 5명에서 8명 사이로 유지한다. 이전과 같이 이러한 속성을 문서로 작성한다. `microservice-team-template.md` 파일을 생성하고 다음 내용으로 채운다.

```
# 마이크로서비스 팀 템플릿

## 팀 유형
스트림 정렬

## 팀 규모
5~8명

## 책임
* 마이크로서비스 설계 및 개발
* 마이크로서비스 테스트, 구축, 전달
* 문제 해결
```

템플릿 정의를 문서화하면 팀 상호작용 모델을 다이어그램으로 작성할 수 있다. 다이어그램 도구를 실행하고 [그림 2-1]과 같이 직사각형을 그린다.

마이크로서비스 팀

그림 2-1 스트림 정렬 마이크로서비스 팀

TIP 익숙한 다이어그램 작성 도구가 없다면 브라우저 기반에서 무료로 사용할 수 있는 *www.diagrams.net*과 *www.lucidchart.com*을 추천한다. 물론 옛날 방식으로 펜과 종이를 사용하여 자유롭게 다이어그램을 그려도 된다!

이전 절에서 우리는 시스템 설계 팀을 정의했다. 이제 마이크로서비스 팀을 도식화했으니 시스템 설계 팀을 다이어그램에 추가한다. [그림 2-2]와 같이 직사각형을 사용하여 시스템 설계 팀을 그린다.

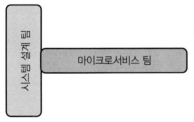

그림 2-2 활성화 시스템 설계 팀

두 팀 간의 상호작용을 보여주기 위해 마이크로서비스 팀의 왼쪽에 수직으로 배치한다. 이 경우 시스템 설계 팀은 마이크로서비스 팀을 촉진한다. 간단하게 하기 위해 상호작용 모드의 세부 사항을 모델링하지는 않는다. 팀이 상호작용한다는 점을 강조하는 것으로 충분하다.

시스템이 발전함에 따라 '마이크로서비스 팀' 상자를 실제 팀의 이름과 작업 중인 서비스로 바꿔야 한다. 또한 시간이 지남에 따라 마이크로서비스 팀 간에 발생하는 상호작용을 기록해야 한다. 예를 들어 마이크로서비스가 다른 마이크로서비스를 호출하는 경우 기록이 필요한 조정 작업이 있을 수 있다.

팀 설계 단계에 따라 다이어그램을 업데이트할 예정이므로 그리기 도구에 익숙해져야 한다. 또한 작업한 내용을 잃지 않도록 다이어그램을 저장해야 한다.

이제 처음 두 팀을 모델링했다. 다음으로 클라우드 플랫폼 팀을 알아보자.

2.3.3 플랫폼 팀

플랫폼 팀은 마이크로서비스 시스템의 중요한 부분이다. 대부분의 마이크로서비스 작업은 독립적이며 스트림 정렬된 팀에서 수행한다. 하지만 지원이 없다면 공통된 개발, 테스트, 구현 문제에 대한 해결방법을 각 팀에서 고민해야 한다. 촉진 시스템 설계 팀이 이러한 작업을 지원할 수 있지만 마이크로서비스 팀은 여전히 전체 기술 스택 및 아키텍처의 복잡성을 다룰 필요가 있을 것이다.

플랫폼 팀은 이러한 문제를 해결하는 데 도움이 될 수 있다. 마이크로서비스 시스템에는 많은 공통적인 구성 요소가 있다. 플랫폼 팀은 이러한 공통 요소를 마이크로서비스가 '서비스형as a service'를 사용할 수 있도록 지원한다. 서비스 모델은 플랫폼 구성 요소의 확장성scalability을 향상시켜 공유된 구성 요소가 중앙 집중화될 때 일반적으로 발생하는 조정 문제를 줄인다.

우리 모델에서는 네트워크, 애플리케이션, 배포 인프라를 나머지 조직에 서비스로 제공하는 클라우드 플랫폼 팀을 예를 들어 설명한다. 인프라 설계에 대한 자세한 내용은 7장에서 설명한다. 여기서 핵심은 시스템 내 팀들이 플랫폼 팀에서 제공하는 인프라 서비스를 사용하여 온디맨드on-demand로 새로운 환경을 만들 수 있다는 것이다.

세부 사항을 이해했다면 클라우드 플랫폼 팀에 대한 팀 속성을 `cloud-platform-team.md` 파일에 작성한다.

```
# 클라우드 플랫폼 팀

## 팀 유형
플랫폼

## 팀 규모
5~8명

## 책임
* 네트워크 인프라 설계 및 개발
* 애플리케이션 인프라 설계 및 개발
* 새로운 환경을 빌드하기 위한 도구 제공
* 필요에 따라 네트워크 및 애플리케이션 인프라를 업데이트
```

클라우드 플랫폼 팀의 책임 중 핵심은 제공한 인프라를 업데이트 하는 것이다. 플랫폼 팀은 사용자를 고객인 것처럼 대해야 한다. 이러한 관계에서 플랫폼 팀은 고객의 요구와 기대를 만족시키기 위해 지속적으로 개선해야 한다.

이전에 했던 것처럼 팀 토폴로지 다이어그램에 클라우드 플랫폼 팀을 추가한다. 이번에는 플랫폼 팀을 모델링한다. [그림 2-3]에 표시된 것처럼 마이크로서비스 팀 아래에 직사각형을 그리고 시스템 설계 팀에 연결한다.

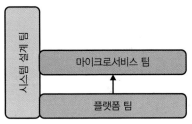

그림 2-3 서비스를 제공하는 클라우드 플랫폼 팀

이번에는 플랫폼과 마이크로서비스 팀 사이에 작은 화살표를 그렸다. 이는 플랫폼 팀이 마이크로서비스 팀과 상호작용을 위해 엑스 애즈 어 서비스 모델을 구현하고 있음을 보여준다. 다이어그램은 또한 시스템 설계 팀이 플랫폼 팀의 작업을 활성화할 것임을 보여준다. 시스템 설계 팀은 플랫폼이 전체 시스템의 목표와 비전을 따를 수 있도록 지원한다.

'업 앤 러닝' 모델에서는 플랫폼 팀을 단일 인스턴스로 정의했다. 실제로는 관리 가능한 규모로 여러 플랫폼 팀을 구성할 수 있다. 이 경우 여러 플랫폼 팀이 조직의 나머지 팀에 서비스를 제공하기 위해 함께 협력하는 방법을 고려해야 한다.

2.3.4 활성화와 난해한 하위 시스템 팀

앞서 설계한 세 팀으로 마이크로서비스 시스템을 제공할 수 있는 인력을 구성했다. 하지만 이러한 핵심 기능 이외에도 팀이 소유하기를 원하는 추가적인 역량이 있을 수 있다. 이는 우리가 제공하고자 하는 중요한 기술들이 있거나 전담 팀이 필요한 복잡한 시스템 기능이 있기 때문이다.

우리의 마이크로서비스 모델에서는 전문 릴리스 팀을 만들기로 결정했다. 릴리스 팀은 프로덕션과 같은 환경에 마이크로서비스를 릴리스(또는 배포)할 책임을 갖고 있다. 마이크로서비스 팀에서 직접 프로덕션 환경에 배포할 수 있지만 필자의 경험상 전문 릴리스 팀에서 서비스를 배포하는 경우가 많았다.

대부분의 조직에서는 일반적으로 서비스를 배포하기 전에 수행하는 추가 테스트 및 인수 검사 단계가 있기 때문이다. 프로덕션 환경에 직접 배포하는 대신 마이크로서비스 팀은 빌드와 테스트를 마친 컨테이너를 전달한다. 그런 다음 컨테이너는 변경된 사항의 테스트, 승인, 배포 작업을 조정하는 릴리스 팀에 의해 자동으로 배포된다.

릴리스 팀은 난해한 하위 시스템 유형을 구현한다. 릴리스 팀은 릴리스, 승인, 배포 프로세스에 대한 전문 지식을 갖고 있으며 스트림 정렬 팀과 협력하여 해당 작업을 수행한다. 릴리스 팀을 디자인하려면 release-team.md 파일에 다음 속성을 입력한다.

릴리스 팀

팀 유형
난해한 하위 시스템

팀 규모
5~8명

책임
* 프로덕션 환경에 마이크로서비스를 릴리스
* 릴리스에 대한 승인 조정

다음으로 팀 토폴로지 그림에 릴리스 팀을 추가한다. 난해한 하위 시스템 팀은 다른 크기로 모델링한다.

팀 토폴로지 다이어그램을 열고 [그림 2-4]와 같이 마이크로서비스 팀 상자의 끝에 작은 사각형을 추가한다.

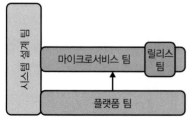

그림 2-4 릴리스 팀

토폴로지에서 알 수 있듯이 릴리스 팀 접근 방식의 트레이드오프는 조정 비용이다. 규모 면에서 이는 큰 문제가 될 수 있다. 예를 들어 여러 마이크로서비스에서 매일 릴리스를 수행하는 경우 릴리스 팀은 모든 배포를 조정하는 데 어려움을 겪을 수 있다. 이러한 상황에 처하면 팀 설계를 변경하고 배포 책임을 개별 마이크로서비스 팀으로 전환해야 한다.

릴리스 팀은 마이크로서비스 모델의 핵심에 있는 최종적인 팀이다. 하지만 설계를 마치려면 마지막으로 마이크로서비스를 사용할 팀들을 고려해야 한다. 다음을 살펴보자.

2.3.5 소비자 팀

마이크로서비스는 사용될 때 가치가 있다. 따라서 마이크로서비스의 소비자들이 우리의 시스템 팀과 상호작용하는 방식을 확인하는 것이 좋다. 일부 아키텍처에서는 모바일 애플리케이션 개발 팀, 웹 개발 팀, 서드 파티third-party 조직이 소비자에 포함될 수 있다. 우리 모델에서는 마이크로서비스의 주요 소비자는 API 팀이다.

API 팀은 마이크로서비스를 API로 다른 개발 팀에 노출하는 책임을 맡고 있다. 예를 들어 모바일 애플리케이션 개발 팀은 API 팀에서 릴리스한 API와 상호작용하며 마이크로서비스를 직접 호출하지 않는다.

이 책의 뒷부분에서 API와 아키텍처에 대해 자세히 설명한다. 지금은 API 팀의 속성과 책임에 대해 설명한다. `api-team.md` 파일을 생성하고 다음과 같이 입력한다.

```
# API 팀

## 팀 유형
스트림 정렬

## 팀 규모
5~8명

## 책임
* 시스템 경계에서 API를 설계, 개발, 관리
* API를 내부 서비스에 연결
```

마이크로서비스 팀처럼 API 팀은 스트림 정렬 팀이다. 이는 비즈니스 요구와 소비자 요구를 반영하는 API를 지속적으로 변경해야 하기 때문이다. API 팀의 특별한 점은 API가 작동하기 위해서 마이크로서비스를 호출해야 하기 때문에 API 팀은 마이크로서비스 팀에 의존한다는 것이다.

팀 토폴로지에 API 팀을 나타내기 위해 다이어그램 상단에 직사각형을 추가하여 모델링한다. API 팀과 마이크로서비스 팀의 의존 관계를 반영하기 위해 검은색 화살표를 사용하여 **엑스 애즈 어 서비스** 참여 모델을 표시한다.

완성된 다이어그램은 [그림 2-5]와 같다.

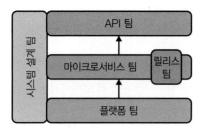

그림 2-5 API 팀이 추가된 최종 팀 토폴로지

API 팀 추가를 끝으로 우리의 팀 토폴로지가 완성되었다. 우리가 정의한 팀은 앞서 소개한 팀 토폴로지의 팀 유형과 상호작용 모드를 모두 포함하고 있다. 토폴로지를 정의하면 작업이 수행되는 주요 조정 지점이 어디인지 알 수 있다. 전반적으로 우리 모델은 상당히 독립적이고 자율적인 작업방식을 가능하게 한다. 하지만 모델이 작동하도록 하려면 서비스형의 클라우드 플랫폼을 구축하는 데 약간의 시간과 노력이 필요하다.

기본 팀 토폴로지를 정의하면 이번 장의 목표인 운영 모델 구축하기와 어떻게 연계되는지 알 수 있다.

2.4 마치며

우리가 방금 내린 결정, 팀 정의, 토폴로지를 종합하면 마이크로서비스 운영 모델을 형성한다. 이를 통해 팀의 특성과 책임, 팀이 함께 일할 것으로 기대하는 방식을 정의했다. 이는 중요한 설계 단계이며 나머지 마이크로서비스 작업에 영향을 미친다. 이 시점에서 내리는 모든 결정은 방금 수립한 운영 모델의 영향을 많이 받을 것이다.

사실 우리는 운영 모델 설계를 깊게 파고들지는 않았다. 실제로 여러 유형의 상호작용 모드를 반영하기 위해서는 두 개 이상의 팀 토폴로지 다이어그램을 그리는 것이 좋다. 예를 들어 시스템의 문제 해결은 지금까지 보여준 것과 다른 참여 모델이 필요할 수 있다. 마찬가지로 클라우드 플랫폼, 시스템 설계, 릴리스 팀이 제공하는 결과물을 변경하는 데 필요한 상호작용을 다이어그램에 작성하지 않았다.

초기 설계 후에도 운영 모델 설계는 지속적으로 개선되어야 한다. 팀 정의와 토폴로지를 문서로 기록할 때의 장점은 코드처럼 다룰 수 있다는 것이다. 따라서 시스템이 발전함에 따라 버전을 지정하고 변경 사항을 관리할 수 있다. 또한 기록에 설계 자산을 추가할 수도 있다. 예를 들어 플랫폼 팀에 대한 서비스 수준 계약을 정의하고 스트림 조정 팀에 대한 기술 인벤토리를 정의할 수 있다.

궁극적으로 이 장의 목표는 나머지 설계 및 개발 작업의 기초를 만드는 것이다. 팀 토폴로지 및 팀 설계에 대한 간단한 접근 방식이 바로 그 역할을 한다. 운영 모델을 구축했으니 실제 마이크로서비스 설계로 넘어갈 수 있다. 이는 3장에서 다룬다.

## CHAPTER 3

마이크로 서비스 설계: SEED(S) 프로세스

앞서 1장에서는 마이크로서비스 아키텍처를 도입하여 시스템의 안정성을 유지하면서 개발 속도를 높일 수 있다고 설명했다. 이러한 이점은 상당히 복잡한 문제를 다루는 조직에게 매우 유용하다. 이는 우연이 아니라 의식적인 설계의 결과로 발생한다는 것을 알아야 한다. 효과적이고 명시적인 엔드 투 엔드 시스템 설계 없이 성공적인 마이크로서비스 아키텍처를 구축하는 것은 불가능하다.

이번 장에서는 마이크로서비스를 설계하기 위한 점진적 프로세스를 소개한다. 이 방법론은 헬스케어 스타트업의 창립자 중 한 명이 공식화했으며 이후에 다른 기업의 많은 프로젝트에서 성공적으로 구현되었다. 이러한 유연한 접근 방식은 복잡한 문제를 해결하는 소규모 조직에도 효과적이다. 예를 들어 광범위한 헬스케어 산업을 혁신하는 스타트업과 수백 개의 팀에 수천명의 소프트 엔지니어가 있는 대규모 조직에도 동일한 효과를 보인다.

서비스 설계를 위한 표준 프로세스를 사용

시스템 서비스에 대한 고품질 고객 중심 설계를 위해 반복 가능한 표준 프로세스를 사용한다.

이번 장에서 설명하는 마이크로서비스 설계 시스템은 하향식, 다단계 방법론, 재사용 가능한 프로세스의 모음으로 각 단계는 이전 단계로부터 진화한다. 우리는 진화적 특성을 고려하여 이러한 시스템을 **서비스 설계를 위한 7가지 본질적 진화**Seven Essential Evolutions of Design for Services 또는

SEED(S)라고 부른다. 아름다운 정원이 씨앗을 심는 것으로 시작하듯이 SEED(S) 분석 및 설계 프로세스는 마이크로서비스 구현의 필수적인 첫 번째 단계로서 나중에 코딩하는 부분을 용이하게 한다.

3.1 서비스 설계의 7가지 본질적 진화: SEED(S) 소개

제임스 루이스와 마틴 파울러가 언급했듯이 마이크로서비스 아키텍처의 주요 특징 중 하나는 서비스를 통한 시스템의 컴포넌트화다.[1] '서비스'란 웹 서비스 요청이나 원격 프로시저 호출remote procedure call(RPC)과 같은 표준 네트워크 프로토콜을 통해 독립적으로 배포하고 액세스할 수 있는 소프트웨어 구성 요소를 의미한다. 시스템 구성 요소는 명시적인 공개 인터페이스를 정의하여 서비스로 노출한다. 좋은 설계로 인터페이스의 유연성flexibility과 사용성을 높이면 시스템 아키텍처의 견고성과 개발자의 생산성을 높일 수 있다.

SEED(S) 프로세스는 반복 가능하고 안정적이며 신뢰할 수 있는 방법론을 제공하며 사용자 친화적이고 견고한 서비스 인터페이스를 설계하도록 돕는다.

또한 일반적인 접근 방식으로서 SEED(S) 방법론은 마이크로서비스를 넘어 프런트엔드 UI를 위해 만들어진 RESTful API와 GraphQL API를 포함한 모든 서비스 유형의 설계에 효과적일 수 있다. 이러한 광범위한 적용 가능성은 놀라운 일이 아니다. 기술적인 관점에서 마이크로서비스는 API의 일종으로 조정 요구를 최소화하는 특정 유형의 경계를 염두에 두고 개발되었다.

본격적으로 SEED(S) 프로세스를 알아보자. SEED(S) 프로세스의 7단계는 다음과 같다.

1. 액터 식별

2. 액터가 수행하는 작업 식별

3. 시퀀스 다이어그램을 사용하여 상호작용 패턴 발견

4. JTBD^{Jobs To Be Done}와 상호작용 패턴을 기반으로 높은 수준의 작업 및 쿼리 도출

5. 개방형 표준(OpenAPI 규격 또는 GraphQL 스키마)을 사용하여 각 액션 및 쿼리를 스펙으로 설명

---

[1] https://oreil.ly/DVxRp

6. API 사양에 대한 피드백 받기

7. 마이크로서비스 구현

각 단계에 대해 자세히 살펴보고 이러한 단계를 사용하여 서비스 설계에 활용할 수 있는 방법을 알아보자.

3.2 액터 식별

SEED(S)는 점진적 방법론으로 서비스를 제품으로 바라보는 고객 중심적인 접근 방식을 취한다. 필자는 수년 동안 'API는 제품이다'라고 강조해왔다.[2] API와 서비스에 대한 제품 지향적인 관점은 비즈니스 세계의 풍부한 기술을 재사용할 수 있게 한다. 많은 사람이 1930년대에 P & G사의 닐 맥엘로이[Neil H. McElroy][3]가 신규 브랜드인 카메이[Camay] 비누의 판매를 개선하려는 시도를 제품 관리 분야 중 하나로 생각한다.[4] 제품 관리는 이후 수십 년 동안 크게 발전했으며 API/서비스 관리 분야에 재사용할 수 있다는 교훈을 얻었다. API가 제품이라면 우리는 제품 관리에서 사용한 것과 유사한 기술을 활용하여 API를 설계할 수 있어야 한다.

제품과 같은 API와 서비스를 설계할 때에는 '고객'을 이해해야 한다. 서비스는 누구를 위해 설계되었는가? 일반적으로 API와 서비스 관리 분야에서 우리는 이러한 페르소나를 '고객'이라고 하진 않는다. 대신에 서비스 소비자와 공급자 사이에 존재하는 금전적 거래의 의미를 제거하고 덜 상업적인 용어인 '액터'라 한다.

SEED(S) 방법론의 첫 번째 모델링 단계에서 '액터'를 사용하는 것은 '사용자 페르소나'를 사용하는 상호작용 설계에서 영감을 받았다. 상호작용 설계 도구로서의 페르소나 개념은 1998년 앨런 쿠퍼[Alan Cooper]의 저서 『정신병원에서 뛰쳐나온 디자인』(안그라픽스, 2004)에서 처음 소개되었으며 그 이후로 큰 인기를 얻었다. 현시점에서 페르소나는 다른 방법론과 같이 일부 비판받기도 한다.[5] 어떤 제품 팀은 페르소나 대신에 실제 사용자의 데이터를 사용하는 방법론을 지지하기도 한다. 하지만 제품 관리 방법론에서 페르소나의 장점과 단점을 논의하는 것은 이 책

---

2 *https://oreil.ly/y8CHg*

3 *https://oreil.ly/yYLlg*

4 *https://oreil.ly/lunbc*

5 *https://oreil.ly/g1SYg*

의 범위를 훨씬 벗어난다. 또한, 액터는 사용자 페르소나에서 영감을 얻었지만 동일하지는 않다. 액터의 목적은 실제 사용자 데이터가 일반적으로 제한되는 설계 프로세스 단계에서 모델링을 지원하는 것이다.

액터 정의로 모델링을 시작하는 이유는 범위와 우선순위를 지정하기 위해서다. API 및 서비스 설계 과정에서 저지르는 전형적인 실수는 사용자 요구사항에 대한 명확성 부족과 지나친 추상화다. 많은 API가 단순히 HTTP를 통해 일부 데이터베이스 테이블을 노출하거나 원격 프로시저 호출로 애플리케이션 내부에 직접 네트워크 액세스를 제공한다. 이러한 접근 방식은 고객의 요구사항을 충족하고 비즈니스 목표를 달성하는 데 어려움을 겪을 수 있다. 이는 당연한 결과다. "누가 이 API를 사용할 것인가?" 또는 "고객이 필요한 것은 무엇인가?"라고 묻지 않는다면 고객의 요구를 해결할 수 있는 솔루션을 설계하기 어렵다. 하지만 많은 API와 서비스가 소비자의 목표가 아닌 서비스 공급자의 목표를 위해 설계되었다. SEED(S)는 액터를 먼저 식별하여 첫 번째 단계부터 이러한 문제를 해결한다.

주요 액터를 사용하여 서비스 범위 설계

서비스의 기능을 고객 중심적으로 탐색하기 위해 도메인의 주요 액터를 식별한 후 서비스 설계를 시작한다.

다음은 목표에 적합한 액터를 식별하기 위한 몇 가지 기본 규칙이다.

1. 사용자 페르소나처럼 각 액터는 **정확**하기보다는 **구체적**이어야 한다. 액터가 누구인지에 대한 세부 사항을 식별하는 것보다 다양한 액터를 구별하는 주요 특성의 경계를 식별하는 것이 더 중요하다. 우리는 모델링 과정에 있다는 사실을 항상 기억해야 한다. 모델링 과정에서 모든 것이 정확할 수는 없다. 모든 세부 사항에 신경 쓰지 않고 현실과 관련된 우선적인 것들을 파악해야 한다.

2. 겹치거나 너무 광범위한 액터 정의는 기본적으로 위험하다. 액터는 문맥에 따라 정의되어야 한다. 각 애플리케이션 설계에서 재사용되는 액터의 '포트폴리오'를 갖는 것은 프로세스가 잘못된 방향으로 나아가고 있음을 의미한다.

3. 모델로서 액터 정의는 각 액터에 내재된 요구사항, 문제점, 행동을 나타낸다. 액터 유형을 구분하는 요구사항과 행동은 관련성이 있으며 중복되는 부분이 매우 제한적이어야 한다.

4. 문제 영역을 설명하기 위해 가능한 적은 수의 개별 액터를 사용해야 한다. 서비스에 대해 5명 이상의 액터가 있다면 대부분의 경우 우선순위가 사라졌거나 서비스 경계가 너무 넓은 것이다.

3.2.1 샘플 프로젝트의 액터 예제

다음은 1장에서 소개한 샘플 프로젝트인 항공사의 온라인 예약 시스템에서, 항공편 예약 서브 시스템과 관련된 가능한 액터 중 일부이다.

비행기를 자주 타는 승객

엠마는 출장이 잦은 고객이다. 항공사의 엘리트 로열티 등급을 보유하고 있으며 직장의 예약 시스템을 통해 여행을 관리하고 다양한 앱을 사용하여 바쁜 일정을 소화해내고 있다. 로열티 등급으로 엠마는 많은 혜택을 받는다. 가족과 함께 여행할 때에는 보통 로열티 마일리지를 사용한다.

가족 휴가객

라일리 부부는 대부분의 휴가를 자녀와 함께 보낸다. 그들은 보통 미리 계획하여 여행하며, 여행을 자주 하지 않는다.

항공사 고객 서비스 상담원

션은 여행 관련 문제를 해결하거나 예약 또는 재예약을 지원하는 숙련된 고객 서비스 상담원이다. 션은 전화와 온라인 채팅을 업무에 사용한다.

설계 작업을 위한 액터를 식별한 후에는 액터가 시스템을 사용하여 수행하는 작업을 분석한다. 다음 절에서 이를 알아본다.

3.3 액터가 수행하는 작업 식별

대상 고객(액터)의 유형을 파악한 후에는 액터가 할 일을 파악하는 데 많은 시간을 투자하여 고객의 요구사항을 가장 잘 만족시킬 수 있는 솔루션을 만들어야 한다. 이는 API와 서비스 설계에서 종종 오해되거나 무시되는 경우가 있지만 다음과 같은 측면에서 매우 중요한 과정이다.

SEED(S)를 포함한 API 및 서비스 설계 방법론은 앞서 언급한 기본 전제를 기반으로 한다. API와 마이크로서비스는 제품 유형이며, 우리는 설계 과정에서 수십 년 동안 개발된 풍부한 제품 관리 도구를 사용할 수 있다. 우리는 이러한 도구를 모델링 프로세스에 적용하여 상호작용 설계에서 사용자 페르소나 방식으로 액터를 식별한다. 두 번째 단계에서 우리는 제품 설계에 대해 더 깊이 파고들어 API를 제품으로 다루는 이유를 살핀다. 표준 프로토콜인 API를 사용하여 네트워크를 통해 제공되는 기술적인 기능은 우리에게 익숙한 손 비누, 겨울 자켓, 스마트폰, 다른 물리적 제품과 반드시 닮은 것은 아니다.

그렇다면, **제품**의 일반적인 정의는 무엇일까? 제품에 대한 다양한 정의 중 필립 코틀러가 정의한 내용은 다음과 같다.

> 우리는 수요나 요구를 충족시킬 수 있는 관심, 획득, 사용, 소비를 시장에 제공할 수 있는 것을 제품으로 정의한다. 제품에는 자동차, 컴퓨터, 휴대폰과 같은 유형의 물건 이상의 것이 포함되어 있다. 광범위하게 정의된 '제품'은 서비스, 이벤트, 사람, 장소, 조직, 아이디어 또는 이들의 조합을 포함한다.
>
> 필립 코틀러Philip Kotler, 『Kotler의 마케팅 원리』(시그마프레스, 2017)

웹 API나 마이크로서비스 같은 서비스는 이러한 정의를 만족시킨다. 생산자는 각 소비자에게 서비스를 제공하고 소비자의 요구를 충족시키며 이러한 수요와 공급은 '시장'을 창출할 수 있다.

API의 소비자는 일반적으로 프런트엔드(웹, 모바일)이거나 타사(파트너) 애플리케이션인 반면, 마이크로서비스의 소비자는 시스템 자체의 다양한 부분이지만 이는 설계 프로세스와는 크게 관련이 없다. API와 마이크로서비스 간의 차이점을 정의하는 방법은 이 장의 뒷부분에서 자세히 다룬다.

마이크로서비스와 API가 제품이라면 더 나은 제품을 만들 수 있는 방법은 무엇일까? 행위자를 식별하는 것이 첫 번째 단계라면 다음은 무엇일까? 제품은 고객의 문제를 해결해야 한다. 안타깝게도 많은 제품이 고객의 관점에서 해결해야 하는 문제에 집중하기보다는 솔루션 업체의 관점에서 제공해야 할 것에 집착하여 설계된다. 이와 관련하여 하버드 경영대학원 마케팅 교수인 테오도르 레빗Theodore Levitt은 '사람들은 1/4인치 드릴을 사기를 원하지 않는다. 그들이 원하는 건 1/4인치 구멍이다'[6]라고 말했다. 실제로 드릴을 생산하는 제품 회사라면 고객이 하려는 진짜 작업은 가장 완벽한 범용 드릴을 쇼핑하는 것이 아니라, 단순히 벽에 그림을 거는 것이라는 점을 인식해야 한다. 이를 깨닫지 못하고 완벽한 드릴을 완성하려는 노력을 계속한다면 결국 벽에 1/4인치 구멍을 더 간단하게 뚫을 수 있는 대안을 생각해내는 발명가에게 뒤쳐질 것이다.

기술의 발전 역사를 살펴보면 이는 시대를 초월한 문제다. 솔루션은 항상 변화하고 진화한다. 예를 들어 더 이상 자기 테이프나 플로피 디스크를 사용하여 데이터를 저장하는 사람은 아무도 없지만, 데이터를 저장하고 전송해야 하는 작업은 여전히 남아있으며 오늘날에는 모두 클라우드 기반으로 데이터를 관리한다. 혁신가는 일반적으로 일시적인 도구를 완성하는 것보다는 문제 해결에 더 집중해야 한다.

하버드 경영대학원의 클레이튼 크리스텐슨Clayton Christensen 교수는 이를 '할 일 이론theory of jobs to be done'이라 이름 짓고 다음과 같이 설명한다.

> 고객은 그들의 문제를 해결하기 위해 제품을 구매한다.
>
> 클레이튼 크리스텐슨, 「The Innovator's Solution」(하버드 비즈니스 리뷰)

앞서 인용한 하버드 비즈니스 리뷰의 기사 '고객이 제품에서 원하는 것What Customers Want from Your Products'에서 크리스텐슨과 공동 저자는 '고객이 아닌 작업이 분석의 기본 단위'일 때 제품 설계가 성공적이고 고객이 더 만족한다고 설명했다.

작업을 분석 단위로 사용

요구사항 수집을 위해 도메인에서 주요 액터가 할 일을 분석 단위로 사용한다.

---

6 *https://oreil.ly/NKolz*

3.3.1 잡 스토리 형식을 사용하여 JTBD 기록

우리가 식별한 각 행위자에 대해, 우리는 해당 행위자의 상위 JTBD를 찾아야 한다. 통일성과 주요 데이터 포인트가 제대로 문서화되도록 JTBD를 표준 형식으로 기록한다. SEED(S) 프로세스는 폴 아담스[Paul Adams]가 정의한 '〈상황〉일 때, 나는 〈동기〉하기를 원하고 〈목표〉를 할 수 있다.'를 **잡 스토리** 형식으로 사용한다(그림 3-1 참조).[7]

____ 일 때, 나는 ____하기를 원하고 ____를 할 수 있다.

상황	**동기**	**목표**

그림 3-1 잡 스토리 형식의 구조

잡 스토리는 상황, 액터의 작업 동기, 액터가 달성하려는 목표를 중심으로 한다.

> **NOTE_** 아담스의 잡 스토리 형식은 1인칭으로 작성된다는 점을 유의해야 한다. SEED(S)에서는 작업 스토리의 실제 액터가 누구인지 강조하기 위해 3인칭으로 잡 스토리를 작성하는 것을 선호한다.

스크럼이나 다른 애자일 방법론의 **유저 스토리**[8]에 익숙하다면 잡 스토리가 거의 유사하게 느껴질 수 있다. 하지만 알란 클레멘트[Alan Klement]가 블로그 '유저 스토리를 잡 스토리로 바꾸기[Replacing the User Story with the Job Story]'[9]에서 설명하듯이 둘 사이에는 중요한 차이점이 있다. 유저 스토리는 사용자 페르소나를 중심으로 시작하고 전개되지만 잡 스토리는 페르소나를 무시하고 상황을 강조한다.

이는 크리스텐슨의 의견인 '고객이 아닌 작업을 분석의 기본 단위로 한다'와도 일치한다. 또한 특정 작업을 설명하는 맥락에서 페르소나는 더 이상 중요하지 않다. 벽에 그림을 걸어야 한다면 면허가 있는 시공자 초보 집주인이든 상관없이 벽에 1/4인치 구멍이 필요하다. 이는 행위자가 어떤 사람이냐 보다는 중요한 목표를 달성하려는 동기와 상황이 있는 맥락이다. 간단히 말해서 우리는 작업 목록을 정의하기 위해 행위자를 식별하지만 행위자의 작업을 설명하는 관점에서 단순하게 상황을 식별하는 것이 필요하다

---

7 https://oreil.ly/VJQui

8 https://oreil.ly/PT6-v

9 https://oreil.ly/UGXy_

표준 잡 스토리 형식 사용

JTBD(잡 스토리) 표준 형식을 사용하여 모든 작업에 대한 상황, 동기, 목표를 균일하게 기록한다.

3.3.2 샘플 프로젝트의 JTBD 예제

가족 휴가를 즐기는 액터의 JTBD를 살펴보자.

1. 라일리는 가족 휴가를 위한 항공편을 계획할 때 여러 기준에 따라 항공편을 필터링하길 원한다. 라일리는 인접한 좌석 4자리, 환승 수, 어린아이가 편하게 이용할 수 있는 환승 시설 등 다양한 기준으로 가족이 최대한 편안하게 여행할 수 있는 항공편을 찾기를 원한다.

2. 라일리는 주말 가족 휴가를 갑작스럽게 계획할 때, 짧은 비행이 가능한 흥미로운 여행지 목록을 추천받기를 원한다.

이번엔 비행기를 자주 타는 액터의 JTBD를 살펴보자.

1. 엠마는 계획이 변경되어 이전에 예약한 항공편으로 여행할 수 없다. 엠마는 새로운 여행 계획 맞춰 간편하게 항공편 일정을 재조정할 수 있기를 원한다.

2. 엠마는 현재 배정된 좌석보다 다른 좌석이 더 마음에 든다. 그녀는 더 즐겁게 비행하기 위해 좌석을 변경하기를 원한다.

마지막으로 고객 서비스 상담원의 경우 JTBD는 다음과 같다.

1. 고객이 션에게 전화를 걸면 그는 고객의 정보가 미리 채워진 서비스 티켓을 열고 고객의 요구사항을 해결하기 위한 진행 상황을 추적하기를 원한다.

2. 고객이 션에게 여행에 적합한 항공편을 찾아달라고 부탁할 때 그는 유연한 필터링 기준을 사용하여 고객의 요구사항을 만족시키는 항공편을 찾고 예약할 수 있기를 원한다.

가능하면 항상 사용자 조사부터 잡 스토리를 도출하는 것이 좋다. 잡 스토리의 단순하고 비기술적인 형식은 일관된 방식으로 연구를 기록하는 데 매우 유용하다.

잡 스토리는 주제별 전문가와 실제 고객과의 대화를 위한 훌륭한 형식을 제공하지만 기술적인 요구사항을 도출하는 데는 편리하지 않다. 우리는 더 개발자 친화적인 형식으로 이를 변환해야 한다.

3.4 시퀀스 다이어그램을 사용하여 상호작용 패턴 발견

잡 스토리는 일반적으로 비즈니스 가치 관점에서 제품 관리자가 작성하기 때문에 직접적으로 대상 서비스와 거의 일치하지 않는다. 좋은 서비스를 설계하려면 서비스가 속한 하위 도메인의 서비스 상호작용 패턴을 이해해야 한다. 복잡한 상호작용의 경우 잡 스토리 목록은 설계 작업을 충분히 지원할 수 없다. 대신 우리는 모델 내에서 이벤트 순서를 설명하는 상호작용 다이어그램을 그릴 수 있다.

SEED(S)는 기존의 친숙한 표준을 재사용하기 위해 통합 모델링 언어Unified Modeling Language(UML) 시퀀스 다이어그램을 사용할 것을 권장한다. 다이어그램의 목적은 의도와 모델을 전달하는 것이기 때문에 원한다면 다른 다이어그램 방식을 사용하여 모델을 표현할 수 있다. 하지만 UML 시퀀스 다이어그램을 사용한다면 PlantUML[10]과 같은 마크다운 기반 다이어그램 형식을 사용할 것을 권한다.

마이크로서비스 모델링은 팀 활동이므로 다이어그램을 활용하면 다양한 이점을 얻을 수 있다. 특히 여기에 그래픽 파일 대신 텍스트 기반 형식을 사용하면 다음과 같은 장점이 있다.

- 모든 사람은 개인에게 익숙한 편집기를 사용하여 모델링할 수 있다. PlantUML 및 기타 유사한 형식은 다양한 편집기에서 작업할 수 있다. 예를 들어 많은 소프트웨어 팀에서 사용하는 아틀라시안Atlassian의 컨플루언스는 PlantUML을 지원한다. 또한 PlantText[11]같은 무료 온라인 편집기도 사용할 수 있다.

- 다이어그램 소스의 버전을 쉽고 효율적으로 관리할 수 있다. 텍스트 파일은 풀 요청pull request으로 비교diff, 병합merge, 검토review할 수 있지만 바이너리 그래픽 파일의 경우에는 이것이 불가능하다.

---

10 *http://plantuml.com/*
11 *https://oreil.ly/VpjNq*

• 모델링을 릴리스 프로세스에 쉽게 통합할 수 있다. 다이어그램은 코드가 되고 코드로 할 수 있는 모든 작업을 다이어그램에 수행할 수 있다. 예를 들어 깃과 같은 시스템을 사용하여 다이어그램을 관리할 수 있다.

PlantUML 시퀀스 다이어그램을 사용하여 상호작용 패턴 찾기

SEED(S) 방법론에서 상호작용 패턴을 찾기 위해 PlantUML과 같은 텍스트(마크다운) 형식으로 표현된 UML 시퀀스 다이어그램을 사용한다.

현시점에서 우리는 현실에서 수집한 요구사항에 맞춰 기술 모델을 만드는 단계에 있다. 여기서 잡 스토리와 액터는 실제 고객의 요구사항을 나타내며 일반적으로 기술적 상호작용과 일대일로 매핑되지 않는다. 따라서 상호작용 모델에서 이벤트는 행위자 간 반드시 발생하지 않아도 되며 작업에 직접적으로 대응하지 않아도 된다. 오히려 상호작용 다이어그램은 한 단계 더 깊이 들어가 사용자 중심 요구사항이 기술 수준의 서비스 간 상호작용으로 어떻게 전환되는지 보여줄 수 있다.

예를 들어 앞서 소개한 샘플 프로젝트의 JTBD와 관련된 상호작용을 설명하는 간단한 다이어그램은 다음과 같다.

```
@startuml

actor Agent
participant "Agent Servicing" as AS
participant "Reservations API" as rAPI
participant "ReservationCRUD" as rCRUD

AS -> rAPI: checkRes(reservationId)
rAPI -> rCRUD: reserve(data)
rAPI -> rCRUD: cancel(reservationId)

@enduml
```

PlantUML에서는 [그림 3-2]와 같이 렌더링 된다.

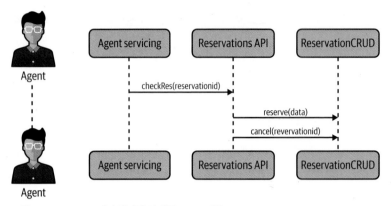

그림 3-2 PlantUML에서 렌더링 된 샘플 UML 시퀀스

여기서 Agent Servicing은 사용자가 직접 사용할 수 있는 웹 또는 모바일 앱 사용자 인터페이스다. Reservations API는 예약 앱이 호출하는 REST나 GraphQL API다. Reservation CRUD는 해당 API를 지원하는 마이크로서비스 중 하나다.

상호작용 시퀀스 다이어그램을 작성한 후에는 표준 구문을 사용하여 설명된 액션과 쿼리 형식으로 마이크로서비스 또는 API에 대한 기술 요구사항을 작성할 수 있다. 다음 절에서는 이것이 무엇이며 어떻게 나타나는지 설명한다.

3.5 JTBD에서 액션 및 쿼리 도출

잡 스토리는 주제별 전문가와 원활한 대화를 나누고 고객의 요구사항에 대한 통찰력을 얻을 수 있는 훌륭한 형식을 제공한다. 하지만 API 스펙을 실제로 설계하려면 서비스 상호작용 패턴을 이해하고 시각화할 수 있어야 한다. 우리는 작업을 더 기술 지향적인 인터페이스 계약으로 전환하여 설계 프로세스를 단순화할 수 있다. 버트란드 메이어[Bertrand Meyer]의 명령 쿼리 분리[command query separation](CQS) 원칙[12]에 따르면 시스템의 인터페이스 계약은 액션(CQS의 '명령')과 쿼리의 집합으로 모델링할 수 있다.

---

12 버트란드 메이어의 책 『Object-Oriented Software Construction, 2nd ed.』(Pearson College Div, 2000)를 참고

SEED(S)에서 쿼리는 입력과 출력이 정의된 조회 작업이다. 쿼리는 클라이언트와 서버 사이에서 입력과 예상 응답이 명확하게 공식화된 계약이어야 한다. 쿼리는 시스템 상태를 수정하지 않는다는 점에서 액션과는 확연히 다르다(사이드 이펙트가 발생하지 않는다).

반대로 액션은 상태 수정을 유발하는 요청이다. 액션은 사이드 이펙트가 있을 뿐만 아니라 사이드 이펙트를 일으키는 것이 목적이다. 쿼리와 마찬가지로 액션에는 입력, 예상된 결과, 응답에 대해 잘 정의된 계약이 있다.

잡 스토리와 마찬가지로 쿼리와 액션을 기록하기 위해 표준 형식을 사용하는 것이 좋다. 쿼리 템플릿은 다음과 같다.

- 쿼리에 대한 설명
  - 입력: 입력 변수 목록
  - 응답: 출력 데이터 요소 목록

마찬가지로 표준화된 액션 형식은 다음과 같다.

- 액션에 대한 설명
  - 입력: 입력 변수 목록
  - 예상 결과: 유발된 사이드 이펙트에 대한 설명
  - 응답(선택 사항): 응답 데이터 요소 목록(존재하는 경우)

잡 스토리가 항상 하나의 쿼리나 액션을 생성하는 것은 아니다. 잡 스토리는 여러 쿼리와 액션으로 변환될 수 있으며, 쿼리와 액션의 결과는 여러 잡 스토리의 소스로 결합될 수 있다. SEED(S)는 모델링, 설계, 발견의 프로세스이며 인간의 판단 요소를 자동으로 제거해주는 만능 프로세스가 아니다.

3.5.1 샘플 프로젝트에 대한 액션 및 쿼리 예제

기존의 잡 스토리를 여러 액션과 쿼리로 전환한 예제를 살펴보자.

쿼리

우리의 잡 스토리 중 하나는 인접 좌석 수, 최대 환승 수 등과 같은 세부 선호 사항을 표시하여 가족의 여행에 적합한 항공편을 찾는 가족 휴가 여행객이다. 이러한 작업의 요구사항을 충족시키기 위해서는 검색 쿼리에 대해 선호도를 입력할 수 있는 쿼리 계약이 필요하다.

쿼리 정의는 다음과 같다.

쿼리 1: 항공편 검색

- 입력: departure_date, return_date, origin_airport, destination_airport, number_of_passengers, baby_friendly_connections, adjacent_seats, max_connections, minimum_connection_time, max_connection_time, order_criteria [object], customer_id(선택 사항: 로열티 등급을 확인하기 위해)
- 응답: 조건을 만족하는 항공편 목록

또 다른 잡 스토리는 여행 계획이 갑자기 변경되어 기존 일자/항공편으로 여행할 수 없는 상황이다. 이 경우 행위자는 기존의 예약을 변경해야 한다. 이를 위해서는 최소한 다음 사항을 알아야 한다.

- 기존 예약의 고유한 식별자가 필요하다. 식별자를 활용하여 출발지 및 목적지 공항과 선호도를 파악한다. 이를 통해 여행자가 다시 정보를 입력하지 않아도 자동으로 새로운 검색 정보를 설정할 수 있다.
- 새로운 출발일자 및 귀국일자

검색을 실행한 후에는 새로운 일자로 입력된 정보와 일치하는 항공편 목록을 수신하여 고객에게 제시한다. 고객은 원하는 조건에 맞는 새로운 항공편을 예약한다.

이러한 분석에 따르면 '재예약' 쿼리 스펙은 다음과 같다.

쿼리 2: 일자 변경을 위한 대체 항공편 조회

- 입력: reservation_id, new_departure_date, new_return_date
- 응답: 대체 항공편 목록

액션

잡 스토리에서 쿼리를 도출하는 데 사용한 것과 유사한 분석을 사용하여 재예약 및 좌석 변경 작업에 필요한 액션을 생성할 수 있다.

여행 재예약

- 입력: original_reservation_id, new_flight_id, seat_ids[]
- 예상 결과: 새 항공편 예약 또는 오류를 반환한다. 새 항공편 예약을 성공하면 이전 항공편은 취소된다.
- 응답: 성공 코드 또는 자세한 오류 객체

좌석 변경

- 입력: reservation_id, customer_id, requested_seat_ids[]
- 예상 결과: 좌석이 사용 가능하고 여행자가 자격이 있는 경우 새로운 좌석이 예약된다. 새 좌석 예약을 성공하면 이전 좌석은 취소된다.
- 응답: 성공 코드, 또는 자세한 오류 객체

복잡한 경우에는 인터페이스 계약을 정의하는 액션 및 쿼리 접근 방식이 충분하지 않을 수 있다. 이러한 경우에 더 복잡한 요구사항을 도출하기 위해 맷 맥라티의 마이크로서비스 디자인 캔버스[13]를 사용하는 것이 좋다. 디자인 캔버스는 SEED(S) 프로세스의 '액션 및 쿼리 분석'를 대체할 수 있는 방법이다. 디자인 캔버스는 이 책에서 다루지 않지만 살펴볼 가치가 있는 강력한 도구다.

일련의 액션 및 쿼리 또는 마이크로서비스 디자인 캔버스가 준비되었다면 이를 인터페이스 스펙으로 변환할 수 있다.

---

13 *https://oreil.ly/tIxEi*

3.6 개방형 표준을 사용하여 각 액션 및 쿼리를 스펙으로 설명

일반적으로 API 또는 마이크로서비스를 코드로 작성하기 전에 인터페이스 계약을 공식적으로 설명하는 것이 중요하다. 이는 서비스 생산자와 소비자 또는 API 클라이언트 개발자 간 이해를 돕는다. 계약은 사용자 친화적인 문서와 대화형 놀이터playground로 쉽게 전환할 수 있다. Open API 스펙[14]과 GraphQL[15]과 같은 개방형 표준을 사용하여 구현된 계약은 다양한 도구를 사용하여 문서를 쉽게 렌더링하고 개발자 포털을 간편하게 생성할 수 있다.

이번 절에서는 OAS[OpenAPI Specification][16]를 사용하여 이전 단계에서 설명한 액션에 대한 RESTful 엔드포인트를 설계한다.

OAS는 리눅스 재단 협동 프로젝트Linux Foundation Collaborative Project인 OpenAPI Initiative에서 관리하며, 기술 스택에 구애받지 않는 표준 방식으로 RESTful API를 설명한다. 이 책을 작성할 당시 OAS의 최신 버전은 버전 3.1.0이다.[17]

마이크로서비스 간 통신은 RESTful API일 필요는 없다. 다른 인기 있는 대안으로 GraphQL[18], gRPC[19], 비동기 이벤트 통신이 있다. 최근에는 카프카 스트림에서 JSON-, ProtoBuf-, Avro-encoded 메시지를 사용하는 방식이 인기를 끌고 있다. 어떤 통신 방식을 선택하든 크게 상관없다. 이러한 방식은 메시지를 서로 교환하며 메시지 형식은 문서화된 '계약'의 일부여야 한다. 각 방식은 특정 스타일에 적합한 방식으로 SEED(S) 방법론을 적용할 수 있다. RESTful API는 가장 쉽고 여전히 많이 사용되는 방식이기 때문에 이번 절에서는 RESTful 설계를 사용한 접근 방식을 소개한다.

OAS는 다양한 도구를 사용하여 편집하고 작성할 수 있다. 필자가 추천하는 편집기는 여러 운영체제에서 사용할 수 있고 Open API 설계 플러그인[20]을 지원하는 VS Code 편집기[21]다. VS Code에서 플러그인을 설치한 후 OAS 설명 YAML 파일이 활성화 탭에 열리면, Windows에

---

14 *https://www.openapis.org*
15 *https://graphql.org*
16 *https://oreil.ly/JoiGg*
17 *https://spec.openapis.org/oas/v3.1.0*
18 *https://oreil.ly/C1c2h*
19 *https://grpc.io/*
20 *https://oreil.ly/LySwF*
21 *https://code.visualstudio.com*

서는 CTRL+ALT+P를, macOS에서는 CMD+Shift+P를 누르고 [그림 3-3]과 같이 미리보기[preview] 명령을 선택하여 다음에 나올 예제 스펙을 렌더링한다.

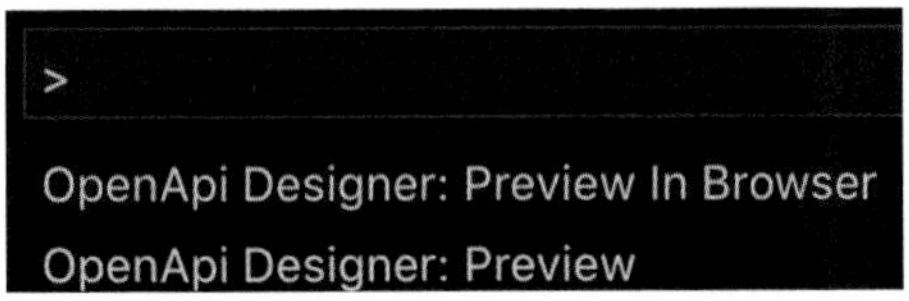

```
>

OpenApi Designer: Preview In Browser
OpenApi Designer: Preview
```

그림 3-3 VS Code에서 OAS 미리보기 선택

3.6.1 샘플 프로젝트 액션에 대한 예제 OAS

앞부분에서 설명한 재예약 작업에 대한 OAS의 간단한 버전의 다음과 같다.

```yaml
openapi: 3.0.0
info:
  title: Airline Reservations Management API
  description: |
    API for Airline Management System
  version: 1.0.1
servers:
 - url: http://api.example.com/v1
   description: Production Server
paths:
  /reservations/{reservation_id}:
    put:
      # @see https://swagger.io/docs/specification/describing-parameters
      summary: Book or re-book a reservation
      description: |
        Example request:
        ```
          PUT http://api.example.com/v1/reservations/d2783fc5-0fee
        ```
      parameters:
        - name: reservation_id
          in: path
          required: true
          description: Unique identifier of the reservation being created or
                       changed
```

```
      schema:
        type : string
        example: d2783fc5-0fee

requestBody:
  required: true
  content:
    application/json:
      schema:
        type: object
        properties:
          outbound:
            type: object
            properties:
              flight_num:
                type: string
                example: "AA 253"
              flight_date:
                type: string
                example: "2019-12-31T08:01:00"
              seats:
                type: array
                items:
                  type: string
          returning:
            type: object
            properties:
              flight_num:
                type: string
                example: "AA 254"
              flight_date:
                type: string
                example: "2020-01-07T14:16:00"
              seats:
                type: array
                items:
                  type: string
        example: [
          {
            outbound: {
              flight_num: "AA 253",
              flight_date: "2019-12-31T08:01:00",
              seats: [
                "9C"
```

```
            ]
          },
          returning: {
            flight_num: "AA 254",
            flight_date: "2020-01-07T14:16:00",
            seats: [
              "10A"
            ]
          }
        }
      ]


    responses:
      '200':    # 응답 성공
        description: Successful Reservation
        content:
          application/json:
            schema:
              type: object
              properties:
                reservation_id:
                  type: string
                  description: some additional description
      '403':
        description: seat(s) unavailable. Booking failed.
        content:
          application/json:
            schema:
              type: string
              description: detailed information
```

VS Code 플러그인을 사용하여 렌더링 한 결과는 [그림 3-4]와 같다.

그림 3-4 샘플 OAS 문서 렌더링

API 계약을 작성하는 것은 API 및 마이크로서비스 설계에 중요한 단계 중 하나다. 어떤 사람들은 이 시점에서 API 구현에 대한 사전 준비가 모두 완료되었다고 생각할 수 있다. 하지만 좋은 API 설계는 완료되어야 할 추가적인 활동이 더 있다. SEED(S) 프로세스의 다음 단계에서는 이러한 활동을 수행한다.

3.7 API 사양에 대한 피드백

우리는 API와 서비스를 사용할 클라이언트 개발자에게 엔드포인트의 초안 설계를 보여주고 피드백을 수집해야 한다. 이전의 단계들이 적극적인 브레인스토밍 작업이었다면 이번 단계는 주의 깊게 듣고 반영하는 단계다. 이는 클라이언트가 진정으로 원하는 API와 마이크로서비스를 설계하기 위해 매우 중요하다.

서비스 설계에 대한 피드백을 수집

피드백은 초기 설계 단계에 수집하여 적용한다. 서비스 설계는 서비스 대상 고객에게 제공될 때까지 계속 발전한다.

일반적으로 API와 서비스를 설계할 때에는 두 가지 유형의 고객 그룹을 고려해야 한다.

- 시스템의 최종 사용자. API는 사용자 경험을 가능하게 한다.
- 서비스(API 또는 마이크로서비스)에 대해 코딩할 클라이언트 개발자. 클라이언트 개발자는 웹 또는 모바일 애플리케이션과 같은 최종 사용자 경험을 구현한다.

우리는 SEED(S) 프로세스 시작 단계에서 최종 사용자를 인터뷰하여 그들과 관련된 잡 스토리를 수집하고 이해한다. 하지만 프로세스 후반에는 클라이언트 개발자로부터 피드백을 받는다. 이는 상호작용 설계 단계 초기에 발생할 수 있으며, OAS가 생성되면 코딩 전에 다시 발생할 수 있다. 두 번째 그룹의 인터뷰는 낮은 사용성 때문에 클라이언트 개발자가 기피하는 서비스를 작성하지 않기 위해 진행한다.

두 그룹의 피드백 수집은 매우 중요하다. 첫 번째 그룹의 피드백은 우리가 올바른 서비스를 구축하게 하며, 두 번째 그룹은 서비스를 올바른 방식으로 구축하게 한다.

3.8 마이크로서비스 구현

SEED(S) 방법론의 마지막 단계는 실제 마이크로서비스를 구현하는 것이다. 코딩은 소프트웨어 엔지니어링 팀에서 수행하는 활동 중 가장 비용이 많이 들기 때문에 마지막 단계에서 진행한다. 초기에 잘못된 가정을 기반으로 설계한 기능을 다시 코딩하는 것은 시간과 비용이 많이 드는 작업이다. 이것이 우리가 마이크로서비스 코딩을 시작하기 전에 SEED(S)와 같이 신중하게 고려된 프로세스를 수행하는 이유다. 이는 전반적으로 시간을 절약하고 더 나은 결과를 제공한다.

이 장을 마무리하기 전에 중요한 세부 사항을 명확히 해야 한다. 이 장에서 우리는 'API 및 마이크로서비스'가 중요하다고 설명했고, SEED(S) 방법론이 API의 설계 프로세스와 마이크로서비스의 설계 프로세스에 모두 똑같이 성공적으로 적용될 수 있음을 언급하면서 시작했다. API와 마이크로서비스는 유사점이 많기 때문에 부분적으로 사실이다. 하지만 어떤 점이 다를까? 마이크로서비스는 단순히 작은 API일까? 다음 절에서는 이 중요한 질문에 대해 간단히 짚고 넘어간다.

3.9 마이크로서비스 vs API

마이크로서비스와 API는 실제로 많은 공통점을 갖고 있다. 마이크로서비스는 표준 네트워크 프로토콜(일반적으로 HTTP)을 통해 기능을 제공한다. HTTP 엔드포인트로 제공되는 기능은 **마이크로서비스**라는 용어가 만들어지기 훨씬 전부터 웹 API로 알려졌다. 그렇다면 이 둘은 본질적으로 같은 것일까? 마이크로서비스는 단지 새로운 API의 한 종류로 작은 규모의 API일까? 더 중요한 것은 마이크로서비스를 작성하기 시작하면 기존 API가 필요할까? 또는 더 작은 API(마이크로서비스)가 더 큰 기존의 API를 대체할까? 우리는 종종 이러한 질문이 마이크로서비스 아키텍처를 도입하려는 팀에 많은 혼란을 초래하는 것을 보았다.

우리는 소규모의 집중형 API를 '마이크로서비스'라고 하는 개발자를 자주 접했다. 이러한 접근 방식에서 마이크로서비스는 이전의 API와 동일한 역할을 하기 때문에 실제로 이전의 API를 대체한다. 필자의 경험상 이것은 성공적인 마이크로서비스를 위한 이상적인 접근 방식이 아니다. 우리는 마이크로서비스를 레거시 API와 구분하는 것에 대한 대안적인 정의를 제공한다. 우리의 접근 방식은 이 분야의 저명한 전문가들의 경험을 바탕으로 성공적인 마이크로서비스 프로젝트 및 팀을 통한 필자의 경험에 뿌리를 두고 있다.

NOTE_ 마이크로서비스는 단순한 소형 API가 아니다. 마이크로서비스는 단순히 예전의 API를 대체하는 것이 아니다. 마이크로서비스는 시스템의 구현을 제공하는 반면에 API는 시스템의 외부 인터페이스여야 한다.

마이크로서비스가 어떤 것을 대체한다면, 마이크로서비스가 대체한 것은 시스템을 구축하는 데 사용한 모듈식 구성 요소일 것이다. 이전 방식에서 다양한 하위 모듈을 (정적 또는 동적으로) 서로 연결하여 대규모 시스템을 구축했었다면, 마이크로서비스 아키텍처에서 빌딩 블록은 '마이크로서비스'라고 하는 네트워크 서비스이다(그림 3-5 참조).

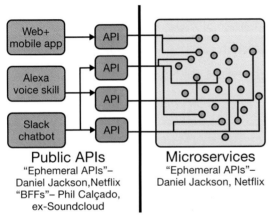

그림 3-5 마이크로서비스와 API 간의 관계

API를 '내부에서 사용하는 것'과 '프런트엔드와 같은 외부에서 사용하기 위해 최적화한 것'으로 구분하는 접근 방식은 필 칼카도Phil Calçado가 사운드클라우드SoundCloud에서 근무할 당시 BFF 패턴Backend for Frontend pattern[22]으로 소개했다. 다니엘 제이콥슨Daniel Jacobson은 넷플릭스에 근무할 당시 유사한 개념으로 넷플릭스의 API를 Experience(프런트엔드)와 Ephemeral(백엔드)로 분리하는 방법을 소개했다.[23]

---

22 *https://oreil.ly/ef8jV*
23 *https://oreil.ly/CxTka*

> **웹 API는 마이크로서비스 위에 계층화**
>
> 하위 시스템의 공개 인터페이스를 나타내는 웹 API와 시스템의 구현을 나타내는 마이크로서비스를 구분한다. 마이크로서비스는 '작은 API'가 아니다.

마이크로서비스를 구성하고 '프런트엔드' API로 연결하는 방법에 정답은 없다. 필자의 의견은 성공한 마이크로서비스 경험에 기반을 두고 있지만, 일부 상황에는 다른 전략이 더 효과가 있을 수 있다.

필자의 경험상 이상적인 분리는 모든 비즈니스 로직(기능)이 마이크로서비스에서 구현되고 API는 마이크로서비스 앞단의 오케스트레이션 레이어 역할을 한다. 또한 팀에서는 마이크로서비스가 서로를 직접 '호출'하는 것을 지양해야 한다. 대신에 느슨한 결합을 위해 마이크로서비스가 서로에 대해 아무것도 모르는 상태로 마이크로서비스 앞단의 API 레이어에서 조정 워크플로를 구현하는 것이 가장 좋다.

> **NOTE_** API와 해당 기능을 구현한 마이크로서비스는 서로 1대 1 관계를 맺지 않는다. API와 마이크로서비스는 아키텍처상에서 근본적으로 서로 다른 계층이다.

'마이크로서비스는 서로에 대해 알지 못하고 외부에서 조정되어야 한다'는 접근 방식은 복합적인 도구 모음으로 시스템을 구축하는 유닉스 철학[24]과 유사하다. 유닉스 철학에서 강력한 측면 중 하나는 셸 스크립트나 명령 줄에서 입출력 파이프라인을 사용하여 다양한 방법으로 유닉스 도구를 결합할 수 있다는 것이다. 하지만 이를 위해서 다양한 유닉스 도구가 모든 입력에 대해 동일한 방식으로 작동하는 것이 중요하다. 누가 '호출'하거나 어디로 출력되는지 신경 쓰지 않아야 한다. 구성 요소는 명시적으로 서로에 대해 알 수 없다. 느슨한 결합은 작고 집중화된 도구를 만드는 것뿐만 아니라 모든 것이 잘 결합되어 작동하도록 만드는 것이다. 마이크로서비스도 마찬가지다.

---

24 _https://oreil.ly/GVjJV_

NOTE_ 마이크로서비스가 서로를 인식하지 않도록 유지한다. 마이크로서비스는 서로에 대해 직접 '알고' 동기 인터페이스를 통해서 직접 호출하지 않아야 한다. 대신에 API 계층에서 여러 마이크로서비스를 오케스트레이션 한다. 만약 불가능하다면 마이크로서비스 간의 비동기 인터페이스 사용을 고려한다. 비동기 인터페이스에서는 업스트림 마이크로서비스는 이벤트 로그(카프카)에 데이터를 발행하고 다운스트림 마이크로서비스는 이벤트 로그를 구독한다. 이때 업스트림 마이크로서비스는 구독자와 긴밀한 결합을 갖지 않는다.

3.10 마치며

이번 장에서는 강력한 마이크로서비스 설계 프로세스를 이해하기 위한 기반을 다졌다. 효과적이고 반복 가능한 방법론인 SEED(S)를 통해 성공적인 마이크로서비스 프로젝트를 수행하는 방법에 대해 이해하고 이러한 방법을 우리의 환경에 맞게 적용하는 방법을 소개했다.

다음 장에서는 SEED(S)에 대한 이해에서 얻은 통찰력을 활용한다. 4장과 5장에서는 마이크로서비스 설계에 대해 더 자세히 살펴보고 9장에서는 샘플 프로젝트의 여러 마이크로서비스를 구현하는 코드를 살펴본다.

## CHAPTER 4

마이크로서비스의 크기 조정: 서비스 경계

성공적인 마이크로서비스 시스템을 구축하는 과정에서 어려운 측면 중 하나는 적절한 마이크로서비스 경계를 식별하는 것이다. 큰 코드베이스를 더 작고 간단하고 느슨하게 결합된 부분으로 나누면 유지 보수성이 향상된다는 것은 누구나 직관적으로 이해할 수 있을 것이다. 하지만 코드를 부분으로 분할하는 방법과 위치는 어떻게 결정해야 할까? 한 서비스가 끝나고 다른 서비스가 시작되는 위치를 알기 위해 어떤 규칙을 사용해야 할까? 이러한 근본적인 질문을 답하기는 어렵다. 마이크로서비스를 처음 접하는 많은 팀이 이러한 어려움에 직면한다. 마이크로서비스의 경계를 잘못 정하면 마이크로서비스의 이점이 크게 줄어들 수 있다. 경우에 따라서는 마이크로서비스를 위한 노력을 물거품으로 만들 수도 있다. 따라서 마이크로서비스를 구현하는 실무자들이 가장 궁금해하는 것은 큰 애플리케이션을 작은 마이크로서비스의 모음으로 적절하게 분할하는 방법이다.

이번 장에서는 대규모 도메인을 효과적으로 분석, 모델링, 분해하는 주요 방법론인 도메인 주도 설계를 깊이 살펴보고, 도메인 분석을 위해 이벤트 스토밍을 사용할 때의 효율적인 장점을 소개한다. 또한 마이크로서비스의 효과적인 크기 조정을 위한 고유 지침인 범용 크기 조정 공식universal sizing formula을 소개한다.

4.1 경계가 중요한 이유와 중요한 시기, 경계를 찾는 방법

우리가 설계하는 아키텍처는 마이크로서비스로 아키텍처 패턴의 이름이 '**마이크로**'라는 단어로 시작한다. 여기서 마이크로의 적절한 크기는 어느 정도 일까? 국제단위계에서 **마이크로**는 100 만 분의 1미터를 의미한다. 그렇다면 서비스에서 **마이크로**는 무엇을 의미할까? '마이크로'서비스의 이점을 얻기 위해 더 큰 문제를 더 작은 서비스로 분할하는 방법은 무엇일까? 소스 코드 기준으로 각 마이크로서비스의 코드 수를 충분히 작게 유지해야 할까? 그렇다면 '**충분히**'란 **어느 정도**일까? 각 마이크로서비스 코드가 500줄을 넘지 않아야 한다고 임의로 선언해야 할까? 서비스 기능의 경계에 선을 긋고 소스 코드의 함수로 표현되는 세분화된 기능이 마이크로서비스라 할 수 있을까? 이러한 방법으로 각 함수를 마이크로 서비스로 정의하고 서버리스 함수를 사용하여 전체 애플리케이션을 구축하면 마이크로서비스 아키텍처일까?

이런 단순한 접근 방법은 실제로 시도되었으며 모두 많은 단점을 갖고 있다. 소스 코드 라인source lines of code (SLOC)은 역사적으로 노력과 복잡성의 척도로 어느 정도 사용되었지만, 실제 크기 및 쉽게 조작할 수 있는 코드의 복잡성을 파악하기 위해서는 미흡한 측정으로 인식되어 왔다. 따라서 '작은'서비스를 만드는 것이 목표이더라도 소스 코드 라인 측정은 좋지 않은 방법이 될 것이다.

함수 단위로 경계를 나누는 것은 AWS 람다Lambda와 같은 서버리스 함수의 인기가 높아짐에 따라 더욱 매력적으로 느껴진다. AWS 람다의 생산성과 광범위한 채택을 기반으로 많은 팀이 이러한 종류의 서버리스 함수를 '마이크로서비스'로 선언했다. 하지만 여기에는 여러 가지 문제가 있으며 그중 큰 문제는 다음과 같다.

기술적 요구를 기반으로 경계를 그리는 것은 안티 패턴이다.

제임스 루이스와 마틴 파울러에 따르면 마이크로서비스는 기술적 요구가 아닌 '비즈니스 기능을 중심으로 구성'되어야 한다.[1] 마찬가지로 데이비드 파나스David Parnas는 시간에 따른 설계 변경의 모듈식 캡슐화를 기반으로 시스템을 분해할 것을 권장한다.[2] 두 접근 방식 모두 서버리스 함수의 경계와는 일치하지 않는다.

----

1 https://oreil.ly/mRUrv
2 https://oreil.ly/1AcI0

너무 일찍 세분화되어서는 안 된다.

마이크로서비스 프로젝트가 초기에 폭발적인 수준으로 세분화되면 높은 복잡성으로 인해 마이크로서비스를 제대로 시작하기도 전에 프로젝트가 중단될 수 있다.

앞서 1장에서 소개한 마이크로서비스 아키텍처의 주요 목적은 속도와 안정성 사이에 조화를 이루기 위해 복잡한 여러 팀의 환경에서 조정 비용을 최소화하는 것이다. 따라서 서비스는 여러 마이크로서비스 팀 간의 조정 요구를 최소화하는 방식으로 설계되어야 한다. 하지만 코드를 최소한의 조정으로 이어지지 않는 방식의 함수로 세분화한다면 결국 잘못된 크기의 마이크로서비스가 된다. 또한, 코드를 서버리스 함수로 구성하는 방법이 조정을 줄일 것이라고 가정하는 것도 잘못된 생각이다.

앞서 우리는 애플리케이션을 마이크로서비스로 분리할 때 크기 기반이나 함수 기반 접근 방식을 피하는 중요한 이유는 초기에 너무 작은 서비스를 많이 포함하게 되는 조기 최적화의 위험 때문이라 설명했다. 초기에 마이크로서비스를 도입한 넷플릭스, 사운드클라우드, 아마존 등과 같은 마이크로 서비스의 얼리 어답터들은 많은 마이크로 서비스를 가지고 있다.[3] 하지만 그렇다고 해서 그들이 처음부터 세분화된 마이크로서비스로 시작했다는 의미는 아니다. 그들은 마이크로서비스의 높은 세분화와 관련된 복잡성 수준을 처리할 수 있는 운영 성숙도를 달성한 후 수년간의 개발 끝에 많은 수의 마이크로서비스를 최적화했다.

TIP **초기에 마이크로서비스를 너무 많이 생성하는 것은 권하지 않는다.**

마이크로서비스 아키텍처에서 서비스 크기 조정은 시간이 지난 후 전개되어야 한다. 초기에 지나치게 세분화된 시스템을 설계하는 것은 방해만 될 뿐이다. 새로운 프로젝트에서 작업하든 기존 모놀리스를 분해하든 확실한 접근 방식은 시간이 지남에 따라 마이크로서비스의 수를 천천히 늘리는 것이다. 이로 인해 일부 마이크로서비스가 처음보다 커져도 이후 분할이 가능하므로 문제가 되지 않는다.

비록 우리가 소수의 마이크로서비스로 시작하여 천천히 진행한다고 해도, 마이크로서비스의 크기를 결정할 수 있는 몇 가지 신뢰할 수 있는 방법론이 필요하다. 다음 절에서는 이와 관련된 모범 사례를 소개한다.

---

3 _https://oreil.ly/r5vYU_

4.2 도메인 주도 설계 및 마이크로서비스 경계

샘 뉴먼Sam Newman은 그가 쓴 『마이크로서비스 아키텍처 구축』(한빛미디어, 2017)에서 마이크로서비스 설계 모범 사례를 위한 몇 가지 기본 규칙을 소개했다. 그는 서비스 경계를 정할 때 다음과 같은 설계를 위해 노력해야 한다고 제안했다.

느슨한 결합

서비스는 서로를 인식하지 않고 독립적이어야 하며, 한 서비스에서 코드를 수정하더라도 다른 서비스에 영향을 주지 않아야 한다. 또한 서비스 간 빈번한 통신은 잠재적인 성능 문제 외에도 구성 요소의 긴밀한 결합으로 이어질 수 있기 때문에 서비스 간 다양한 유형의 런타임 호출을 제한해야 한다. '조정 최소화' 접근 방식을 따르면 느슨한 서비스 결합의 이점을 얻을 수 있다.

높은 응집력

서비스에 있는 기능은 관련성이 높아야 하며 관련 없는 기능은 다른 곳에 캡슐화되어야 한다. 이렇게 하면 기능의 논리적인 단위를 변경해야 하는 경우 한 곳에서 변경할 수 있으므로 변경 사항을 릴리스하는 시간(중요 메트릭)을 최소화할 수 있다. 만약 반대되는 상황으로 여러 서비스에서 코드를 변경해야 한다면 변경 사항을 제공하기 위해 동시에 많은 서비스를 릴리스해야 한다. 특히 여러 팀에서 '소유'하는 서비스의 경우 상당수의 조정이 필요하며 조정 비용을 최소화하려는 우리의 목표를 직접적으로 손상시킬 수 있다.

비즈니스 기능과 연결

기능의 수정이나 확장에 대한 대부분의 요청은 비즈니스 요구에 따라 이루어지기 때문에 서비스 경계가 비즈니스 기능의 경계와 일치한다면 느슨한 결합과 높은 응집력의 설계 요건을 쉽게 만족시킬 수 있다. 모놀리식 아키텍처 시대에 소프트웨어 엔지니어는 '표준 데이터 모델canonical data model'을 표준화하기 위해 노력했다. 하지만 현업 모델은 자주 변경되고 이를 표준화하는 재작업은 빈번했기 때문에, 이를 위한 세부 데이터 모델은 오래 지속되지 않는다. 대신에 더 지속성이 높은 것은 서브시스템이 제공하는 비즈니스 기능의 모음이다. 예를 들어 회계 모듈은 시간이 지남에 따라 내부 작업이 어떻게 진화하는지와 관계없이 대규모 시스템에 원하는 기능의 집합을 항상 제공할 수 있다.

이러한 설계 원칙은 매우 유용한 것으로 입증되었으며 마이크로서비스 실무자들 사이에서 널리 채택되었다. 하지만 이는 상당히 높은 수준의 의욕만 앞선 원칙이며 실무자들에게 필요한 서비스의 크기에 대한 지침을 제공하지 않는다. 더 실용적인 방법론을 찾기 위해 많은 사람이 도메인 주도 설계로 눈을 돌렸다.

도메인 주도 설계(DDD)로 알려진 소프트웨어 설계 방법론은 마이크로서비스 아키텍처보다 훨씬 앞선 2003년에 에릭 에반스^{Eric Evans}가 쓴 『도메인 주도 설계』(위키북스, 2011)에서 소개되었다. 방법론의 핵심은 복잡한 시스템을 분석할 때 전체 시스템을 대표하는 단일 통합 도메인 모델을 찾는 것을 피해야 한다는 것이다. 에반스는 다음과 같이 언급했다.

> 대규모 프로젝트에서는 여러 모델이 공존하고 있으며, 이는 많은 경우에 잘 작동한다. 서로 다른 모델은 각각의 콘텍스트 내에 존재한다.

에반스는 복잡한 시스템이 기본적으로 여러 도메인의 모음이라는 것을 확인한 후 **제한된 콘텍스트**^{bounded context}의 개념을 도입했다. 구체적으로 그는 다음과 같이 말했다.

> 제한된 콘텍스트는 각 모델의 적용 가능성의 범위를 정의한다.

제한된 콘텍스트를 사용하면 더 큰 시스템의 다른 부분을 구현하고 런타임에서 실행해도 시스템에 존재하는 독립적인 도메인 모델을 손상시키지 않는다. 제한된 콘텍스트를 정의한 후 에반스는 **유비쿼터스 언어**^{Ubiquitous Language}의 개념을 확립하여 제한된 콘텍스트의 최적화된 경계를 식별하는 공식을 제공했다.

유비쿼터스 언어의 의미를 이해하기 위해서는 잘 정의된 도메인 모델이 도메인을 설명하는 정의된 용어 및 개념에서 공통 어휘를 제공한다는 것을 알아야 한다. 주제별 전문가와 엔지니어는 공통 언어를 통해 비즈니스 요구사항과 구현 고려 사항 사이의 균형을 이루며 함께 협업한다. DDD에서는 이러한 공통 언어 또는 공용 어휘를 유비쿼터스 언어라 한다. 여기서 동일한 단어가 [그림 4-1]과 같이 서로 다른 경계의 콘텍스트에서 다른 의미를 전달할 수 있음을 알아야 한다. **account**라는 용어는 온라인 예약 시스템의 ID와 접근 관리, 고객 관리, 재무 회계 콘텍스트에서 완전히 다른 의미를 지닌다.

그림 4-1 도메인에 따라 'account'는 다른 의미를 지닐 수 있다.

실제로 ID 및 접근 관리 콘텍스트에서 account는 인증 및 권한 부여에 사용되는 자격 증명 집합이다. 고객 관리 관련 콘텍스트의 경우 account는 인구통계정보 및 연락처 속성의 집합이다. 재무 회계 콘텍스트의 경우 account는 지불 정보 및 과거의 거래 목록일 수 있다. 이와 같이 동일한 기본 영어 단어가 서로 다른 맥락에서 상당히 다른 의미로 사용된다는 것을 알 수 있다. 하지만 특정 도메인 모델의 제한된 맥락 내에서 용어(유비쿼터스 언어)의 유비쿼터스 의미에만 동의하면 되기 때문에 이는 문제가 되지 않는다. DDD에 따르면 어떤 용어가 의미를 바꾸는지 관찰하면 콘텍스트의 경계를 식별할 수 있다.

DDD에서 도메인 모델을 논의할 때 떠오르는 모든 용어가 유비쿼터스 언어로 만들어지는 것은 아니다. 제한된 콘텍스트의 개념은 유비쿼터스 언어의 일부이며 다른 모든 개념은 제외해야 한다. 이러한 핵심 개념은 제한된 콘텍스트에 대해 생성한 JTBD에서 발견할 수 있다. 예를 들어 [그림 4-2]를 살펴보자.

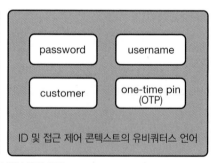

그림 4-2 잡 스토리 구문을 사용하여 유비쿼터스 언어의 핵심 용어 식별

예제에서는 3장에서 소개한 잡 스토리 형식을 사용하여 ID 및 접근 제어 콘텍스트 작업에 적용한다. [그림 4-2]에서 강조된 주요 명사는 관련 유비쿼터스 언어의 용어에 해당한다. 유비쿼

터스 언어와 관련된 어휘를 식별하기 위해 잘 작성된 잡 스토리의 핵심 명사를 사용하는 방법을 적극 권장한다.

이제 DDD의 몇 가지 주요 개념에 대해 논의했으므로 마이크로서비스 상호작용을 적절하게 설계하는 데 매우 유용한 콘텍스트 매핑을 살펴보자. 다음 절에서 콘텍스트 매핑의 주요 측면에 대해 소개한다.

4.2.1 콘텍스트 매핑

DDD에서 우리는 단일 도메인 모델로 복잡한 시스템을 다루지 않는다. 오히려 시스템에 공존하는 여러 독립 모델을 설계한다. 이러한 하위 도메인은 일반적으로 게시된 인터페이스 설명을 사용하여 서로 통신한다. 더 큰 시스템에서 다양한 도메인의 표현과 이들이 서로 협업하는 방식을 **콘텍스트 맵**^{context map}이라 한다. [그림 4-3]과 같이 해당 협업을 식별하고 설명하는 작업은 **콘텍스트 매핑**^{context mapping}이라 한다.

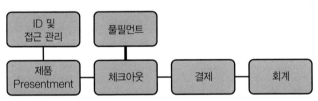

그림 4-3 콘텍스트 매핑

DDD는 제한된 콘텍스트를 매핑할 때 몇 가지 주요 유형의 상호작용을 식별한다. 가장 기본적인 유형은 **공유 커널**^{shared kernel}이다. 이는 두 도메인이 대체로 독립적으로 개발되고 각 도메인의 일부 하위 집합이 우연히 겹치는 경우 발생한다(그림 4-4 참조). 두 도메인은 공유 커널에 대해 협업하는 데 동의할 수 있으며 여기에는 공유된 코드, 데이터 모델, 도메인 설명이 포함된다.

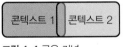

그림 4-4 공유 커널

하지만 공유 커널은 마이크로서비스 아키텍처에 사용할 때 문제가 될 수 있다. 공유 커널을 사용하는 독립적인 두 팀은 서로 간의 협업을 시작하기 위해 초기에 높은 수준의 조정이 필요하며, 추가 수정을 위해서 지속적인 조정 작업이 필요하다. 마이크로서비스 아키텍처에 공유 커널 지점이 많아진다면 긴밀한 조정이 늘어난다. 마이크로서비스 생태계에서 공유 커널을 사용해야 하는 경우에는 한 팀을 공유 커널의 기본 소유자primary owner나 큐레이터curator로 지정하고 다른 팀은 기여자contributor로 지정하는 것이 좋다.

공유 커널에 대한 대안으로 두 개의 제한된 콘텍스트가 DDD에서 업스트림upstream–다운스트림downstream이라 부르는 유형의 관계를 맺을 수 있다. 이러한 유형에서 업스트림은 일부 기능의 공급자 역할을 하며 다운스트림은 해당 기능의 소비자가 된다. 도메인의 정의와 구현은 겹치지 않기 때문에 이러한 유형의 관계는 공유 커널보다 느슨하게 결합된다(그림 4-5 참조).

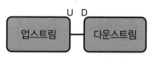

그림 4-5 업스트림–다운스트림 관계

조정 및 결합 유형에 따라 업스트림–다운스트림 매핑은 여러 형태로 도입될 수 있다.

고객-공급자

고객customer–공급자supplier 시나리오에서 업스트림(공급자)은 다운스트림(고객)에게 기능을 제공한다. 제공된 기능이 가치 있는 한 모두가 만족한다. 하지만 업스트림은 하위 호환성backward compatibility에 대한 오버헤드를 수반한다. 업스트림이 서비스를 수정할 때에는 고객에게 문제가 발생하지 않도록 신경 써야 한다. 조금 더 극단적으로, 다운스트림(고객)은 업스트림이 의도적으로 또는 의도하지 않고 제공된 기능을 파괴하거나 고객의 미래 요구사항을 무시할 위험을 안고 있다.

순응주의자

고객-공급자 관계의 위험에서 극단적인 경우는 **순응주의자**conformist 관계다. 순응주의자 관계에서 업스트림은 다운스트림의 요구사항을 명시적으로 고려하지 않는다. 이는 위험에 대한 책임을 고객이 감수하는 일종의 UAUORuse-at-your-own-risk 관계다. 업스트림은 다운스트림이 필요한 몇 가지 중요한 기능을 제공한다. 그래서 업스트림이 제공하는 기능이 변경될 경우 다운스트림은 업스트림의 변경 사항을 지속적으로 따라야만 한다.

순응주의자 관계는 일반적으로 대규모 조직 및 시스템에서 작은 서브시스템이 더 큰 서브시스템을 사용할 때 발생한다. 예를 들어 항공사 예약 시스템에서 작은 크기의 새로운 기능을 개발하고, 여기에 결제 시스템을 사용해야 한다고 생각해보자. 결제 시스템과 같은 엔터프라이즈급 시스템은 소규모의 새로운 서비스를 위해 별도의 개발을 제공할 가능성이 낮으며, 그렇다고 해서 결제 시스템 전체를 혼자 직접 구현할 수도 없다. 이 경우에는 순응주의자 관계를 사용하거나 다른 실행 가능한 솔루션으로 **분리 방법**separate way을 사용한다. 분리 방법이 유사한 기능을 직접 구현한다는 의미는 아니다. 지불 시스템은 매우 복잡하기 때문에 작은 팀이 다른 목표의 사이드 업무로 구현할 수 없다. 하지만 회사에서 허용하는 경우 회사의 범위를 벗어나 상용 결제 공급 업체의 솔루션을 사용할 수 있다.

순응주의자 관계를 사용하거나 분리 방법을 사용하는 것 외에도 다운스트림은 업스트림으로부터 자신을 보호하기 위해 부패 방지 계층과 오픈 호스트 서비스 방식을 사용할 수 있다.

부패 방지 계층

다운스트림은 업스트림 인터페이스의 변경 사항으로부터 자신을 보호하기 위해 다운스트림과 업스트림의 유비쿼터스 언어 사이에 부패 방지 계층anti-corruption layer(ACL)이라 불리는 번역 계층을 만든다. ACL 생성은 필요한 경우 효과적인 보호 수단이 될 수 있지만, 팀은 장기적으로 다운스트림에서 ACL을 유지 관리하는 데 상당한 비용이 발생할 수 있음을 명심해야 한다(그림 4-6 참조).

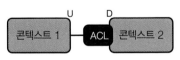

그림 4-6 부패 방지 계층

오픈 호스트 서비스

업스트림은 다운스트림이 자신의 기능을 사용하고 있음을 알고 있는 경우 현재와 미래의 고객 요구사항을 조정하는 대신에 고객이 채택할 표준 인터페이스를 정의하고 공개한다.

DDD에서는 이러한 업스트림을 오픈 호스트 서비스라 한다. 승인된 다운스트림을 통합할 수 있는 개방적이고 쉬운 프로토콜을 제공하고 해당 프로토콜의 하위 호환성을 유지하거나 명확하고 안전한 버전 관리를 제공함으로써 오픈 호스트는 별다른 문제없이 운영을 확장할 수 있다. 실제로 모든 공용 서비스(API)는 이러한 접근 방식을 사용한다. 예를 들어 퍼블릭 클라우드 업체(AWS, Google, Azure 등)의 API를 사용하는 경우 일반적으로 고객이 수백만 명에 달하기 때문에 업스트림은 다운스트림에 대해 구체적으로 알지 못한다. 이 경우 오픈 호스트로 운영하여 유용하게 서비스를 제공하고 발전시킬 수 있다(그림 4-7 참조).

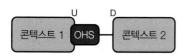

그림 4-7 오픈 호스트 서비스

도메인 간의 관계 유형 외에도 콘텍스트 매핑은 제한된 콘텍스트 간에 사용되는 통합 유형을 기반으로 구분할 수 있다.

4.2.2 동기식 통합과 비동기식 통합

제한된 콘텍스트는 [그림 4-8]과 같이 동기식 또는 비동기식으로 통합할 수 있다.

콘텍스트 간 동기식 통합을 위한 일반적인 패턴은 HTTP를 통해 구현된 RESTful API 서비스, 프로토버프protobuf와 같은 바이너리 형식을 사용하는 gRPC 서비스가 있다. 최근의 서비스는 GraphQL 인터페이스를 사용하기도 한다.

비동기식 통합은 게시–구독 형식의 상호작용 패턴을 주로 사용한다. 이러한 패턴에서 업스트림은 이벤트를 생성할 수 있으며 다운스트림 서비스는 [그림 4-8]과 같이 관심 있는 이벤트를 구독하여 처리하는 워커worker를 가진다.

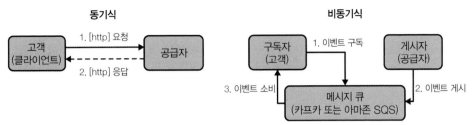

그림 4-8 동기식 통합과 비동기식 통합

게시-구독 상호작용은 구현 및 디버깅이 더 복잡하지만 서로 다른 기술 스택으로 구현한 경우에도 여러 수신기가 동일한 접근 방식과 구현을 사용하여 이벤트를 구독할 수 있기 때문에 높은 수준의 확장성, 탄력성resilience, 유연성을 제공할 수 있다.

마지막으로 도메인 주도 설계의 핵심 개념에 대한 논의를 마무리하려면 **집합체**aggregate의 개념을 이해해야 한다. 이는 다음 절에서 소개한다.

4.2.3 DDD 집합체

DDD에서 **집합체**는 외부 소비자가 단일 단위로 볼 수 있는 관련 도메인 객체의 모임이다. 외부 소비자는 단일 엔티티만 참조하며 해당 엔티티는 DDD에서 **집합체 루트**aggregate root로 알려져 있다. 도메인은 집합체를 통해 도메인의 내부 복잡성을 숨기고 외부 소비자에게 '흥미로운' 정보와 기능(인터페이스)만 노출시킬 수 있다. 예를 들어 업스트림-다운스트림 매핑에서 다운스트림은 업스트림 내의 모든 단일 도메인 객체에 대해 알 필요가 없으며 일반적으로 알고 싶지도 않을 것이다. 대신에 다운스트림은 업스트림을 집합체 또는 집합체의 모음으로 볼 수 있다.

집합체의 개념은 다음 절에서 이벤트 스토밍에 대해 설명하면서 다시 살펴볼 예정이다. 이벤트 스토밍은 도메인 주도 분석 프로세스를 크게 간소화하여 훨씬 빠르고 재미있는 활동으로 전환할 수 있는 강력한 방법론이다.

4.3 이벤트 스토밍 소개

도메인 주도 설계는 전체 시스템 수준의 분석(전략적 분석)과 복잡한 대규모 시스템의 상세 구성 요소 분석(전술적 분석)을 위한 강력한 방법론이다. 우리는 앞서 DDD 분석이 각 도메인의 제한된 콘텍스트에서 느슨하게 결합된 자율적인 하위 구성 요소를 식별하는 데 도움이 될 수 있음을 확인했다.

마이크로서비스를 적절한 크기로 정하는 방법을 배우려면 도메인 주도 설계에 정말 능숙해져야 한다. DDD는 팀 활동이기 때문에 회사 전체가 DDD를 배우고 사랑하게 만든다면, 우리는 마이크로서비스 구현에 성공할 수 있다.

DDD는 마이크로서비스 아키텍처 초기에 마이크로서비스의 크기를 조정하기 위한 유일한 방법으로 널리 알려졌기 때문에 마이크로서비스의 증가로 DDD 실천 사례가 많아졌다. 또한 많은 사람이 DDD를 인식하고 언급하기 시작했다. 많은 사람이 소프트웨어 컨퍼런스에서 DDD에 대해 이야기하고 있었고, 많은 팀이 업무에서 DDD를 사용하고 있다고 주장하기 시작했다. 면밀히 살펴보면 현실은 다소 달랐다. DDD는 '많이 화제를 모으나 덜 실행되는 것' 중 하나일 뿐이었다.

오해하지 말자. 마이크로서비스 이전에도 DDD를 사용하는 사람들이 있었고 지금도 많이 사용하고 있다. 하지만 구체적으로 말해서 마이크로서비스의 크기를 조정하는 도구로 사용하는 것은 현실보다는 과장된 이야기였다.

많은 사람이 DDD를 본격적으로 실천하는 것보다 더 DDD에 대해 이야기만 하는 주된 이유는 크게 두 가지가 있다. 이는 복잡하고 비용이 많이 든다는 것이다. DDD를 수행하려면 많은 지식과 경험이 필요하다. DDD에 대해 에릭 에반스이 쓴 책은 520 페이지에 달하며, DDD를 실제로 이해하려면 최소한 몇 권의 책을 더 읽고 여러 프로젝트에서 구현 경험을 쌓아야 한다. 간단하게 말해서 DDD 기술과 경험을 가진 사람이 충분하지 않고 학습 곡선이 가파르다.

앞서 언급했듯이 DDD는 팀 활동이며 시간이 많이 걸리기 때문에 더욱 실천하기 어렵다. DDD에 정통한 소수 개발자를 보유하는 것만으로는 충분하지 않다. 길고 치열한 도메인 설계 세션에 비즈니스, 제품, 디자인 담당자를 참여시키기 위해 DDD를 통해 얻고자 하는 기본 사항에 대해 설명하고 DDD 실천을 설득해야 한다. DDD는 이러한 노력을 투자할 가치가 있을까? 답은 '그렇다'이다. 특히 대규모의 중요하고 비용이 많이 드는 시스템에서 DDD는 많은 이점을 가진다. 하지만 이는 시간이 많이 걸리고 비싼 작업이기 때문에 단지 일부 마이크로서비스의 크기를 조정하기 위해 바쁜 사람들에게 참여를 요청하기가 쉽지 않았다.

알베르토 브란돌리니*Alberto Brandolini*[4]는 더 나은 협업 방법을 이해하는 데 수십 년을 투자했고, 결국에 지름길을 발견했다. 그는 이벤트 스토밍이라는 재미있고 가벼운 프로세스를 제안했다. 이벤트 스토밍은 DDD의 개념에 기반을 두고 몇 주 또는 몇 달이 아닌 몇 시간 만에 제한된 콘텍스트를 찾을 수 있게 도와준다. 이벤트 스토밍의 도입은 특히 서비스 크기 조정을 위해 DDD의 낮은 적용 가능성을 위한 돌파구다. 물론 DDD를 완전하게 대체할 수 있는 것은 아니며 공식적인 DDD의 모든 이점을 다 제공하지는 않는다. 하지만 제한된 콘텍스트 발견에는 꽤 효과적인 프로세스다.

이벤트 스토밍은 기존의 전체 DDD보다 훨씬 더 빠르고, 간결하고, 재미있는 방식으로 도메인의 제한된 콘텍스트를 식별할 수 있는 효율적인 방법이다. 이는 DDD 분석 비용을 낮추어 DDD를 실천할 수 있게 만드는 실용적인 접근 방식이다. 이벤트 스토밍의 '마법'이 실제로 어떻게 펼쳐지는지 살펴보자.

> ### 공식적인 DDD 대신 이벤트 스토밍을 사용
>
> 공식적인 DDD 대신 더 가벼운 이벤트 스토밍 프로세스를 사용하여 하위 도메인의 주요 집합체를 발견하고 시스템에 존재하는 제한된 콘텍스트의 경계를 식별한다.

4.3.1 이벤트 스토밍 프로세스

이벤트 스토밍의 장점은 단순함에 있다. 물리적인 공간에서 이벤트 스토밍 세션을 개최하기 위해 필요한 것은 긴 벽, 포스트잇, 마커펜, 팀원들의 시간뿐이다. 성공적인 이벤트 스토밍 세션을 위해서는 엔지니어뿐만 아니라 제품, 디자인, 비즈니스 관계자와 같이 다양한 분야의 참석자가 필요하다. 여기에 설명된 물리적 프로세스는 이를 모방할 수 있는 디지털 협업 도구를 사용하여 가상 이벤트 스토밍 세션을 호스팅할 수도 있다.

물리적 이벤트 스토밍 세션은 물품을 구매하는 것으로 시작된다. 더 쉽게 설명하기 위해 다음

---

4 *https://oreil.ly/TiPOb*

과 같이 이벤트 스토밍 세션에 사용하는 아마존 쇼핑 목록[5]을 정리했다(그림 4-9 참조).

- 다양한 색상의 포스트잇. 중요한 것은 주황색과 파란색이며 다양한 유형의 객체를 표현하기 위해 다른 여러 가지 색상이 필요하다. 포스트잇은 가능한 여유 있게 준비한다.

- ½ 인치 흰색 테이프

- 테이프를 사용하여 벽에 붙일 수 있는 긴 종이(예를 들어 이케아 몰라 롤 도화지(IKEA Mala drawing paper)).

- 세션 참가자 수만큼의 마커펜. 모든 참가자에게 마커펜이 지급되어야 한다.

- 롤 도화지를 테이프로 붙일 수 있는 긴 벽

그림 4-9 이벤트 스토밍 세션에 필요한 물품

이벤트 스토밍 세션에는 도메인 전문가, 제품 소유자, 상호작용 디자이너와 같이 광범위한 분야의 참여가 매우 중요하다. 이벤트 스토밍 세션은 결과의 가치, 대표 그룹에 대한 명확성, 장기적으로 절약되는 시간을 고려할 때 모든 참석자에게 도움이 될 수 있으며, 단 몇 시간만 소요되기 때문에 효율적이다(일반적인 DDD 분석은 며칠 또는 몇 주가 걸린다). 소프트웨어 엔지니어만 참석한 이벤트 스토밍은 원하는 목적에 필요한 교차 기능 대화로 이어질 수 없기 때문에 대부분 유의미한 성과를 거둘 수 없다.

롤 도화지가 넓게 걸린 큰 방에 필요한 사람들이 모두 모이면 진행자는 모두에게 주황색 포스트잇과 개인 마커펜을 챙겨달라고 요청한다. 그런 다음 참가자들에게 간단한 과제를 준다. 과

---

5 *https://oreil.ly/T7Y0i*

거 시제의 동사로 표현되는 주황색 포스트잇에 분석 중인 도메인의 주요 이벤트를 작성한다 (노트당 하나의 이벤트). 그런 다음 [그림 4-10]과 같이 타임라인을 따라 벽에 붙여진 도화지에 이벤트를 배치한다.

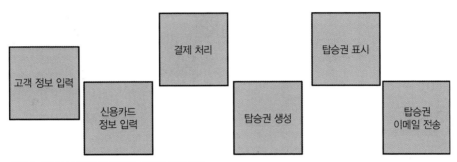

그림 4-10 포스트잇으로 표현한 이벤트 타임라인

참가자는 정확한 이벤트 순서에 집착하지 않아야 하며, 이 단계에서는 참가자 간 이벤트 조정이 없어야 한다. 참가자들에게 요구되는 것은 가능한 많은 이벤트를 개별적으로 생각하고 먼저 발생했다고 생각하는 이벤트를 왼쪽에, 이후에 발생한 이벤트는 오른쪽에 배치하는 것이다. 중복을 제거하는 것 또한 참가자의 역할은 아니다. 이 단계는 보통 문제의 크기와 참가자의 수에 따라 30분에서 1시간 정도 걸리며, 성공적인 경우 100개 이상의 포스트잇이 배치된다.

두 번째 단계에서 그룹은 벽에 있는 결과 포스트잇을 보고 진행자의 도움을 받아 일관된 타임라인으로 정렬하고 중복을 식별하여 제거한다. 충분한 시간이 주어지면 참가자는 '사용자 여정'과 같은 것을 생성한 순서대로 진행하면서 '스토리라인'을 만들 수 있다. 이 단계에서 팀은 몇 가지 의문이 생기거나 혼란에 빠질 수 있다. 우리는 이러한 문제를 해결하려고 애쓰지 않고 문제가 있는 부분을 '핫스팟'으로 메모한다. 핫스팟은 다른 색상(일반적으로 보라색)을 사용하며 질문에 대한 내용을 작성한다. 핫스팟은 미결정 사항으로 나중에 추가로 확인한다. 두 번째 단계도 마찬가지로 30~60분 정도 소요될 수 있다.

세 번째 단계에서는 이벤트 스토밍에서 **역방향 서술**reverse narrative로 알려진 작업을 진행한다. 참가자들은 타임라인을 끝에서 시작으로 이동하고 이벤트를 발생시킨 **명령**command을 식별한다. 명령은 다른 색상(일반적으로 파란색)의 포스트잇을 사용한다. 이 단계에서 스토리보드는 [그림 4-11]과 같다.

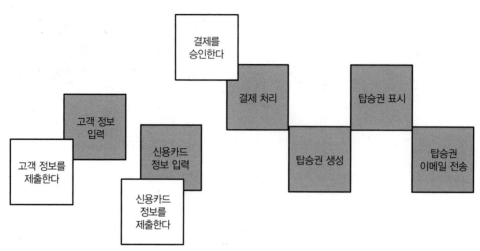

그림 4-11 이벤트 스토밍 타임라인에 대한 명령 소개

많은 명령이 이벤트와 일대일 관계를 맺는다. 이벤트와 명령이 과거와 현재에 대해 중복된 내용처럼 느껴질 수 있다. 실제로 [그림 4-11]에서 처음 두 명령을 보면 거의 유사하기 때문에 이벤트 스토밍을 처음 접한다면 혼란스러울 수 있다. 하지만 그냥 무시해도 괜찮다. 이벤트 스토밍 중에는 판단을 내리지 않으며 일부 명령은 일대일 관계일 수 있지만 일부는 아닐 수도 있다. 예를 들어 '지불 인증 제출' 명령은 여러 이벤트를 발생시킨다. 단순하게 실생활에서 아는 것/일어나는 것을 작성하고, '예쁘게' 또는 '단순하게' 만드는 것은 걱정하지 않아도 된다. 실제 세계의 모델링도 일반적으로 복잡하며 지저분하다.

다음 단계에서는 명령이 이벤트를 직접 생성하지 않고 특정 유형의 도메인 엔티티가 명령을 수락하고 이벤트를 생성하게 한다. 이벤트 스토밍에서 이러한 엔티티를 **집합체**라 한다(이는 DDD의 유사한 개념에서 영감을 얻었다). 이 단계에서는 [그림 4-12]와 같이 명령과 이벤트를 재 정렬한다. 동일한 집합체에 해당하는 명령을 해당 집합체를 중심으로 그룹화하고, 집합체에 의해 '실행된' 이벤트도 집합체로 이동한다.

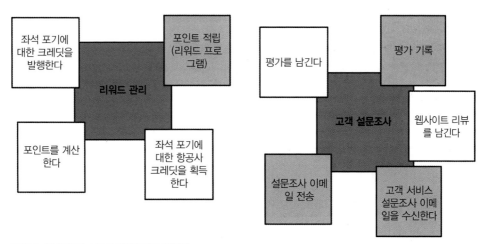

그림 4-12 이벤트 스토밍 타임라인의 집합체

이 단계는 15~25 분이 소요될 수 있다. 작업을 마치면 벽에 정리된 내용이 이벤트 타임라인이 아니라 집합체를 중심으로 그룹화된 이벤트 및 명령의 클러스터처럼 보인다.

이러한 클러스터는 바로 우리가 찾고 있던 제한된 콘텍스트다.

이제 남은 것은 다양한 콘텍스트를 우선 순위 수준(DDD의 '루트root', '서포티브supportive' 및 '제네릭generic'과 유사)에 따라 분류하는 것이다. 이를 위해 우리는 제한된 콘텍스트/하위 도메인의 매트릭스를 만들고 난이도와 경쟁 우위라는 두 가지 속성에 걸쳐 순위를 매긴다. 각 카테고리에서는 티셔츠 사이즈(S, M, L)을 사용하여 순위를 매긴다. 노력을 투자할 시기에 대한 의사결정은 다음 지침을 기반으로 한다.

1. **큰 경쟁 우위/큰 노력**: 이는 사내에서 설계 및 구현하고 대부분의 시간을 소비하는 콘텍스트다.
2. **작은 이점/큰 노력**: 직접 구현하기보다는 외부의 솔루션을 구매한다.
3. **작은 이점/작은 노력**: 신입이나 인턴에게 부여하기 좋은 과제다.

NOTE_ 마지막 단계인 '경쟁 분석'은 브란돌리니가 제안한 이벤트 스토밍 프로세스의 일부가 아니다. DDD에서 도메인 우선 순위를 지정하기 위해 그렉 영Greg Young이 제안했다. 이는 적절한 수준의 유머로 받아들일 때 유용하고 재미있는 활동이라 생각한다.

이 모든 과정은 매우 상호작용적이며 모든 참가자의 참여가 필요하며 대개는 재미있다. 이벤트 스토밍을 원활하게 진행하려면 경험 있는 진행자가 필요하다. 하지만 좋은 소식은 진행자가 되는 것이 로켓 과학자(또는 DDD 전문가)가 되는 것 보다는 적은 노력이 필요하다는 것이다. 이 책을 읽고 연습을 위한 모의 세션을 진행한다면 여러분은 세계적인 수준의 이벤트 스토밍 전문가가 어렵지 않게 될 수 있을 것이다.

진행자는 시간을 체크하며 세션을 위한 계획을 세우는 것이 좋다. 4시간 세션의 경우 대략적인 시간 할당은 다음과 같다.

- 1단계(~30분): 도메인 이벤트 검색
- 2단계(~45분): 타임라인 적용
- 3단계(~60분): 역방향 서술 및 명령 식별
- 4단계(~30분): 집합체 / 제한된 콘텍스트 식별
- 5단계(~15분): 경쟁 분석

시간적 여유가 있으면 진행자는 참가자들에게 중간 휴식 시간을 제공한다. 단, 각 세션 초기에 세션을 설명하고 준비하는 데 시간이 소요됨을 인지하고 휴식 시간을 제공해야 한다.

4.4 범용 크기 조정 공식 소개

제한된 콘텍스트는 마이크로서비스의 크기를 정하기 위한 매우 좋은 시작점이다. 하지만 마이크로서비스의 경계가 DDD 또는 이벤트 스토밍의 제한된 콘텍스트와 동의어라고 가정하지 않도록 주의해야 한다. 사실 마이크로서비스 경계는 시간이 지남에 따라 일정하다고 가정할 수 없다. 마이크로서비스는 시간이 지남에 따라 발전하고, 조직과 애플리케이션에 따라 점점 더 세분화된 마이크로서비스를 따르는 경향이 있다. 예를 들어 아드리안 콕크로프트Adrian Cockroft[6]는 이러한 세분화가 넷플릭스에서 자신이 경험하고 관찰한 반복적인 추세라고 언급했다.[7]

---

6 *https://oreil.ly/AzK4h*

7 *https://oreil.ly/LXK8F*

TIP 처음부터 완벽한 마이크로서비스 경계를 구축할 수는 없다.

> 성공적인 마이크로서비스 도입 사례의 경우 팀은 수백 개의 마이크로서비스로 시작하지 않는다. 그들은 제한된 콘텍스트와 밀접하게 정렬된 훨씬 적은 숫자의 마이크로서비스로 시작한다. 시간이 지남에 따라 조정 종속성이 발생하면 팀은 이를 제거하기 위해 마이크로서비스를 분할한다. 이는 시작부터 마이크로서비스 경계를 '올바르게' 나눌 수 없음을 의미한다. 일반적으로 마이크로서비스 경계는 시간이 지남에 따라 세분화가 일어난다.

일반적으로 여러 서비스를 다시 합치거나 한 서비스에서 다른 서비스로 기능을 이전하는 것보다 서비스를 분할하는 것이 더 쉽다는 점에 주목해야 한다. 이는 크게 나눈^{coarse-grained} 설계로 시작하여 도메인에 대해 더 많이 배우고 충분한 복잡성을 가진 후에 서비스 세분화를 진행하기를 권하는 또 다른 이유다.

마이크로서비스를 세분화할 때 권장하는 세 가지 원칙이 있다. 우리는 이러한 원칙을 마이크로서비스를 위한 범용 크기 조정 공식이라 한다.

4.4.1 범용 크기 조정 공식

마이크로서비스의 크기를 적절하게 조정하려면 다음 원칙을 따르길 권한다.

- 제한된 콘텍스트를 사용할 수 있는 몇 개의 마이크로서비스로 시작한다.
- 애플리케이션과 서비스가 성장함에 따라 마이크로서비스 간 조정이 필요하다면 조정을 제거하기 위해 서비스를 분할한다.
- 조정을 줄이기 위한 올바른 궤적을 유지해야 한다. 이것은 서비스 크기를 얼마나 '완벽하게' 정하는지에 대한 현재의 상태보다 훨씬 더 중요하다.

4.5 마치며

이번 장에서는 마이크로서비스의 크기를 적절하게 조정하는 방법에 대한 중요한 문제를 다루었다. 복잡한 시스템을 나누기 위한 모델링으로 널리 사용되는 방법론인 도메인 주도 설계를 살펴보았다. 또한 이벤트 스토밍 방법론을 사용하여 도메인 분석을 수행하는 효율적인 프로세스를 설명했다. 마지막으로 마이크로서비스의 효과적인 크기 조정을 위한 지침을 제공하는 범용 크기 조정 공식을 설명했다.

다음 장에서는 느슨하게 결합된 마이크로서비스 환경에서 데이터를 관리하는 방법과 구현에 대해 더 자세히 살펴볼 것이다. 또한 데모 프로젝트인 온라인 예약 시스템의 샘플 구현도 소개한다.

## CHAPTER 5

데이터 처리

이번 장에서는 마이크로서비스가 '자체 데이터'를 소유해야 하는 이유와 자체 데이터가 아키텍처에 미치는 영향을 설명한다. 위임delegate, 데이터 레이크data lake, 사가Sagas, 이벤트 소싱event sourcing, 명령과 쿼리의 역할 분리command query responsibility segregation (CQRS)와 같은 마이크로서비스의 데이터 관리 패턴에 대해 알아보고 샘플 프로젝트를 통해 실용 예제를 소개한다.

마이크로서비스 개발과 관련하여 거의 모든 사람이 직면하는 초기 문제 중 하나는 데이터를 처리하는 것이다. 데이터 관리의 복잡한 문제가 없었다면 모놀리식 구현을 느슨하게 결합된 '작은 크기'의 마이크로서비스로 전환하는 것은 훨씬 쉬웠을 것이다.

마이크로서비스 구현에서 논리적, 물리적 모델에 대한 설계 고려 사항은 전통적인 N 계층의 모놀리식 애플리케이션의 데이터 테이블을 설계할 때와 다르다. 이번 장에서는 이러한 차이가 발생하는 이유를 살펴보고 마이크로서비스 실무자가 일반적으로 사용하는 패턴, 마이크로서비스 시스템을 구현할 때 직면하는 복잡성을 해결하기 위한 기술을 알아본다.

5.1 독립적인 배포와 데이터 공유

앞서 4장에서 샘 뉴먼은 마이크로 서비스가 일반적으로 다음과 같아야 한다고 제안했다.

- 마이크로서비스는 서로 느슨하게 결합되어 독립적으로 배포할 수 있어야 한다.
- 마이크로서비스 내부의 기능과 관련하여 높은 응집력을 가져야 한다.

서비스가 느슨하게 결합되었다면 서비스를 변경해도 다른 서비스에 영향을 주지 않는다. 마이크로서비스 아키텍처의 주요 이점은 규모가 커지더라도 안정성과 품질의 조화를 이루며 속도를 높일 수 있다는 것이다. 이는 마이크로서비스 간의 조정을 제거하거나 최소한으로 줄임으로써 달성할 수 있다. 느슨한 결합의 중요한 측면 중 하나는 **독립적인 배포 가능성**이다. 시스템의 다른 부분이나 다른 마이크로서비스를 변경 또는 배포할 필요 없이 독립적으로 서비스를 변경하고 배포할 수 있어야 한다. 마이크로서비스 아키텍처의 배포 파이프라인을 시각화하면 독립적인 배포 가능성의 중요성을 명확하게 알 수 있다. 여러 환경을 거쳐 프로덕션 환경으로 이동하는 마이크로서비스들의 배포 파이프라인은 [그림 5-1]과 같다.

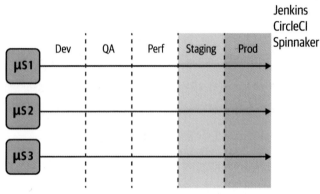

그림 5-1 여러 환경의 마이크로서비스 릴리스 파이프라인 예제

마이크로서비스 배포가 다른 마이크로서비스의 배포를 트리거한다면 배포 파이프라인을 통한 코드 릴리스는 훨씬 더 복잡하고 취약해진다. 이러한 상호의존성은 전체 시스템의 속도와 안전성을 모두 손상시킬 수 있다. 각 마이크로서비스를 독립적으로 배포할 수 있다면 파급 효과를 걱정할 필요 없이 빠른 배포 속도와 안전성을 유지할 수 있다.

마이크로서비스를 독립적으로 배포할 수 없는 이유는 여러 가지가 있을 수 있지만, 데이터 관리의 맥락에서 가장 일반적인 문제는 여러 마이크로서비스가 데이터 공간을 공동으로 소유하는 것이다. 데이터를 공동으로 소유하면 마이크로서비스의 느슨한 결합과 독립적인 코드 배포가 어려워진다.

다음 절에서는 마이크로서비스의 데이터 포함embedded 개념을 통해 마이크로서비스에서 데이터 공동 소유를 방지하는 방법을 소개한다.

5.2 데이터를 포함하는 마이크로서비스

데이터 공유는 대규모 시스템의 다양한 모듈화된 부분을 통합하는 기본 패턴으로 모놀리스 아키텍처에서 주로 사용한다. 기존의 레거시 시스템보다 더 모듈화된 서비스 지향 아키텍처^{service} oriented architecture(SOA) 또한 코드 컴포넌트가 여러 서비스에 걸쳐 데이터를 공동 소유하는 것이 일반적인 관행이다. 일반적으로 사람들은 모놀리스는 모듈화가 되어있지 않고, 구성 요소로 나뉘지 않는 하나의 큰 것이라고 생각한다. 하지만 이는 사실이 아니다. 개발자들은 큰 코드베이스를 작은 코드베이스로 나누는 것이 코드 관리와 효율성에 매우 유용하다는 것을 오래전부터 알고 있었다. 하지만 모놀리스는 분리된 모듈을 독립적으로 배포할 수 없는 문제가 있었으며 그 결과 조정 비용과 관련하여 서비스를 느슨하게 결합할 수 없었다. 예를 들어, SOA 설계는 데이터 결합 때문에 독립적인 배포 가능성을 갖지 못하고 더 큰 규모로 빠르고 안전하게 발전할 수 없었다.

문제가 발생하는 예를 살펴보자. 5.2.2절에서 [그림 5-2]에 설명된 대로 여러 개의 마이크로서비스가 데이터베이스에서 고객 테이블의 소유권을 공유한다고 생각해보자. '소유권'이란 공유된 테이블에서 서로 다른 마이크로서비스가 데이터를 읽고 수정할 수 있음을 의미한다.

항공편 검색 마이크로서비스가 공유 테이블의 열 중 하나의 필드 유형을 변경해야 한다고 가정한다. 마이크로서비스 개발자가 정수에서 부동 소수점과 같은 형태로 변경한다면 동일한 테이블에 액세스하고 특정 타입에 의존하는 예약이나 항공편 추적 마이크로서비스에 문제가 발생할 수 있다. 이러한 버그를 피하려면 항공편 검색 마이크로서비스의 필요로 데이터 모델을 변경할 때마다 예약 마이크로서비스나 다른 서비스도 관련된 코드를 변경해야 한다. 그리고 하나의 변경으로 연관된 모든 마이크로서비스를 다시 배포해야 한다. 데이터 계층 변경의 파급 효과는 여러 구성 요소가 공통으로 데이터를 소유할 때 매우 일반적이며, 이는 다양한 서비스 간 결합을 유발하여 독립적인 배포 가능성의 문제가 된다.

모놀리스에서 데이터 공간을 공유하는 것은 독립적인 개발 및 독립적인 배포 가능성의 주요 문제가 된다. 반대로 마이크로서비스 아키텍처에서는 독립적인 배포 가능성이 핵심 가치로 강조되며, 결과적으로 데이터 공유는 금지된다. 마이크로서비스는 데이터베이스의 데이터 공간에 대한 공동 책임이 허용되지 않는다. 마이크로서비스는 자체 데이터를 소유(포함)해야 하며 데이터베이스에 있는 데이터셋을 어떤 마이크로서비스가 소유하고 있는지 명확하게 알 수 있어야 한다.

자체 데이터를 포함하는 것은 마이크로서비스의 보편적인 규칙이다. 여기에는 명확하게 이해해야 하는 몇 가지 중요한 고려 사항이 있다.

5.2.1 데이터 포함으로 데이터베이스 클러스터의 수가 급증해서는 안 된다

복잡한 애플리케이션을 구축할 때에는 일반적으로 다양한 종류의 데이터베이스를 사용한다. 이러한 데이터베이스의 데이터셋(관계형 데이터베이스의 '테이블'과 같은)은 여러 개의 마이크로서비스가 공동으로 소유해서는 안 된다. 대규모 시스템을 구축하면 수백 개의 마이크로서비스가 생겨난다. 그렇다면 카산드라^{Cassandra}, PostgreSQL^{PostgreSQL}, 레디스^{Redis}, MySQL과 같은 여러 데이터베이스의 개별 클러스터를 모두 구축해야 한다는 것을 의미할까? 마이크로서비스를 구현하는 팀은 '마이크로서비스는 데이터를 소유해야 한다'라는 개념을 어디까지 받아들여야 하는지 명확하게 이해해야 한다. 데이터베이스는 그 자체로 복잡한 소프트웨어 시스템이다. 데이터베이스는 하나의 서버가 아닌 여러 개의 서버에 배포되어 다중화^{redundancy}, 신뢰성^{reliability}, 확장성^{scalability}을 제공한다. 여러 지역에 걸쳐 수십 대의 서버가 있을 수 있다. 데이터 포함의 개념을 도입할 때 개발 팀은 각 마이크로서비스에 대해 개별적인 대규모 데이터베이스 클러스터를 생성해야 하는지 의문을 갖게 될 수 있다.

마이크로서비스 아키텍처에서 서비스당 하나 이상의 데이터베이스 클러스터를 필요로 한다면 역사상 비용이 가장 많이 드는 아키텍처가 될 것이다. 다행히도 그렇지는 않다. 데이터 독립성은 각 마이크로서비스가 확장 가능하고 다중화된 복잡한 데이터베이스를 별도로 구축해야 한다는 것을 의미하지는 않는다.

마이크로서비스는 물리적인 데이터베이스 클러스터를 공유

마이크로서비스는 물리적인 데이터베이스 클러스터를 공유할 수 있다. 여러 개의 마이크로서비스가 동일한 논리적인 테이블 공간과 동일 데이터를 수정하지 않는다면 물리적인 클러스터를 공유하는 것은 실제로 문제가 되지 않는다.

데이터 관리의 독립성은 다른 어떤 것보다 스트림을 넘지 않는 것이다. 필요한 경우 마이크로서비스를 가져와 다른 데이터베이스 설치와 함께 배포할 수 있어야 한다. 하지만 외부에서 다른 데이터베이스를 사용하여 각 서비스를 배포할 필요는 없다. 비용은 중요한 고려 대상이며

단순성 또한 마찬가지다. 여러 개의 마이크로서비스가 동일한 데이터 공간에 접근하고 수정하지 않는다면 데이터 독립성 조건을 만족한다.

5.2.2 데이터 포함 및 데이터 위임 패턴

온라인 예약 시스템의 맥락에서 예를 살펴보자. 먼저 전통적인 모놀리식 N 계층 아키텍처로 시스템이 구축된 경우를 살펴본다. 시스템의 애플리케이션은 '마이크로'라고 불릴 정도로 충분히 작은 모듈로 나뉘며 각 모듈은 네트워크 서비스로 배포될 수 있다. 하지만 이것이 반드시 마이크로서비스를 의미하지는 않는다. 마이크로서비스는 구성 요소가 조정 제거를 목표로 모듈화되었으며 느슨하게 결합되고 느슨하게 배포 가능해야 한다. 서비스가 단순히 임의로 분할되고 느슨하게 결합되지 않은 시스템은 마이크로서비스 아키텍처가 아니다.

[그림 5-2]에 설명된 시나리오에서는 '항공편' 테이블을 필요로 하는 항공 검색, 예약 관리, 항공 추적 서비스를 예로 든다.

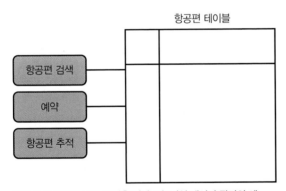

그림 5-2 데이터 공유 특성을 지닌 모놀리식 데이터 관리의 예

마이크로서비스의 데이터 포함 원칙에 따르면 이러한 데이터 설계는 세 개의 서비스가 동일 데이터 공간을 공유하기 때문에 독립적인 배포 가능성을 손상시켜 마이크로서비스 아키텍처에서 문제가 된다.

그렇다면 이러한 문제를 어떻게 해결할 수 있을까? 이 경우에는 [그림 5-3]과 같이 위임 서비스 뒤에 공유 데이터를 숨기는 간단한 기술을 사용하여 문제를 매우 간단하게 해결할 수 있다.

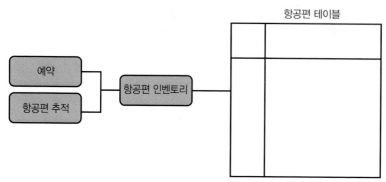

그림 5-3 위임 서비스를 통해 데이터를 숨긴다.

여기서 우리는 항공편 정보와 관련된 모든 것을 처리할 권한을 가진 항공편 인벤토리 서비스를 선언했다. 항공편에 대한 정보가 필요한 서비스나 항공편 정보를 업데이트해야 하는 모든 서비스는 항공편 인벤토리 서비스에서 적절한 엔드포인트를 호출해야 한다. 항공편 인벤토리 서비스에서 유연한 조회 API를 구현했다면 이전의 항공편 검색 서비스는 항공편 인벤토리 서비스의 기능 중 일부가 된다. 더 중요한 것은 예약과 항공편 추적 서비스가 직접 항공편 테이블을 접근하는 문제를 해결한다는 것이다. 앞으로 항공편에 대한 모든 정보는 항공편 인벤토리 서비스를 통해서 얻어야 한다.

예를 들어 예약 서비스가 항공편에 충분한 좌석이 남아있는지 알아야 하는 경우, 데이터베이스에 있는 항공편 테이블을 직접 쿼리하는 대신에 해당 쿼리를 항공편 서비스에 전달하여 조회할 수 있다. 또는 항공편 추적 서비스가 비행 중인 비행기의 위치를 알고 업데이트해야 할 때는 항공편 테이블에 직접 접근하고 수정하는 것 대신에 항공 인벤토리 서비스를 통해 작업을 수행할 수 있다. 이러한 방식은 항공편 인벤토리 서비스가 데이터를 숨기고 캡슐화하여 데이터를 감싸는 대리인 역할을 할 수 있다. 이렇게 하면 여러 서비스가 동일한 데이터 테이블을 공유하지 않는다.

이러한 패턴에서 여러 서비스가 동일한 데이터에 접속해야 하는 경우 반드시 하나의 서비스를 대리인으로 변환할 필요는 없다. 이전 솔루션에서는 항공편 검색 서비스를 인벤토리 서비스로 전환하고 항공편 테이블을 캡슐화하지만, 다른 방법으로 새로운 서비스를 도입할 수 있다. 예를 들어 우리는 항공편 인벤토리 서비스를 도입하고 예약과 추적 서비스가 하는 것과 같이 항공편 검색 마이크로서비스가 이를 참조하게 만들 수 있다.

위임을 활용한 접근 방식은 매우 우아하며 다양한 경우에 활용할 수 있지만, 불행하게도 모든 데이터 공유를 이러한 방법으로 해결할 수는 없다. 방금 논의한 패턴이 모든 시나리오에서 적용된다고 믿는 것은 매우 순진한 생각이다. 분석, 데이터 감사, 머신 러닝과 같은 시스템의 경우 마이크로서비스 경계를 넘어 데이터에 접근하거나 수정이 필요하다. 전통적인 데이터 트랜잭션 또한 공유 데이터를 잠가야 한다.

다행히 다른 사례에서도 데이터 공유를 피할 수 있는 적합한 솔루션이 있다. 솔루션을 이해하기 위해 먼저 일반적으로 접하는 다양한 데이터 접근 패턴을 알아보자.

5.2.3 데이터 중복을 사용하여 독립 문제 해결

엔터프라이즈 분석, 머신 러닝, 감사 등과 같이 데이터의 수정 없이 분산된 데이터에 대한 읽기 전용 접근이 필요한 경우에 일반적인 솔루션은 모든 마이크로서비스의 데이터 세트를 공유된 공간으로 복사하는 것이다. 공유된 공간은 일반적으로 **데이터 레이크**라고 한다. 여기서 데이터를 이동하는 것이 아니라 복사한다는 점에 유의해야 한다. 데이터 레이크는 읽기 전용이며 데이터를 쿼리할 수 있는 공간이다. 마이크로서비스는 여전히 해당 데이터셋의 권한을 갖고 있으며 데이터의 기본 소유자 역할을 한다. 마이크로서비스가 관련된 데이터를 데이터 레이크로 스트리밍하기만 하면 데이터가 축적되어 쿼리할 준비가 된다. 데이터의 무결성과 명확성을 위해 데이터 레이크와 같은 집계 인덱스에서는 이러한 데이터를 운영적으로 업데이트하지 않는 것이 중요하다. 데이터 레이크는 기록용 데이터베이스로 취급되어서는 안 된다. 데이터 레이크는 [그림 5-4]와 같이 단순히 참조된 데이터 스토어다.

그림 5-4 마이크로서비스에서 데이터 레이크로 데이터 스트리밍

마이크로서비스와 같은 SOR^{System of Record} 데이터 저장소에서 데이터가 스트리밍 되면, 집계 데이터는 쿼리에 최적화된 방식으로 인덱싱 된다. SOR에서 데이터 레이크로 데이터를 스트

리밍하는 것은 일반적으로 신뢰할 수 있는 메시징 인프라를 사용하여 작업한다. IBM MQ, RabbitMQ는 이러한 분야에서 수년 동안 사용되어 왔다. 카프카^{Kafka}는 현재 가장 인기 있는 솔루션이며 아파치 펄서^{Apache Pulsar}는 빠르게 성장하고 있는 신규 솔루션이다.

데이터 레이크와 공유 데이터 인덱스는 다양한 읽기 전용 사용 사례를 해결할 수 있다. 하지만 분산 데이터가 읽기 전용이 아닌 경우에는 어떻게 처리해야 할까? 다음 절에서는 여러 개의 마이크로서비스가 소유한 데이터셋에서 조정된 방식으로 데이터를 수정하는 경우에 활용하는 분산형 트랜잭션에 대해 알아본다.

5.2.4 분산 트랜잭션과 실패 처리

우리의 온라인 예약 샘플 프로젝트를 살펴보자. 구체적으로 누군가 항공편 좌석을 예약할 때 어떤 일이 일어나는지, 그리고 예약과 관련된 **분산 트랜잭션**을 실행할 때에 어떤 일이 발생하는지 살펴본다. 이는 결제를 위해 마일리지 사용, 좌석 확보, 고객의 이메일로 여행 일정 전송 등의 작업을 담당하는 여러 마이크로서비스 간의 조정된 업데이트다. 이러한 트랜잭션은 결제 프로세스, 예약, 알림과 같은 여러 마이크로서비스에 걸쳐있다. 가장 중요한 것은 앞서 소개한 세 가지 단계는 일반적으로 모두 진행되거나 모두 진행되지 않아야 한다는 것이다. 예를 들어 요청된 좌석이 예약할 수 없다는 사실을 갑자기 알게 되었다고 생각해보자. 우리가 지불을 위해 프로세스를 시작했을 당시에는 좌석이 예약 가능했지만 중간 과정에서 누군가 그 좌석을 예약했을 수도 있다. 당연히 동일한 좌석을 두 사람이 예약할 수 없으므로 이러한 경우에 무엇을 해야 할지 고민해야 한다. 충분히 바쁜 시스템에서는 이러한 문제가 언제든 발생할 수 있기 때문에 이 경우 전체 프로세스를 되돌려야 한다. 최소한 마일리지 포인트는 환불되어야 한다.

기존의 모놀리식 애플리케이션에서 앞서 설명한 것과 같은 프로세스는 데이터베이스 트랜잭션을 사용하여 안전하게 관리된다. 더 구체적으로, 장애가 발생하더라도 **ACID** 특성을 지닌 데이터베이스의 트랜잭션으로 안전하게 수행할 수 있다. 여기서 ACID는 원자성^{atomicity}, 일관성^{consistency}, 격리성^{isolation}, 지속성^{durability}을 의미한다.

원자성

트랜잭션 단계는 'all or nothing'이다. 모두 실행되거나 모두 실행되지 않아야 한다.

일관성

모든 트랜잭션은 시스템을 하나의 유효한 상태에서 다른 유효한 상태로 전환해야 한다.

독립성

다양한 트랜잭션의 병렬 실행은 각 트랜잭션을 순차적으로 실행된 것과 결과가 동일해야 한다.

지속성

트랜잭션이 커밋(완전히 실행)되면 장애가 발생하더라도 데이터가 손실되지 않아야 한다.

마이크로서비스는 규모에 따른 시스템 구축을 안전하게 단순화한다. 하지만 이는 오류가 발생하지 않는다는 것을 의미하지 않는다. 마이크로서비스를 사용하든 다른 방법을 사용하든 오류를 완전하게 피하는 것은 불가능하다. 복잡한 시스템에서 실패는 항상 존재한다. 우리가 해야할 일은 실패를 고려하여 자동으로 복구할 수 있는 방법을 찾는 것이다. 기존의 데이터 관리에서 ACID 트랜잭션[1]은 대표적인 방법 중 하나다. ACID 트랜잭션을 구현한 시스템은 실패가항상 발생한다고 가정하기 때문에 장애에 대해 복구할 수 있는 방식으로 데이터 저장 시스템을 설계한다.

하지만 안타깝게도 ACID 트랜잭션은 네트워크상에 독립적으로 배포된 여러 마이크로서비스처럼 분산 시스템에 적합한 솔루션은 아니다. ACID 트랜잭션은 일반적으로 배타적 잠금^{exclusive lock}에 의존한다. 마이크로서비스가 데이터를 소유하고 다른 마이크로서비스의 데이터를 수정하는 것을 허용하지 않는다는 것을 고려해볼 때 ACID의 잠금은 마이크로서비스 시스템이 구현하기 불가능하거나 비용이 많이 들 것이다. 대신에 분산 아키텍처에서 더 적합한 패턴을 사용해야 한다. 다음 절에서는 이러한 유형에 적합한 사가 트랜잭션을 소개한다.

사가를 사용한 분산 트랜잭션

사가[2]는 현대의 분산 시스템이 등장하기 훨씬 전인 1987년 헥터 가르시아 몰리나^{Hector Garcia-Molina}에 의해 처음 소개되었으며, 2012년 클레멘트 베스터스^{Clement Vasters}의 분산 시스템을 위한

---

[1] https://oreil.ly/B1OTU
[2] https://oreil.ly/bIRr3

효과적인 솔루션 블로그 게시물[3]을 통해 대중화되었다.

사가를 사용하면 트랜잭션의 모든 단계는 각 단계에 요청된 작업을 수행할 뿐만 아니라 나중에 실패하여 트랜잭션을 롤백해야 하는 경우 실행해야 하는 보상 작업도 정의한다. 보상 작업은 **라우팅 슬립**routing slip에 등록되며 다음 단계로 넘어간다. 만약 이후 단계가 실패하면 라우팅 슬립에 정의된 모든 보상 작업을 실행하여 수정 사항을 되돌리고 시스템을 합리적으로 보상된 상태로 만든다.

> **TIP 사가는 ACID 트랜잭션과 직접적으로 동일하지 않다.**
>
> 사가는 분산 트랜잭션이 롤백될 때 시스템이 초기 상태로 반드시 돌아갈 것을 보장하지 않는다. 오히려 시스템은 부분적으로 완료된 트랜잭션의 실행 취소를 수용할 수 있는 수준을 반영하는 합리적인 상태에 도달해야한다.

'합리적인 상태'가 의미하는 바를 이해하기 위해 [그림 5-5]에 설명된 좌석 예약 예제를 살펴보자.

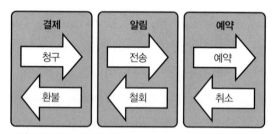

그림 5-5 여러 마이크로서비스에 분산된 트랜잭션

어떠한 이유로 예약 서비스의 예약 작업이 실패했다면 이전 단계인 알림notification과 결제payment의 보상 작업도 호출된다. 결제의 보상 조치는 고객에게 돈을 환불하는 작업으로 결제 유형에 따라 환불 작업이 즉시 진행되지 않을 수 있다. 따라서 결제 시스템은 즉시 초기 단계로 돌아가지 않을 수 있지만, 결국에 고객은 돈을 돌려받을 수 있을 것이다. 즉, ACID 트랜잭션에서는 고객이 트랜잭션이 복구된 것을 알 수 없었다면 사가에서는 결제가 진행되고 취소된 것을 인지할 수 있다.

알림의 경우 상황이 더 복잡해질 수 있다. 이메일이나 문자 메시지는 회수하지 못하기 때문에

---

3 https://oreil.ly/f5cLI

보상 트랜잭션은 아마 고객에게 이전 메시지를 무시해야 하며 예약이 실패했음을 알리는 새로운 메시지를 보내야 한다. 경우에 따라 이는 합리적인 솔루션이 될 수 있지만 시스템을 초기 상태로 되돌리지 않는다. 즉 고객은 아무 메시지도 받지 않은 상태로 되돌아 가는 것 대신에 두 개의 메시지를 더 보게 된다.

이 두 가지 예를 통해 사가의 보상 트랜잭션이 기존의 전통적인 ACID 트랜잭션과 다른 이유를 명확히 이해했기를 바란다.

> **TIP** **사가에서 이벤트의 순서는 의미가 있다.**
>
> 사가에서는 이벤트의 순서가 중요하며 신중하게 구성되어야 한다. 일반적으로 보상하기 어려운 단계를 트랜잭션의 마지막 단계로 이동하는 것이 좋다. 예를 들어 비즈니스 규칙이 허용하는 경우 알림을 맨 끝 프로세스로 이동하면 수정 메시지를 크게 줄일 수 있다. 이렇게 하면 트랜잭션이 알림을 전달하는 경우 이전 단계가 성공했다는 것을 알 수 있다.

위임 서비스, 데이터 레이크, 사가는 모두 강력한 패턴으로 마이크로서비스 아키텍처에서 많은 데이터 격리 문제를 해결할 수 있지만 그 외 방법이 필요한 경우도 있다. 다음 절에서는 디자인 패턴의 강력한 듀오인 이벤트 소싱과 CQRS를 알아본다. 이들은 앞서 설명한 세 가지 패턴이 해결할 수 없는 나머지 문제를 처리할 수 있으며 마이크로서비스 환경에서 데이터 관리를 위한 완전한 도구 세트를 제공한다.

5.3 이벤트 소싱과 CQRS

지금까지 우리는 전통적인 관계형 데이터 모델링을 사용할 때 데이터 공유를 피할 수 있는 방법에 대해 논의했다. 데이터 공유 문제를 해결할 수 있는 방법이 몇 가지 있지만, 복잡한 시나리오에서는 결국에 전통적인 관계형 모델링 자체가 원하는 수준의 데이터 격리와 느슨한 결합을 지원하지 못하는 경우가 발생한다. 일반적인 예로 여러 마이크로서비스가 소유한 데이터셋에서 '조인'을 생성하는 경우다. 관계형 데이터 모델링은 데이터의 정규화, 재사용, 참조와 같은 기본 원칙에 뿌리를 두고 있다. 즉, 관계형 데이터 모델은 기본적으로 데이터 공유를 선호하는 경향이 있다.

5.3.1 이벤트 소싱

때로는 관계형 모델링 대신에 완전히 다른 방법으로 데이터 모델링을 전환해야 한다. 마이크로서비스에서 데이터 공유를 피할 수 있는 인기 있는 데이터 모델링 접근 방식을 이벤트 소싱이라 한다. 이벤트 소싱은 2005년 마틴 파울러에 의해 처음 언급되었으며,[4] 디자인 패턴 분야에서 영향력 있는 사람 중 한 명인 그렉 영의 2014년 세미나 발표[5]를 통해 인기를 얻기 시작했다. 그렉은 이벤트 소싱이 시스템의 도메인 객체가 아닌 이벤트를 저장하는 것에 대한 데이터 모델링 접근 방식이라 언급했다.

> 이벤트 소싱은 '사실'과 '상태(구조적 모델)'를 저장하는 것이다. '상태'는 사실에서 일차적으로 파생된 값이며 일시적이다.

여기서 '사실'은 이벤트 발생의 대표적인 값을 의미한다. 예를 들어 '로스앤젤레스에서 워싱턴으로 가는 항공편의 이코노미 좌석 가격이 20만 원 인상되었다'가 될 수 있다.

회계와 체스에서의 이벤트 소싱

이벤트 소싱을 처음 접한다면, 아마 이러한 개념이 이상하게 느껴질 수 있다. 거래 빈도가 높은 플랫폼 시스템을 다루거나 마이크로서비스에 대한 많은 경험이 없는 사람 대부분은 이벤트 소싱을 전혀 경험하지 못했을 것이다. 하지만 이벤트 소싱 시스템의 예는 실생활에서 쉽게 찾을 수 있다. 회계 일지accounting journal는 고전적인 이벤트 저장 방식 사례 중 하나다. 회계사는 개별 거래를 기록하고 잔액은 모든 거래를 합산한 결과다. 회계사는 '상태'를 기록하지 않으며 각 거래 후 결과 잔액을 기록한다. 마찬가지로, 체스 게임에서 경기를 기록한다면 체스 말을 이동한 후 보드에 있는 모든 말의 위치를 기록하지 않을 것이다. 대신에 개별적인 이동을 저장하고 이동 후 보드의 상태는 일어난 모든 이동의 합이 될 것이다.

예를 들어, 1997년 세계 체스 챔피언 가리 카스파로프Gary Kasparov와 IBM 슈퍼컴퓨터 딥 블루Deep Blue의 역사적인 대결에서 6번째 경기의 첫 7개 이동 기록을 생각해 보자. 대수기보법algebraic notation[6]으로 표현하면 다음과 같다.

---

4 *https://oreil.ly/BHKl9*

5 그렉 영의 도서 『CQRS and Event Sourcing』(Code on the Beach, 2014) 참고

6 *https://ko.wikipedia.org/wiki/대수기보법*

1. e4 c6

2. d4 d5

3. Nc3 dxe4

4. Nxe4 Nd7

5. Ng5 Ngf6

6. Bd3 e6

7. N1f3 h6

7번 이동 후 보드의 상태는 [그림 5-6]과 같다.

모든 동작에 대한 이벤트 로그가 있다면 카스파로프와 딥 블루 사이의 체스 게임 상태를 완전히 재현할 수 있다. 이는 실생활에서의 이벤트 소싱과 동일하다.

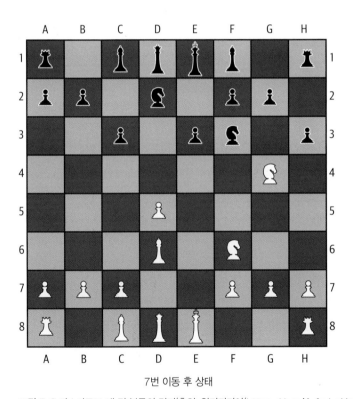

7번 이동 후 상태

그림 5-6 카스파로프 대 딥 블루의 경기(출처: 위키피디아(*https://oreil.ly/-chbm*))

이벤트 소싱 대 관계형 모델링

관계형 데이터베이스 같은 기존의 데이터 시스템이나 더 현대적인 NoSQL 및 문서 데이터베이스는 일반적으로 어떤 상태를 저장한다. 예를 들어 항공편 이코노미 좌석의 현재 가격과 같은 상태를 저장한다. 하지만 이벤트 소싱에서는 완전히 다른 접근 방식을 사용한다. 이벤트 소싱에서는 현재 상태를 저장하지 않고 데이터 변경에 대한 사실을 저장한다. 시스템의 현재 상태는 일련의 변경(이벤트)에서 계산된 파생 값이다.

예약 시스템에서의 예를 살펴보자. 항공편 예약 시스템에서 사용하는 고객 관리 시스템의 관계형 데이터 모델은 [그림 5-7]과 같다.

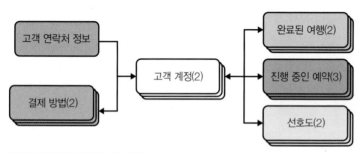

그림 5-7 관계형 데이터 모델 예제

고객 관리 시스템의 데이터 모델은 고객 계정 및 결제 방법과 일 대 다 관계를 맺는 고객 연락처 정보 테이블로 구성되어 있다. 각 고객 계정(예를 들어 비즈니스 대 개인 계정) 레코드는 완료된 여행, 진행 중인 예약, 계정과 관련된 선호도를 가리킬 수 있다. 세부 사항은 다를 수 있지만 이는 대부분의 소프트웨어 엔지니어가 전통적인 데이터베이스를 사용하여 설계하는 데이터 모델의 유형과 같다.

이벤트 소싱을 사용하면 [그림 5-8]과 같이 이벤트 시퀀스로 동일한 데이터 모델을 설계할 수 있다. 앞서 관계형 데이터 모델에서 설명한 것과 같이 시스템 상태를 이끄는 이벤트를 확인할 수 있다. 먼저 고객 연락처 정보를 수집한 다음 개인 계정을 열고 지불 방법을 입력한다. 여러 번의 예약과 여행을 마친 후 고객은 비즈니스 계정을 만들기로 결정한다. 고객은 지불 정보를 입력하고 새로운 계정으로 여행을 예약한다. 그 과정에서 몇 가지 선호도를 추가하여 [그림 5-7]과 동일한 상태가 된다. 여기에는 현재 상태로 이어진 '사실'의 정확한 순서를 볼 수 있다. 단순한 상태 기반의 표현과는 다르다.

따라서 다이어그램의 일련의 이벤트는 관계형 데이터 모델에서와 동일한 상태를 제공한다. 이것은 우리가 이전에 했던 것과 다르게 보이지만 사실은 동일하다. 오히려 훨씬 더 균일해 보인다. 다양한 엔티티 유형과 서로 간의 관계에 대해 내릴 수 있는 의사결정이 훨씬 적다. 이벤트 소싱은 다양한 비즈니스 이벤트가 발생하고, 이러한 이벤트의 파생물로 현재 상태를 계산할 수 있다는 점에서 어떤 면에서는 훨씬 더 간단하다.

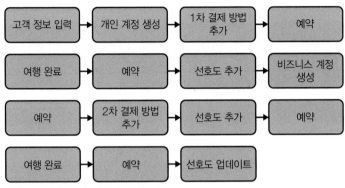

그림 5-8 이벤트 소싱 데이터 모델 예제

이벤트 소싱은 더 간단하고 예측 가능할 뿐만 아니라 다양한 엔티티 간 참조 관계가 없다. 또한 각 유형의 이벤트는 서로 다른 마이크로서비스에서 소유하기 때문에 데이터 공유를 피할 수 있다. 예를 들어 고객 인구 통계 마이크로서비스가 있다면 '입력된 고객 정보'는 해당 시스템에 속하는 매우 자연스러운 이벤트가 될 수 있다.

이벤트는 어떻게 생겼을까?

이벤트 소싱과 작동 방식에 대해 이해했다면, 이제 이벤트 소싱의 데이터 모델링과 데이터 관리에 대해 좀 더 자세히 살펴보자. 이벤트 소싱은 이벤트의 순서를 기록하는 접근 방식이다. 상태는 이러한 이벤트에서 계산한 결괏값이다. 이벤트의 형태는 매우 단순하다. 이벤트 데이터 구조의 '모양'을 살펴보면 세 부분으로 이루어져 있다.

먼저, 이벤트는 고유한 식별자가 필요하다. 예를 들어 분산 시스템에서 전역적으로 고유함을 보장하는 UUID^{universally unique identifier}를 사용할 수 있다. 다음으로 이벤트 유형이 있어야 다른 이벤트와 착각하지 않는다. 마지막으로 해당 이벤트 유형과 관련된 데이터가 필요하다.

```
{
  "eventId" : "afb2d89d-2789-451f-857d-80442c8cd9a1",
  "eventType" : "priceIncreased",
  "data" : {
    "amount" : 120.99,
    "currency" : "USD"
  }
}
```

기술적 특성에 대한 설계 결정은 이벤트와 함께 작업할 경우 상당히 직관적이다. 대부분의 작업은 비즈니스 로직을 기반으로 이벤트의 도메인 관련 필드를 올바르게 설명하는 데 사용된다. 관계형 접근 방식에서 관여하는 주관적이고 기술적인 테이블 형태와 관계 형성의 종류는 훨씬 적다.

프로젝션으로 현재 상태 계산

프로젝션projection은 이벤트 소싱에서 현재와 같은 특정 시점의 상태를 계산하는 작업이다. 프로젝션은 이벤트 기반의 상태를 제공하며 매우 간단하다. 프로젝션을 실행하려면 프로젝션 함수가 필요하다. 프로젝션 함수는 현재 상태와 새로운 이벤트를 기반으로 새로운 상태를 계산한다.

예를 들어, 항공권 가격에 대한 priceUp 프로젝션 함수는 다음과 같다.

```
function priceUp(state, event) {
  state.increasePrice(event.amount)
}
```

이는 관계형 모델의 UPDATE prices SET price=… SQL 쿼리와 동일하다. 또한 가격 인하 프로젝션 함수가 있다면 특정 시점의 가격(상태)를 계산하기 위해 다음과 같이 관계된 모든 이벤트에 대해 프로젝션 함수를 실행한다.

```
function priceUp(state, event) {
  state.increasePrice(event.amount)
}

function priceDown(state, event) {
```

```
    state.decreasePrice(event.amount)
  }

  let price = priceUp(priceUp(priceDown(s,e),e),e);
```

함수형 프로그래밍에 익숙하다면 현재 상태가 현시점까지 발생한 이벤트의 **왼쪽 접기**^left fold 임을 알 수 있다. 이벤트 소싱을 사용하면 현재 상태뿐만 아니라 특정 시점의 상태를 계산할 수 있다. 이러한 강력한 기능으로 과거 시점의 상태 값을 확인할 수 있는 정교한 분석이 가능하다.

5.3.2 롤링 스냅샷으로 성능 향상

여기서 유의해야 할 점은 프로젝션이 비싸다는 것이다. 은행 계좌 잔고와 같이 상태 변화가 빈번히 발생하는 경우 현재 잔고를 확인할 때마다 이를 처음부터 계산해야 할까? 이러한 접근 방식은 느리고 시간과 컴퓨팅 리소스를 낭비할 것이다. 또한 현재 상태를 조회하는 것은 응답 속도가 빨라야 한다. 우리는 이벤트 접근 방식을 유지하며 상태 계산 속도를 최적화할 수 있다. 예를 들어 은행 계좌 조회의 경우 처음부터 모든 것을 다시 계산하는 대신에 중간 값을 저장하고, 마지막 스냅샷에서 상태를 빠르게 계산한다면 계산 속도가 상당히 빨라질 것이다.

이벤트 저장소 구현에 따라 다양한 시점에서 중간값을 스냅샷 하는 것이 일반적이다. 적절한 스냅샷 시점을 선택하는 방법은 애플리케이션 도메인에 따라 다를 수 있다. 예를 들어 은행 시스템에서는 매월 말일에 계정 잔액을 스냅샷 할 수 있다. 2021년 1월 15일에 잔액이 필요한 경우 계좌의 전체 기간이 아닌 2020년 12월 31일의 스냅샷에서 2주간의 프로젝션을 계산한다.

이벤트 소싱에서 저장된 프로젝션은 보통 **롤링 스냅샷**^rolling snapshot 이라 한다. 롤링 스냅샷과 프로젝션을 구현하는 세부 사항은 애플리케이션에 따라 달라질 수 있다. 예를 들어 앞서 설명한 은행 애플리케이션의 경우 은행은 월, 분기, 연말에 다양한 유형의 잔액을 계산하기 때문에 월 단위로 롤링 스냅샷을 생성하는 것은 매우 적절하다. 이처럼 도메인에 따라 **자연스러운 시점**을 찾아 스냅샷을 정렬해야 한다.

이 장의 뒷부분에서는 CQRS 패턴을 사용하여 롤링 스냅샷에서 캐시 상태 이상의 작업을 수행할 수 있다.

이벤트 소싱에 대해 이해했다면 이제 이벤트 소싱을 구현하는 방법을 자세히 알아보자. 이벤트 스토어 자체는 어떤 모습일까? 그리고 이것을 어떻게 구현해야 할까? 다음 절에서는 이러한 질문에 대한 답을 찾아본다.

5.3.3 이벤트 스토어

이벤트 스토어는 비교적 단순한 시스템으로 다양한 데이터 스토리지 시스템을 사용하여 이를 구현할 수 있다. 파일 시스템의 파일, Amazon S3 Simple Storage Service 버킷, 데이터베이스 스토리지 모두 이벤트 스토어로 사용할 수 있다. 이벤트 스토어의 인터페이스는 다음 세 가지 기본 기능을 지원해야 한다.

- 새로운 이벤트를 저장하고 올바른 시퀀스를 할당하여 저장된 순서대로 이벤트를 검색할 수 있는 기능
- 관심 있는 이벤트에 대한 프로젝션을 생성한 구독자에게 알림을 생성하고 경쟁 소비자 패턴[7]을 활성화하는 기능
- 조정 흐름을 위해 특정 유형의 이벤트 X 이후에 N개의 이벤트를 가져올 수 있는 기능(예를 들어 프로젝션이 손실, 손상 또는 의심될 경우 다시 계산)

따라서 본질적으로 이벤트 저장소의 기본 인터페이스는 다음 두 가지 기능으로 구성된다.

```
save(x)
getNAfterX()
```

또한 소비자가 이벤트를 구독할 수 있도록 하는 강력한 알림 시스템이 있다. 여기서 '강력한'의 의미는 경쟁 소비자 패턴에 대한 적합성을 의미한다. 경쟁 소비자 패턴은 어떤 시스템에서 이벤트 프로젝션을 구축하든 중복성과 확장성을 위해 이벤트를 수신하는 클라이언트 인스턴스가 여러 개 필요할 수 있기 때문에 중요하다. 알림은 데이터 손상으로 이어지는 이벤트 중복을 방지하기 위해 수신자의 단일 인스턴스에 한 번만 전달되게 한다. 여기에 두 가지 접근 방식을 사용할 수 있다.

1. 아파치 카프카[8]와 같이 소비자에게 신뢰성을 보장하는 메시지 큐 구현을 사용한다

---

7 *https://docs.microsoft.com/ko-kr/azure/architecture/patterns/competing-consumers*
8 *https://kafka.apache.org*

2. 소비자가 HTTP 엔드포인트를 콜백으로 등록할 수 있도록 허용한다. 새로운 이벤트에 대해 콜백 엔드포인트를 호출하고 소비자 측의 로드 밸런서가 작업 분배를 처리하도록 한다.

어느 쪽도 본질적으로 더 나은 접근 방식은 아니다. 하나는 푸시 기반이고 다른 하나는 풀 기반이며, 수행하는 작업에 따라 적합한 방식을 선택하여 사용하면 된다.

> **NOTE_ 샘플 구현 확인**
>
> 이 책을 쓰는 동안 필자는 스켈레톤 이벤트 스토어에 대한 독자적인 참조 구현reference implementation을 깃허브[9]에 게시했다. 이를 체크아웃하여 테스트를 수행하거나 오픈 소스에 기여할 수 있다.

강력한 프로젝션을 구현하기 위해 이벤트 소싱 시스템은 CQRS로 알려진 보안 패턴을 사용한다. 다음 절에서는 CQRS에 대해 알아보고 CQRS의 본질을 이해하기 위해 노력해보자.

5.3.4 명령과 쿼리의 역할 분리

고급 이벤트 소싱 시스템에 대한 프로젝션은 일반적으로 CQRS 패턴을 사용하여 빌드한다. CQRS 패턴의 개념은 쿼리 시스템과 데이터 저장 시스템이 동일할 필요가 없다는 것에서 시작한다. 앞서 이벤트 스토어에 대해 이야기하고 그것이 구현하기 쉽다는 것을 설명할 때 우리가 건너뛴 한 가지는 save(x)와 getNAfterX() 함수가 해당 데이터에 대한 정교한 쿼리를 수행할 수 없다는 것이다. 예를 들어 지난 24시간 동안 승객이 업데이트한 모든 좌석의 예약을 조회하는 쿼리는 실행할 수 없다. 이러한 유형의 쿼리는 이벤트 저장소를 단순하고 집중적으로 유지하기 위해 이벤트 저장소에 구현되지 않는다. 이벤트 소싱은 이벤트 로그를 신뢰할 수 있고 안정적으로 저장하는 문제만 해결해야 한다. 고급 쿼리의 경우 이벤트가 발생할 때마다 이벤트 저장소를 구독하는 다른 시스템에 알리고, 시스템은 필요한 방식으로 데이터를 쿼리하는 데 최적화된 인덱스 작성을 시작한다. CQRS의 기본 개념은 데이터 저장소, 데이터 소유권, 데이터 쿼리 가능성의 문제를 동일 시스템에서 해결하려고 시도하지 않는 것이다. 이러한 문제는 독립적으로 해결해야 한다.

이벤트 소싱과 CQRS를 사용하여 얻을 수 있는 가장 큰 장점은 매우 세분화되고 느슨하게 결

---

9 https://oreil.ly/LPD8y

합된 구성 요소를 설계할 수 있다는 것이다. 이벤트 소싱을 사용하면 한 가지 유형의 이벤트만 관리하거나 단일 리포트를 실행할 수 있는 아주 작은 마이크로서비스를 만들 수 있다. 이벤트 소싱과 CQRS는 아키텍처 스타일에서 중요한 역할을 한다. 이벤트 소싱과 CQRS를 목표에 맞게 사용하면 마이크로서비스 아키텍처에서 한 단계 높은 자체 세분화를 달성할 수 있다.

> **CAUTION_** 이벤트 소싱과 CQRS는 만병통치약이 아니다. 이벤트 소싱과 CQRS를 과도하게 사용하지 않도록 주의해야 한다. 이는 구현을 복잡하게 만들 수 있기 때문에 필요한 경우에만 사용해야 한다. 전체 시스템에 대한 유일한 데이터 모델링 접근 방식으로 사용해서는 안 된다. 기존의 관계형 모델이 훨씬 간단하고 활용되는 사례가 여전히 많다.

이벤트 소싱과 CQRS를 사용하면 서비스 경계에 걸쳐 데이터를 조인하는 복잡한 경우에 마이크로서비스 간 데이터 공유를 방지할 수 있다. 하지만 이벤트 소싱과 CQRS에는 그것을 구현하는 복잡성이 뒤따른다. 특정 마이크로서비스 이벤트 소싱에 의존하기 전에, 항상 위임 서비스와 같은 간단한 접근 방식을 먼저 고려하길 권한다.

이제 이벤트 소싱과 CQRS에 대해 탄탄한 기초 지식을 얻었으리라 생각한다. 다음으로 마이크로서비스의 데이터 포함을 위한 느슨한 데이터 결합을 지원하는 것 외에 이러한 패턴을 사용해야 하는 다른 경우를 살펴본다.

5.4 마이크로서비스 외의 이벤트 소싱과 CQRS 활용

이벤트 소싱과 CQRS는 데이터 공유를 방지하고 마이크로서비스의 느슨한 결합을 구현하는 데 매우 유용하다. 또한 이벤트 소싱과 CQRS는 마이크로서비스 아키텍처뿐만 아니라 다양한 시스템에 활용될 수 있는 강력한 데이터 모델링 도구다.

CAP 정리의 일관성, 가용성availability, 분할 내성partition tolerance과 관련하여 이벤트 소싱과 CQRS를 생각해보자. CAP 정리는 에릭 브루어Eric Brewer가 2000년 분산 컴퓨팅 원리 심포지엄the Symposium on Principles of Distributed Computing에서 발표한 내용[10]으로 유명하다. 그는 분산 공유 데이터

---

10 *https://oreil.ly/hiQMB*

시스템이 일관성, 가용성, 분할 내성 중 두 가지 특성만 가질 수 있다고 언급했다.

일관성

데이터의 최신 상태에 대한 단일성을 보장한다.

가용성

항상 데이터를 읽거나 업데이트 할 수 있다.

분할 내성

네트워크 파티션에도 정확한 데이터를 얻을 수 있다.

시간이 지남에 따라 CAP의 모든 조합이 유효하지 않다는 것이 점점 더 명확해졌다.[11] 분산 시스템의 경우 네트워크 파티션을 피할 수 없기 때문에 분할 내성을 고려해야 하며, 이는 일관성과 가용성을 모두 만족시킬 수 없다. 하지만 일관성과 가용성이 꼭 필요하다면 어떻게 해야 할까?

CAP 정리는 데이터 공유를 사용하는 단일 시스템이 일관성, 가용성, 분할 내성의 모든 조건을 만족할 수 없다고 강조한다. 하지만 CQRS를 활용하여 여러 시스템을 사용하고 데이터 공유를 최소화한다면 이야기는 달라진다. 이 경우 이벤트 스토어에서 일관성의 우선순위를 정하고 쿼리 인덱스에서 가용성의 우선순위를 정할 수 있다. 쿼리 인덱스에 사용하는 시스템은 일관성이 깨질 수 있지만 신뢰할 수 있는 소스가 아니므로 필요한 경우 이벤트 스토어에서 다시 인덱싱할 수 있다.

이벤트 소싱과 CQRS의 두 번째 주요한 장점은 감사 가능성auditability과 관련이 있다. 관계형 데이터 모델을 사용하면 인플레이스in-place 업데이트를 한다. 예를 들어 고객의 주소나 전화번호가 올바르지 않다고 판단하면 해당 테이블에 바로 업데이트한다. 하지만 고객이 나중에 이러한 기록에 이의를 제기하면 어떻게 해야 할까? 관계형 모델에서는 히스토리가 없기 때문에 복구할 방법을 찾을 수 없다. 하지만 이벤트 소싱에서는 모든 변경 사항에 대한 기록이 안전하게 보존되고 과거의 고객 값이 무엇인지, 언제 어떻게 업데이트되었는지 확인할 수 있다.

---

11 에릭 브루어의 도서 『CAP Twelve Years Later』(InfoQ, 2012)와 코다 헤일(Coda Hale)의 글 'You Can't Sacrifice Partition' 참고(https://oreil.ly/nHBoN)

일부는 관계형 모델링을 사용한다고 해서 반드시 데이터 기록을 잃어버리는 것은 아니라고 지적할 수 있다. 스플렁크Splunk[12]나 ELK[13]같은 시스템을 사용하면 모든 변경 사항을 로깅할 수 있다. 그렇다면 로깅은 이벤트 소싱과 어떻게 다를까? 우리는 단지 전통적인 로깅에 대해 이야기하면서 새로운 이름으로 브랜딩하는 것일까? 대답은 절대 아니다. 아키텍처에서 진실의 근원the source of truth이 되는 시스템은 무엇일까? 로그가 현재 상태와 일치하지 않는다면 어떤 것을 '신뢰'해야 할까? 이벤트 소싱에서 '상태'는 계산된 값이므로 더 정확하다. 스플렁크 로그의 경우 일부 버그를 찾기 위해 두 번씩 확인하더라도 진실의 근원이 관계형 모델일 가능성이 높다. 신뢰할 수 있는 이벤트 로그가 진실의 근원이라면 데이터 모델링 접근 방식으로 이벤트 소싱을 사용하고 있는 것이다. 그렇지 않다면 아무리 많은 로그를 생성하더라도 이는 이벤트 소싱이 아니다.

5.5 마치며

이번 장에서는 마이크로서비스 아키텍처의 기본 개념인 데이터 격리와 마이크로서비스에 데이터를 포함하는 원리에 대해 논의했다. 우리는 모놀리식 N 계층 애플리케이션을 위해 설계된 기존 데이터 모델링으로 접근할 경우 어떻게 주요한 데이터 관리 문제로 이어지는지 살펴보았다. 또한 이러한 문제를 정면으로 해결할 수 있는 강력하고 검증된 패턴들을 알아봤다. 마지막으로 기존의 관계형 모델링과 다른 데이터 모델링에 대한 새로운 접근 방식을 소개했다. 마이크로서비스 요구를 넘어 이벤트 소싱과 CQRS의 이점과 적절한 사용 상황에 대해 설명했다.

이제 우리는 강력하고 기초적인 지식을 기반으로 샘플 프로젝트 구현에 대해 자세히 알아볼 수 있다. 먼저 프로젝트를 위해 자동화된 컨테이너 인프라와 배포 파이프라인을 설정하는 것으로 시작한다. 이 단계는 마이크로서비스 기반 프로젝트의 운영 복잡성을 해결하는 데 매우 중요하다. 그리고 개발자 워크스페이스를 구축하는 방법에 대한 자세한 지침을 공유한다. 마지막으로 지금까지 배운 모든 내용을 활용하여 샘플 프로젝트의 몇 가지 마이크로서비스에 대한 코드를 구현한다.

---

12 *https://oreil.ly/C3oY-*
13 *https://oreil.ly/80teW*

## CHAPTER 6

인프라 파이프라인 구축

이번 장에서는 인프라 작업의 기반을 마련한다. 아마존 웹 서비스^{Amazon Web Services}(AWS) 계정을 설정하고 인프라 변경을 자동화할 수 있는 지속적 통합^{continuous integration}(CI)과 지속적 전달^{continuous delivery}(CD) 파이프라인을 구축한다. CI/CD 도구를 통해 우리는 마이크로서비스 인프라를 정의하고 프로비저닝할 수 있다.

앞서 2장에서는 마이크로서비스 인프라 제공을 담당하는 플랫폼 팀을 구성했다. 플랫폼 팀은 셀프서비스 방식으로 인프라를 제공하여 다른 팀과의 조정을 최소화한다. 이러한 '서비스형 인프라^{infrastructure as a service}(IaaS)'의 모델을 구축하기 위해서는 사전 투자가 필요하다. 이번 장에서는 '서비스형' 모델을 구축하는 데 도움이 될 수 있는 도구를 소개한다.

마이크로서비스 팀이 수행하는 작업을 줄이려면 환경을 간편하게 프로비저닝하고 로컬 환경에서 작업한 코드를 호스팅된 인프라로 쉽게 배포할 수 있어야 한다. 이를 위해서 플랫폼 팀은 새로운 환경을 안전하고 쉽게 만들 수 있는 적절한 도구를 제공해야 한다.

실제로 인프라를 변경하는 방식을 개선할 수 있는 좋은 방법이 없다면 이러한 목표를 달성하기는 어렵다. 인프라 구축 및 변경에 필요한 비용을 줄일 수 있다면 새로운 환경을 더 쉽게 제공할 수 있고 시스템을 위한 인프라 개선에 집중할 수 있다.

우리는 인프라 변경에 대한 다양한 솔루션과 데브옵스 원칙 및 철학을 활용할 수 있다. 특히 코드형 인프라(IaC), CI, CD와 같은 데브옵스 관행은 목표를 달성하는 데 도움이 될 수 있다. 데브옵스 관행을 사용하면 인프라를 빠르고 안전하게 변경하고 구축한 마이크로서비스 환경을 확장할 수 있다.

데브옵스 방식을 채택하면 코드 관리, 빌드 관리, 릴리스를 위한 다양한 도구를 활용할 수 있다. 이러한 도구를 사용하면 인프라 솔루션을 설치하고 실행하는 데 걸리는 시간을 크게 줄일 수 있다. 이번 장에서는 IaC 저장소, 인프라 코드, 테스트와 구축을 위한 파이프라인(그림 6-1), 클라우드 구축 환경을 설명한다.

그림 6-1 인프라 CI/CD 파이프라인

파이프라인 구축을 시작하기 전에 설계에 필요한 데브옵스 원칙과 관행을 먼저 알아보자.

6.1 데브옵스 원칙과 관행

데브옵스 방식으로 소프트웨어를 구축하면 안전하고 빠르게 애플리케이션을 변경할 수 있다.

안정성을 유지한 빠른 변경은 우리가 인프라 도구를 통해 얻고자 하는 것이다. 우리는 인프라를 자유롭게 변경하고 개선하여 마이크로서비스 팀에 더 나은 플랫폼 서비스를 제공하는 것을 목표로 한다.

우리의 인프라 플랫폼에서는 데브옵스 세계의 세 가지 개념을 도입한다.

- 변경 불가능한 인프라

- IaC
- CI/CD

이러한 개념들을 도입할 때 우리가 얻을 수 있는 이점을 알아보자. 먼저 변경 불가능한 인프라 원칙부터 살펴본다.

6.1.1 변경 불가능한 인프라

불변형 객체는 생성한 후 변경할 수 없다. 불변형 객체를 업데이트하는 유일한 방법은 객체를 제거하고 새로운 객체를 만드는 것이다. 불변형 객체는 변경이 불가능하기 때문에 예측하고 재현하기 쉽다. 예를 들어 프로그래밍에서 변경 불가능한 데이터 유형을 사용하면 객체를 생성할 때 값을 할당할 수 있지만 이후에는 변경할 수 없다. 값이 10인 불변형 변수 x를 생성했다면 x의 값은 항상 10이 되어야 한다. 이러한 예측 가능성은 객체의 테스트 및 복제와 같은 작업을 더 쉽게 만든다.

변경 불가능한 인프라 원칙은 이러한 불변 속성을 인프라 구성 요소에 적용하는 것이다. 라우팅이 설정된 네트워크 로드 밸런서network load balancer를 생성한다고 생각해보자. 불변성 원칙을 따른다면 로드 밸런서를 제거하고 새로 만들지 않는 한 네트워크 라우팅 설정을 변경할 수 없다.

불변성을 적용할 때의 주요 장점은 예측 가능하고 재현 가능한 인프라를 만드는 것이다. 전통적인 시스템의 운영자는 많은 작업을 수동으로 실행한다. 운영자는 시스템을 패치하고 구성을 변경하며 프로세스를 시작하거나 중지한다. 또한 애플리케이션을 실행할 수 있는 환경을 유지하기 위해 서버와 장치를 지속적으로 관리한다. 여러 환경과 서버가 있는 경우 운영자의 작업 범위가 더 넓어진다.

하지만 시간이 지나 더 많은 변경 사항이 적용되면 전체 시스템의 일관성이 깨질 수 있다. 실제로 모든 서버를 동일한 상태로 유지하는 것은 시간이 지날수록 점점 더 어려워진다. 이러한 가변성과 예측 불가능성 때문에 새 서버를 도입하거나 환경 상태를 변경하는 것이 문제가 된다. 예측 불가능성은 더 많은 전문성과 수작업이 필요하다는 것을 의미한다. 이로 인해 인프라 제공 속도는 늦춰지고 운영 모델에서 설명한 인프라 플랫폼을 셀프서비스 도구로 제공하는 것은 어려워진다.

변경 불가능한 인프라는 이러한 배경 속에서 등장했다. 불변성 원칙을 적용함으로써 우리는 예측 가능하고 복제하기 쉬운 인프라를 만들 수 있다. 이는 우리가 대상으로 하는 모델에 매우 적합하다. 따라서 인프라 기반을 위한 첫 번째 주요 결정을 내린다.

변경 불가능한 인프라 원칙 적용

인프라 구성 요소는 생성 후 변경하지 않는다. 구성 요소는 반드시 새로운 속성이나 변경된 속성을 가진 새로운 구성 요소(및 모든 종속 구성 요소)를 다시 만들어 변경해야 한다.

우리가 방금 내린 결정은 트레이드오프가 존재한다. 구성을 제거하고 다시 만드는 비용이다. 따라서 이 프로세스를 더 쉽게 하기 위해 몇 가지 추가 결정을 내려야 한다. 첫 번째 결정은 앞부분에서 언급한 클라우드에 플랫폼을 구축하는 것이다.

클라우드에 인프라 구현

인프라 구성 요소는 클라우드 플랫폼에서 배포하고 관리한다.

클라우드에서 마이크로서비스 인프라를 구축하기로 한 결정은 변경 불가능한 인프라를 가능하게 한다. 클라우드 환경이 아니라면 물리적인 하드웨어 구입, 서버 관리, 소프트웨어 비용으로 인해 복잡성과 비용이 추가된다. 그러나 클라우드 인프라 구성 요소는 가상화를 통해 제공된다. 가상화를 사용하면 소프트웨어를 다루는 것처럼 인프라를 다룰 수 있다. 객체 지향 시스템의 객체나 소프트웨어 구성 요소를 다루는 것과 동일하게 서버와 장치를 생성하고 제거할 수 있다.

불변형 인프라는 서버의 일관성을 유지하며 프로덕션 환경과 유사한 상태로 새로운 환경을 복제하고 인스턴스화하는 기능을 제공한다. 하지만 여전히 관리 가능한 구성 집합을 사용하여 모든 인프라를 정의할 수 있는 방법이 필요하다. 이를 위해 우리는 IaC 원칙을 도입한다.

6.1.2 코드형 인프라

코드형 인프라(IaC)에서 모든 인프라의 변경 사항은 기계가 읽을 수 있는 파일 또는 코드의 집합으로 표현되어야 한다. IaC를 도입한 팀은 인프라의 상태를 정의하는 파일을 작성하고 코드를 적용하여 새로운 환경을 만들 수 있다. 인프라 코드를 관리하는 것은 곧 인프라 상태를 관리하는 것이 된다. 궁극적으로 IaC 원칙 도입은 인프라 코드를 작성, 테스트, 배포하는 방식을 관리함으로써 인프라 환경의 변경 사항을 관리할 수 있음을 의미한다.

IaC는 변경 불가능한 인프라를 구현하는 데 매우 중요하다. 불변성은 객체에 대한 정의를 관리하고 재생성을 통해서 변경해야 한다. IaC를 사용하면 애플리케이션을 처리하는 방식으로 변경 불가능한 인프라를 다룰 수 있다. IaC에서 구성 요소를 만들고 변경하는 것은 프로그램을 실행하는 것과 유사하다. 우리는 애플리케이션 개발 환경에서 얻은 노하우를 인프라에 적용한다.

IaC는 우리가 구축하려는 시스템에 적합하므로 ADR을 작성하여 이 결정을 공식화한다.

IaC 도입

모든 인프라 변화는 관리된 코드 파일에서 수행되어야 한다. 코드 외부에서 운영자가 수동으로 변경해서는 안 된다.

IaC 접근 방식을 사용하려면 시스템에서 읽을 수 있는 코드 파일로 변경 사항을 정의할 수 있는 도구가 필요하다. 이 도구는 IaC 파일을 해석하고 대상 환경에 적용한다. 몇 년 전에는 이러한 도구를 직접 만들어야 했지만 이제는 이 작업을 수행할 수 있는 도구가 많이 있다. 예제 프로젝트에서는 해시코프^HashiCorp의 테라폼^Terraform을 사용하여 변경 사항을 정의하고 클라우드 기반 환경에 적용한다.

테라폼 소개

테라폼은 IaC 원칙을 도입하여 인프라를 자동화와 반복 가능한 방식으로 관리할 수 있는 도구다. 필자도 이전에 진행한 프로젝트에서 테라폼을 사용하여 성공적으로 인프라를 구축하고 관리할 수 있었다. 인프라 관련 실무자를 대상으로 한 조사에 따르면 다양한 IaC 도구 중에서도 테라폼이 가장 인기가 많은 것으로 나타났다. 우리는 인프라 변경을 위한 도구로 테라폼을 사용하기로 결정하여 다음과 같이 문서화한다.

> **인프라 변경 작업에 테라폼 사용**
>
> 해시코프에서 개발한 테라폼 도구를 사용하여 변경 사항을 관리하고 플랫폼 인프라에 적용한다.

인프라 변경에 도움을 줄 수 있는 도구는 테라폼 이외에도 다양하다. 하지만 여기서는 선언적 접근 방식을 적용하기 때문에 테라폼을 사용한다. 우리는 인프라에 대한 목표 상태를 선언하고 테라폼은 이를 실현하기 위해 노력한다. 이는 단계별 명령으로 도구에 지시하는 기존의 구성 관리 접근 방식과는 상당히 다르다.

또한, 테라폼은 이전에 도입한 변경 불가능한 인프라 원칙을 수용한다. 이를 통해 우리는 인프라 구성 요소에 대해 원하는 상태를 설명하는 테라폼 코드를 작성할 수 있다. 코드를 적용하면 테라폼은 기존의 것을 제거하고 새로운 형태로 다시 생성하는 작업을 수행한다. 여기에는 종속성 객체를 처리하고 이를 다시 생성하는 과정도 포함한다.

이를 위해 테라폼은 인프라의 상태state를 추적할 수 있어야 한다. 우리가 정의한 최종 상태를 생성하기 위한 계획plan을 준비할 수 있도록 현재 상태를 추적한다. 상태는 신중하게 관리되어야 하며 테라폼을 사용하는 모든 사람이 공유해야 한다. 테라폼을 잘 관리하기 위해서는 테라폼 전체의 상태, 구성 파일, 품질, 안전, 유지 보수성을 관리해야 한다. 이는 소프트웨어 애플리케이션을 관리하는 것과 유사하다.

TIP 테라폼에 대해 더 알고 싶다면 공식 문서를 참조하기 바란다.[1]

6.1.3 지속적 통합과 지속적 전달

불변성과 IaC는 인프라 변화를 좀 더 예측 가능하게 만든다. 하지만 이러한 예측 가능한 변화가 항상 안전하지 않을 수 있다. 예를 들어 네트워크에 대한 작은 변경으로 프로덕션 환경의 로드 밸런서가 중단될 수 있다. 또는 개발 환경을 대상으로 한 변경 작업이 실수로 프로덕션 환경으로 전달되어 서비스가 중단될 수 있다.

이러한 위험을 예방할 수 있는 방법 중 하나는 모든 변경 사항에 대해 적용 전에 여러 번 확인

---

1 _https://oreil.ly/qaMM5_

하는 것이다. 하지만 이러한 접근 방식은 수행하는 모든 작업에 검증 과정을 추가해야 하기 때문에 변경 속도가 느려진다. 또한 인프라 설계와 개발 작업에서 초기에 발견될 수 있는 문제를 적용 전에야 발견할 수 있다. 결국 인프라 계획이 크게 변경될 수 있는 대량의 테스트 단계에 많은 시간을 소비하게 된다.

더 효율적인 접근 방식은 데브옵스 소프트웨어 관행인 지속적 통합과 지속적 전달(CI/CD)을 적용하는 것이다. 프로덕션 환경을 변경하기 직전에 대규모 테스트 작업을 수행하지 않고 변경 사항을 저장소에 **지속적으로** 통합한다. 또한 변경 사항이 작동하는지 테스트하고 자동으로 전달한다. 우리의 목표는 대규모 변경 작업 대신에 테스트 가능한 작은 변경 사항을 반복적으로 적용하는 것이다.

TIP CI/CD 이해하기

CI/CD를 이해하고 이를 효과적으로 구현하는 방법을 알고 싶다면 폴 M. 듀발Paul M. Duvall이 쓴 『지속적인 통합』(위키북스, 2008)과 제즈 험블Jez Humble, 데이비드 팔리David Farley가 쓴 『신뢰할 수 있는 소프트웨어 출시』(에이콘출판사, 2013)를 읽어보길 권한다.

CI/CD 관행은 도구에 크게 의존한다. 도구를 사용하면 많은 양의 코드 테스트를 효율적으로 실행할 수 있다. 소프트웨어와 인프라의 통합 및 테스트를 자동화하는 도구는 다양하다. 우리는 **파이프라인**이라 불리는 특별한 도구를 사용한다. 파이프라인을 사용하면 CI/CD 프로세스의 각 단계를 정의하고 관리할 수 있다. 우리는 파이프라인을 통해 코드의 변경 사항을 자동으로 통합하고 전달한다. 이제 프로젝트에서 CI/CD 파이프라인을 사용하기로 한 결정을 공식화한다.

> ### CI/CD 파이프라인으로 시스템 변경 사항 적용
>
> 모든 변경 사항은 자동화된 파이프라인 도구를 통해서만 적용되어야 한다. 명령줄 또는 운영자 콘솔에서 명령어로 적용된 변경 사항이 없어야 한다.

우리는 인프라뿐만 아니라 모든 변경에 파이프라인을 사용한다. 이번 장에서는 인프라 변경을 위한 파이프라인에 초점을 맞춘다. 이후에 10장에서는 마이크로서비스에 대한 CI/CD 파이프라인을 정의한다. 사용 가능한 CI/CD 파이프라인 도구는 다양하지만 이번 모델의 경우에는 깃허브 액션GitHub Action을 사용하기로 결정한다.

> **CI/CD 파이프라인으로 깃허브 액션 사용**
>
> 팀은 깃허브 액션을 사용하여 인프라 및 마이크로서비스에 대한 CI/CD 파이프라인을 구현한다.

이 책을 쓰는 시점에 깃허브 액션은 비교적 새로운 제품이며 젠킨스^{Jenkins}와 깃랩과 같은 기존 도구만큼 기능이 풍부하지는 않다. 우리는 깃허브를 통해 코드를 관리할 계획이므로 깃허브 액션을 선택했다. 특히 코드 관리 및 CI/CD에 단일 도구를 사용할 수 있다는 점이 매력적이다.

이번 장에서는 깃허브 액션에 CI/CD 파이프라인을 구성하여 테라폼 코드를 처리하고 클라우드 호스팅 환경을 변경한다. 7장에서는 파이프라인을 사용하여 마이크로서비스 인프라를 프로비저닝한다. 이를 위해서는 관련된 도구 설치 및 작업 환경 설정이 필요하다.

6.2 IaC 환경 설정

애플리케이션 코드를 개발할 때 코드를 작성, 관리, 테스트, 실행할 수 있는 도구가 필요하듯이 인프라 코드 개발도 동일한 환경이 필요하다. 이번 절에서는 로컬 환경과 클라우드 호스팅 환경을 설정하고 이를 활용하여 인프라 코드를 작성, 테스트, 배포한다.

6.2.1 깃허브 설정

가장 먼저 필요한 것은 코드를 관리하고 릴리스하는 방식이다. 우리는 코드 관리를 위해 깃^{Git}을 사용하고 호스트로 깃허브를 사용한다. 깃 호스팅 서비스는 깃허브 이외에도 깃랩과 같은 다양한 서비스가 있다. 우리는 그중 인기 있는 코드 공유 저장소인 깃허브를 사용하기로 결정한다. 또한 이 책에서 제공하는 많은 코드와 구성을 깃허브 저장소를 통해 전달하기 때문에 예제 애플리케이션 구축에 유용하다.

> **코드 관리에 깃허브를 사용**
>
> 모든 코드를 깃 버전 관리 시스템으로 관리하며 깃허브를 사용한다.

예제를 따라 작업하려면 깃허브 계정과 깃 클라이언트 설치가 필요하다. 깃은 매우 인기 있는 소스 제어 도구이므로 컴퓨터에 이미 설치되어 있고 사용 방법에 익숙할 가능성이 크다. 깃 클라이언트를 아직 설치하지 않았다면 깃 다운로드 페이지[2]를 방문하여 안내에 따라 적절한 버전을 다운로드한다.

> **TIP** 깃을 처음 사용하는 경우 스콧 샤콘Scott Chacon과 벤 스트라우브Ben Straub의 책 『Pro Git』(Apress, 2014)[3]에서 '깃 기초Basics'장을 참고하기 바란다(온라인에서 무료로 읽을 수 있다). 깃이 무엇이며 왜 유용한지 간략하게 알고 싶다면 깃허브의 '깃 핸드북'[4]을 읽어보길 권한다.

깃 클라이언트 외에도 코드를 관리하고 자체 CI/CD 파이프라인을 구성하기 위해서는 깃허브 계정이 필요하다. 계정이 없다면 깃허브 웹 사이트에서 무료 계정을 등록할 수 있다.[5]

우리는 깃과 깃허브를 사용하여 마이크로서비스 코드를 관리할 것이다. 또한 IaC 원칙을 적용하여 인프라 코드를 관리하기 위해 테라폼을 사용한다. 테라폼은 HCL이라 불리는 특수 언어로 코드를 작성한다. 먼저 테라폼 클라이언트를 설치하자.

6.2.2 테라폼 설치

앞서 언급했듯이 우리는 테라폼을 사용하여 인프라 코드를 선언적으로 관리하고 적용한다. 우리의 계획은 자동화된 CI/CD 파이프라인에서 테라폼 클라이언트를 자동으로 실행하는 것이다. 해당 파이프라인은 깃허브에서 호스팅되므로 로컬 개발 환경에 테라폼을 설치할 필요는 없다. 하지만 코드를 파이프라인에 커밋하기 전에 로컬에서 테스트하려면 테라폼 클라이언트 설치가 필요하다. 따라서 로컬 환경에 테라폼을 설치한다.

테라폼은 다음과 같은 다양한 플랫폼에서 실행할 수 있다.

- OS/X
- FreeBSD
- Linux

---

2 *https://oreil.ly/5Vlcy*
3 *https://oreil.ly/CK29D*
4 *https://oreil.ly/raKSF*
5 *https://oreil.ly/WcXv-*

- OpenBSD
- Solaris
- Windows

테라폼 사이트[6]를 방문하여 클라이언트 다운로드하고 컴퓨터에 설치한다. 이 책의 예제에서는 테라폼 0.12.20 버전을 사용한다.

설치가 완료되면 다음 명령어를 실행하여 테라폼이 올바르게 설치되었는지 확인한다.

```
$ terraform version
```

설치한 버전에 따라 다음과 같은 결과가 출력된다.

```
Terraform v0.12.20
```

우리는 테라폼을 사용하여 클라우드 플랫폼에 있는 인프라 리소스를 관리한다. AWS에서 호스팅할 예정이므로 AWS를 사용해야 하는 이유와 사용 방법을 소개한다. 먼저 AWS를 시작하기 위해 무엇을 준비해야 하는지 살펴보자.

6.3 AWS 웹서비스 구성

앞서 우리는 클라우드 호스팅 인프라를 사용하기로 결정했다. 하지만 어떤 클라우드 플랫폼을 사용할지 결정하지 않았다. 오늘날 대부분의 마이크로서비스가 사용하는 클라우드 플랫폼은 마이크로소프트 애저Microsoft Azure, 구글 클라우드 플랫폼Google Cloud Platform(GCP), AWS다.

우리는 마이크로서비스 구현을 빠르고 더 간단하게 하기 위해 단일 클라우드에서 샘플 애플리케이션을 구축한다. 우리는 가장 많은 사용자 기반을 갖고 있는 AWS를 서비스 예제로 사용하기로 결정했다. 하지만 3개 클라우드 업체 모두 유사한 서비스를 제공하므로 원한다면 우리의 모델을 약간 수정하여 다른 클라우드 업체에 적용할 수 있을 것이다.

----

6 *https://www.terraform.io*

AWS를 사용하기로 결정했으므로 예제를 따라 하기 위한 AWS 계정이 필요하다. 아직 AWS 계정이 없다면 AWS 웹사이트[7]에서 신규로 계정을 등록한다. 계정을 활성화하려면 신용 카드가 필요하다.

> **CAUTION_ 불필요한 과금을 주의할 것**
>
> AWS는 무료 계정 티어를 제공하지만 이 책의 예제에서는 무료 서비스 범위에 포함되지 않는 리소스를 사용한다. 예제 진행 중에 생성한 리소스를 제거하는 방법을 안내할 예정이므로 불필요한 과금이 발생하지 않도록 주의하기 바란다.

초기 계정을 설정하는 것 외에도 도구가 AWS 인스턴스 계정에 접근할 수 있도록 '운영자' 계정을 설정해야 한다.

6.3.1 AWS 운영 계정 설정

이번 장에서는 AWS에 자동으로 배포할 수 있는 파이프라인을 생성한다. 코드 및 변경 불가능한 인프라 원칙을 도입하면 브라우저를 통해 직접 AWS 인프라를 관리할 필요가 없어진다. 하지만 이를 위해서는 몇 가지 단계를 수동으로 수행해야 한다. 첫 번째 단계는 AWS 리소스에 대한 자격 증명 및 권한을 구성하는 것이다.

AWS에서 사용자, 그룹, 권한은 모두 IAM^{identity and access management} 서비스에서 관리된다. 우리는 도구에서 사용하는 특별한 사용자를 만들고 도구가 수행하는 작업에 대한 권한을 정의한다. CI/CD 파이프라인 플랫폼에서는 호출할 때마다 이 사용자 ID를 사용한다. 앞서 언급했듯이 우리는 테라폼을 기본 IaC 도구로 사용한다. 이번 절에서는 단계에 따라 AWS에 테라폼 사용자를 만들고 마이크로서비스 환경에 필요한 변경을 수행한다.

---

7 `https://aws.amazon.com`

먼저 루트 사용자 자격 증명으로 AWS 관리 콘솔에 로그인한다. 로그인하면 AWS 서비스 목록이 표시된다. IAM 서비스를 찾아 선택한다. 일반적으로 보안, 자격 증명 및 규정 준수 섹션에 있다(그림 6-2 참조).

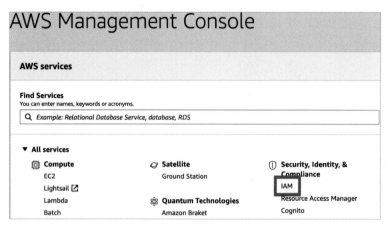

그림 6-2 IAM 선택

화면 왼쪽의 IAM 탐색 메뉴에서 사용자 링크를 선택한다. [그림 6-3]에 나와 있는 것처럼 [Add user] 버튼을 클릭하여 IAM 사용자 생성 프로세스를 시작한다.

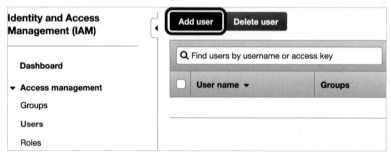

그림 6-3 사용자 추가 버튼

사용자 이름 필드에 ops-account를 입력한다. 이 계정을 사용하여 CLI 및 API에 액세스하기 위해 [그림 6-4]와 같이 AWS 'Access type'으로 'Programmatic access'를 선택한다.

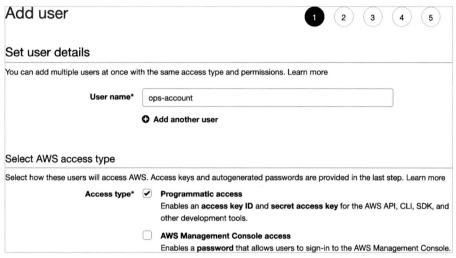

그림 6-4 사용자 정보 입력

완료되면 [Next: Permissions] 버튼을 클릭한다.

ops-account 계정은 운영자를 대신하여 AWS에 작업을 수행하기 위해 많은 권한이 필요하다. 여기서는 전체 권한을 포함한 IAMFullAccess 정책을 연결한다.

IAMFullAccess 정책을 추가하려면 상단의 'Attach existing policies directly'을 선택한다. IAMFullAccess 정책을 검색하고 [그림 6-5]에 표시된 대로 체크 박스를 선택한다.

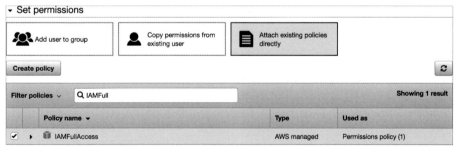

그림 6-5 IAMFullAccess 정책 연결

완료되면 [Next: tags] 버튼을 클릭한다. 태그를 생성하지 않을 것이므로 [Next: Review] 버튼을 클릭하여 사용자 세부 정보를 검토한다(그림 6-6 참조).

Review

Review your choices. After you create the user, you can view and download the autogenerated password and access key.

User details

User name	ops-account
AWS access type	Programmatic access - with an access key
Permissions boundary	Permissions boundary is not set

Permissions summary

The following policies will be attached to the user shown above.

Type	Name
Managed policy	IAMFullAccess

Tags

No tags were added.

그림 6-6 사용자 정보 검토

검토 결과 특별한 문제가 없다면 [Create user] 버튼을 클릭한다. 이제 [그림 6-7]과 같은 화면이 표시된다.

그림 6-7 생성된 사용자

다른 작업을 수행하기 전에 새 사용자 키를 기록해야 한다. 표시 링크를 클릭하고 'Access key ID'와 'Secret access key'를 복사하여 임시 파일에 붙여넣기한다. 이번 절의 뒷부분에서는 자동화된 파이프라인과 함께 이 두 가지 값을 모두 사용한다. 방금 생성한 액세스 키를 사용하면 AWS 환경에서 리소스를 생성할 수 있는 모든 권한이 주어지기 때문에 추가 비용에 주의해야 한다.

우리가 방금 생성한 **ops-account** 사용자는 IAM 변경 권한을 갖고 있다. 이는 브라우저 기반 콘솔 사용에서 (이전에 설치한)AWS CLI 애플리케이션으로 운영 방식을 전환하는 데 필요한 모든 권한을 제공한다. 다음으로 해야 할 일은 방금 생성한 **ops-account** 사용자로 CLI를 사용하도록 구성하는 것이다.

6.3.2 AWS CLI 구성

클라우드 구성을 관리하는 주요 방식에는 웹 브라우저, 웹 기반 API, CLI가 있다. 우리는 이미 웹 브라우저를 사용하여 운영자 계정을 생성했고 이후에는 AWS API를 통해 구성을 변경하기 위해 테라폼을 사용한다. 하지만 테라폼이 AWS API를 호출하기 전에 몇 가지 추가 변경이 필요하다. 이번 절에서는 AWS CLI를 사용하여 테라폼 구성을 위한 사전 작업을 진행한다.

CLI를 사용하면 변경 사항을 훨씬 더 쉽게 설명할 수 있고 사용자 인터페이스(UI) 변경 빈도가 낮은 장점이 있다. 하지만 CLI를 사용하려면 먼저 로컬 작업 환경에 CLI를 설치해야 한다. AWS CLI 다운로드 페이지[8]로 이동하여 설명에 따라 CLI를 로컬 시스템에 설치한다.

설치를 완료했다면 AWS 인스턴스에 접근할 수 있도록 CLI를 구성한다. [예제 6-1]에 표시된 대로 aws configure 명령을 실행한다. 사용자에게 가까운 리전region으로 기본 리전을 변경할 수 있다. AWS 리전의 전체 목록은 AWS 웹사이트[9]에서 확인할 수 있다.

예제 6-1 AWS CLI 설정

```
$ aws configure
AWS Access Key ID [****************AMCK]: AMIB3IIUDHKPENIBWUVGR
AWS Secret Access Key [****************t+ND]: /xd5QWmsqRsM1Lj4ISUmKoqV7/...
Default region name [None]: eu-west-2
Default output format [None]: json
```

---

8 *https://aws.amazon.com/cli*

9 *https://oreil.ly/UrX_t*

CLI를 올바르게 구성했는지 테스트하기 위해 사용자 계정을 조회해보자. iam list-users 명령어를 실행하여 테스트한다.

```
$ aws iam list-users
{
    "Users": [
        {
            "Path": "/",
            "UserName": "admin",
            "UserId": "AYURIGDYE7PXW3QCYYEWM",
            "Arn": "arn:aws:iam::842218941332:user/admin",
            "CreateDate": "2019-03-21T14:01:03+00:00"
        },
        {
            "Path": "/",
            "UserName": "ops-account",
            "UserId": "AYUR4IGBHKZTE3YVBO2OB",
            "Arn": "arn:aws:iam::842218941332:user/ops-account",
            "CreateDate": "2020-07-06T15:15:31+00:00"
        }
    ]
}
```

모든 것이 올바르게 수행되었다면 AWS 사용자 계정 목록이 표시되어야 한다. 이는 AWS CLI가 정상적으로 작동하고 인스턴스에 접근할 수 있음을 나타낸다. 이제 운영 계정에 필요한 권한을 설정할 수 있다.

6.3.3 AWS 권한 설정

이전에 ops-account 사용자를 생성할 때에는 IAM 설정을 수정할 수 있는 권한만 부여하는 IAM 정책을 연결했다. 하지만 운영 계정에는 인프라 구축에 필요한 AWS 리소스를 관리하기 위해 훨씬 더 많은 권한이 필요하다. 이번 절에서는 AWS CLI를 사용하여 추가 권한 정책을 생성하고 운영 계정에 연결한다.

가장 먼저 할 일은 ops-account 사용자를 Ops-Accounts 라는 새로운 그룹에 사용자로 추가하는 것이다. 이렇게 하면 그룹이 소유한 권한을 새로운 사용자에게 동일하게 할당할 수 있다.

다음 명령을 사용하여 Ops-Accounts라는 새 그룹을 생성한다.

```
$ aws iam create-group --group-name Ops-Accounts
```

그룹 생성에 성공했다면 다음과 같이 생성된 그룹의 정보가 표시된다.

```
{
    "Group": {
        "Path": "/",
        "GroupName": "Ops-Accounts",
        "GroupId": "AGPA4IGBHKZTGWGQWW67X",
        "Arn": "arn:aws:iam::842218941332:group/Ops-Accounts",
        "CreateDate": "2020-07-06T15:29:14+00:00"
    }
}
```

이제 사용자를 새로운 그룹에 추가하면 된다. 이를 수행하려면 다음 명령을 실행한다.

```
$ aws iam add-user-to-group --user-name ops-account --group-name Ops-Accounts
```

올바르게 작동했다면 CLI에서 특별한 응답을 받지 않는다.

다음으로 Ops-Accounts 그룹에 필요한 권한의 모음을 연결한다. 이러한 권한은 그룹에 소속된 사용자 계정에 자동으로 적용된다. 연결된 권한을 통해서 사용자는 AWS 리소스를 생성하고 변경할 수 있다. 실제로는 인프라 설계 프로세스를 진행하면서 운영자 계정의 권한을 변경할 가능성이 크다. 이 책에서는 이전에 설계 작업을 완료했으므로 필요한 정책을 미리 정확하게 알고 정의한다.

다음 명령을 실행하여 필요한 모든 정책을 Ops-Accounts 그룹에 연결한다.

```
$ aws iam attach-group-policy --group-name Ops-Accounts\
 --policy-arn arn:aws:iam::aws:policy/IAMFullAccess &&\
aws iam attach-group-policy --group-name Ops-Accounts\
 --policy-arn arn:aws:iam::aws:policy/AmazonEC2FullAccess &&\
aws iam attach-group-policy --group-name Ops-Accounts\
 --policy-arn arn:aws:iam::aws:policy/AmazonEC2ContainerRegistryFullAccess &&\
```

```
aws iam attach-group-policy --group-name Ops-Accounts\
 --policy-arn arn:aws:iam::aws:policy/AmazonEKSClusterPolicy &&\
aws iam attach-group-policy --group-name Ops-Accounts\
 --policy-arn arn:aws:iam::aws:policy/AmazonEKSServicePolicy &&\
aws iam attach-group-policy --group-name Ops-Accounts\
 --policy-arn arn:aws:iam::aws:policy/AmazonVPCFullAccess &&\
aws iam attach-group-policy --group-name Ops-Accounts\
 --policy-arn arn:aws:iam::aws:policy/AmazonRoute53FullAccess &&\
aws iam attach-group-policy --group-name Ops-Accounts\
 --policy-arn arn:aws:iam::aws:policy/AmazonS3FullAccess
```

> **NOTE_** 명령어 스크립트는 이 책의 깃허브 사이트[10]에 첨부했다.

AWS에서 기본 정책 이외에도 Amazon EKS^Elastic Kubernetes Service를 사용하려면 몇 가지 특별한 권한이 필요하다. EKS는 다음 장에서 다룰 예정이다. 여기서는 먼저 관련된 권한을 소개한다. 필요한 권한을 연결할 수 있는 기존 정책이 없으므로 사용자 지정 정책을 만들어 사용자 그룹에 연결해야 한다.

이를 위해 custom-eks-policy.json 파일을 생성하고 [예제 6-2]의 코드를 입력한다. 또는 이 책에서 제공하는 깃허브 저장소[11]에서 해당 파일을 복사할 수 있다.

예제 6-2 EKS를 위한 사용자 지정 정책 JSON 파일

```
{
  "Version": "2012-10-17",
  "Statement": [
    {
      "Effect": "Allow",
      "Action": [
        "eks:DescribeNodegroup",
        "eks:DeleteNodegroup",
        "eks:ListClusters",
        "eks:CreateCluster"
      ],
      "Resource": "*"
```

---

10 *https://oreil.ly/Microservices_UpandRunning_scripted*

11 *https://oreil.ly/Microservices_UpandRunning_json*

```
    },
    {
      "Effect": "Allow",
      "Action": "eks:*",
      "Resource": "arn:aws:eks:*:*:cluster/*"
    }
  ]
}
```

다음 명령어를 실행하여 방금 생성한 JSON을 기반으로 하는 새로운 정책 EKS-Management을 생성한다.

```
$ aws iam create-policy --policy-name EKS-Management\
  --policy-document file://custom-eks-policy.json
```

명령어가 성공적으로 수행되면 다음과 같은 새로운 정책이 JSON 형태로 출력된다.

```
{
    "Policy": {
        "PolicyName": "EKS-Management",
        "PolicyId": "ANPA4IGBHKZTP3CFK4FAW",
        "Arn": "arn:aws:iam::[some_number]:policy/EKS-Management",
        "Path": "/",
        "DefaultVersionId": "v1",
        "AttachmentCount": 0,
        "PermissionsBoundaryUsageCount": 0,
        "IsAttachable": true,
        "CreateDate": "2020-07-06T15:50:26+00:00",
        "UpdateDate": "2020-07-06T15:50:26+00:00"
    }
}
```

NOTE_ 모든 AWS 리소스는 ARN^Amazon Resource Name이라는 고유 식별자가 있다. 방금 생성한 정책의 ARN에 있는 숫자와 문자열은 사용자의 AWS 인스턴스에서 고유하다. 다음 단계에서 참조할 수 있도록 ARN 문자열을 기록한다.

새로운 정책이 생성되었으면 남은 것은 사용자 그룹에 정책을 연결하는 것이다. {YOUR_

POLICY_ARN} 부분을 사용자 정책의 ARN으로 교체하고 다음 명령어를 실행한다.

```
$ aws iam attach-group-policy --group-name Ops-Accounts \
    --policy-arn {YOUR_POLICY_ARN}
```

이제 ops-account 사용자 계정은 AWS 인프라 리소스를 자동으로 생성하는 데 필요한 권한을 갖고 있다. 테라폼 코드를 작성하고 인프라 파이프라인을 구성할 때 이 계정을 사용한다. ops-account 사용자 계정의 액세스 키와 시크릿 액세스 키는 안전한 곳에 보관하여 나중에 다시 사용한다.

파이프라인 구축을 시작하기 전 마지막 작업으로 테라폼의 상태를 저장할 Amazon S3 스토리지 버킷 생성이 필요하다.

6.3.4 테라폼을 위한 S3 백엔드 생성

테라폼은 목표 상태를 위한 각 작업 단계를 정의하는 대신 원하는 인프라의 상태를 선언형으로 정의할 수 있기 때문에 강력하다. 테라폼은 우리가 선언한 대로 인프라 환경을 적절하게 변경하는 마법을 부린다. 하지만 이를 위해 테라폼은 인프라 환경의 상태와 마지막으로 어떤 작업을 수행했는지 추적할 수 있어야 한다. 테라폼은 JSON 기반 상태 파일에 모든 정보를 추적하여 실행될 때마다 읽고 업데이트한다.

테라폼은 기본적으로 상태 파일을 로컬 파일 시스템에 보관한다. 하지만 로컬에 파일을 저장하는 것은 문제가 될 수 있다. 여러 작업 환경에서 테라폼을 관리하려면 상태 공유가 필요한데 로컬 파일은 공유하기 어렵고 상태 충돌 및 동기화 문제가 발생할 수 있기 때문이다.

대신 Amazon S3 서비스를 사용하여 테라폼 상태 파일을 관리할 수 있다. 테라폼은 S3를 상태 백엔드로 사용할 수 있는 기본 기능을 제공한다. 상태 데이터에 대한 새로운 '버킷bucket'을 만들고 운영자 계정이 접근할 수 있는 권한이 설정되어 있는지 확인하면 된다.

> **NOTE_** 대부분의 클라우드 업체와 마찬가지로 AWS는 다양한 종류의 데이터 스토리지 옵션을 제공한다. 아마존의 **S3**를 사용하면 키로 참조할 수 있는 데이터 객체를 생성할 수 있다. 데이터 객체는 AWS 내 블롭blob일 뿐이며 모든 형식이 될 수 있다. 테라폼 S3 상태 백엔드의 경우에는 환경 상태를 JSON 객체로 저장한다.

버킷을 생성하려면 고유한 이름과 리전을 지정해야 한다. AWS CLI를 구성할 때 이미 기본 리전을 선택했다면 S3 버킷에도 동일한 리전을 선택하기를 권한다. S3 버킷 리전에 대한 자세한 정보는 AWS 문서[12]를 참조하기 바란다.

> **CAUTION_** S3 버킷 이름은 고유해야 한다. Amazon S3 버킷은 이름으로 참조할 수 있다. 따라서 선택한 이름은 AWS 전체 리전에서 고유해야 한다. 'test' 또는 'microservices'와 같은 일반적인 이름은 사용하지 못할 가능성이 높다. 대신 독특한 이름을 선택해야 한다. 일반적으로 버킷이름에 사용자의 이름을 추가하면 된다. 우리는 이 책 전체에서 S3 버킷을 언급할 때마다 {YOUR_S3_BUCKET_NAME} 토큰을 사용하여 설명한다. 이는 실제 버킷 이름으로 교체해야 한다.

us-east-1 리전에서 버킷을 호스팅하는 경우 다음 명령을 사용한다.

> **NOTE_** S3 버킷을 호스팅하는 리전이 us-east-1이 아닌 경우에는 특별한 처리가 필요하다. 다음 예제에서는 명령의 기본 리전이 us-east1 인 리전과 아닌 리전의 명령어를 둘 다 소개한다. 가독성을 위해 bash 여러 줄 연산자 '\'를 사용하여 명령 줄을 분할한다.

```
$ aws s3api create-bucket --bucket {YOUR_S3_BUCKET_NAME} \
> --region us-east-1
```

us-east-1이 아닌 **다른** 리전에서 s3 버킷을 호스팅하는 경우에는 다음 명령을 사용한다.

```
$ aws s3api create-bucket --bucket {YOUR_S3_BUCKET_NAME} \
> --region {YOUR_AWS_REGION} --create-bucket-configuration \
> LocationConstraint={YOUR_AWS_REGION}
```

정상적으로 잘 진행되었다면 버킷 위치가 포함된 JSON 객체가 표시된다. my-msur-test라는 이름의 버킷 생성 결과는 다음과 같다.

```
{
    "Location": "http://my-msur-test.s3.amazonaws.com/"
}
```

---

12 *https://oreil.ly/5Frfk*

버킷이 성공적으로 생성되어 고유한 URL이 할당되었다. 기본적으로 S3 버킷은 외부에 공개되지 않는다. 따라서 S3 버킷에 있는 테라폼 상태 파일은 권한이 없는 사용자가 조회하고 변경할수 없다. 우리는 앞서 운영자 계정에 S3 서비스에 대한 전체 권한을 부여했으므로 테라폼을 위한 S3 버킷을 사용 수 있다.

마지막 단계를 끝으로 AWS에서 리소스를 생성, 편집, 삭제할 수 있는 ops-account 사용자계정과 테라폼 상태를 관리하기 위한 S3 버킷이 준비되었다. 여기까지가 운영자가 AWS 인스턴스에 수동으로 작업을 수행하는 단계다. 이제부터는 코드와 자동화된 파이프라인을 통해서만 변경을 수행한다.

6.4 IaC 파이프라인 구축

계정, 권한, 도구를 사용할 준비가 되었으니 이제 인프라 파이프라인 구축을 중점적으로 다룬다. 이번 절에서는 사용 가능한 IaC 파이프라인을 구축한다. 인프라 파이프라인은 환경을 신속하게 프로비저닝할 수 있는 안전하고 쉬운 방법을 제공하므로 매우 중요하다. 파이프라인이 없다면 많은 단계가 수동으로 진행되어 마이크로서비스 환경이 서로 다른 방향으로 흘러가게 될것이다.

우리는 IaC를 활용하여 서비스 인프라에 대한 선언적 정의를 내릴 수 있다. 개발 팀과 운영 팀은 이러한 정의를 사용하여 테스트를 수행하고 변경하여 프로덕션 환경에 릴리스하기 위한 자체 환경을 만들 수 있다. 이번 장에서는 실제 AWS 인프라를 구현하지는 않지만 다음 장에서 사용할 기반을 구현한다. 이번 절에서는 다음 구성 요소를 구축한다.

- 샌드박스 테스트 환경을 위한 깃허브 호스팅 깃 저장소
- 샌드박스를 정의하는 테라폼 루트 모듈
- 샌드박스 환경을 생성할 수 있는 깃허브 액션 CI/CD 파이프라인

우리가 구축하는 샌드박스 테스트 환경은 IaC 모듈과 파이프라인을 시험해볼 수 있는 기회를 제공하는 테스트 환경일 뿐이다. 다음 장에서는 샌드박스 환경을 구축하여 테스트를 마친후 제거한다. 샌드박스에서 테스트한 결과는 우리의 마이크로서비스 환경 구축에 활용될 예정이다.

IaC 파이프라인 구축을 위한 첫 번째 단계는 코드 및 파이프라인을 위한 저장소를 설정하는 것이다. 먼저 저장소를 생성한다.

6.4.1 샌드박스 저장소 생성

우리는 앞서 깃과 깃허브를 사용하여 인프라 코드를 관리하기로 결정했다. 현재까지 잘 따라왔다면 로컬 환경에 깃이 설치되었고 깃허브 계정이 준비되어 있을 것이다. 우리는 깃과 깃허브을 사용하여 샌드박스 환경을 위한 새로운 저장소를 생성한다.

우리 모델에서는 각 환경에 코드와 파이프라인이 포함된 자체 저장소를 제공하기로 결정했다. 이러한 접근 방식은 팀이 만들고자 하는 환경을 관리하는 데 더 많은 독립성을 제공하는 동시에 파이프라인 구성과 코드를 함께 유지하여 더 쉽게 관리할 수 있다.

환경당 하나의 저장소 생성

각 환경의 코드와 파이프라인은 자체 코드 저장소에 독립적으로 관리한다.

깃허브의 브라우저 인터페이스를 사용하여 샌드박스 저장소를 생성한다. 깃허브 CLI 애플리케이션을 사용할 수도 있지만 웹 기반 인터페이스를 사용하여 새 저장소를 만드는 것이 더 빠르고 쉽다. 나중에는 깃허브의 브라우저 인터페이스를 사용하여 파이프라인을 실행하고 모니터링한다.

> **TIP** 일부 실무자는 모든 환경을 하나의 구성으로 관리하는 '모노레포monorepo' 방식을 선호한다. 이렇게 하면 환경 간에 라이브러리, 구성 요소, 액션을 더 쉽게 공유할 수 있고 일관성을 유지할 수 있다. 대부분의 실무자들은 깃허브에서 빌드하는 대신 젠킨스와 같은 특수 CI/CD 도구를 사용한다. 이것은 중요한 결정이므로 우리의 마이크로서비스 예제를 구축하며 얻은 경험을 기반으로 다음 마이크로서비스 아키텍처를 구축할 때 장단점을 고려하길 권한다.

저장소를 만들려면 브라우저를 열고 깃허브 신규 저장소 생성 페이지[13]로 이동한다. 깃허브 계정에 로그인하지 않은 경우 로그인 자격 증명을 입력하라는 메시지가 표시된다. 로그인을 완료하면 새 저장소를 만드는 양식이 표시된다. 새 저장소에 env-sandbox라는 이름을 지정하고

----

13 *https://github.com/new*

액세스 옵션에서 비공개를 선택한다. 또한 `.gitignore` 추가 확인란을 선택하고 [그림 6-8]과 같이 드롭 다운에서 테라폼을 선택한다.

그림 6-8 깃허브 샌드박스 저장소 생성

테라폼의 숨겨진 작업 파일을 커밋하지 않도록 깃허브에 테라폼용 `.gitignore`를 추가하는 것이 중요하다. 이 단계를 지나친 경우 나중에 깃허브 사이트에서 소스를 복사하여 언제든 `.gitignore` 파일을 추가할 수 있다.

깃허브 브라우저 기반 텍스트 편집기를 사용하여 코드를 작성할 수 있지만 실제로 작업을 수행하기에는 실용적이지 않다. 대신에 우리는 자체 도구를 사용할 수 있도록 저장소를 로컬 개발 환경에 복제한다. 로컬 개발 환경에서 **env-sandbox** 저장소를 복제하는 작업은 여러분에게 맡긴다.

TIP 깃과 깃허브에 익숙하지 않다면 공식 깃허브 문서[14]에서 저장소 복제에 대한 설명을 참조하라.

깃허브를 사용한 작업은 여기까지다. 나중에 파이프라인 작업을 할 때 브라우저 기반 깃허브 인터페이스를 다시 사용한다. 로컬 복제가 완료되면 테라폼 코드 작업을 시작할 수 있다.

---

14 *https://oreil.ly/tZXaG*

6.4.2 테라폼의 이해

우리는 인프라를 선언적으로 코딩하기 위한 도구로 테라폼을 사용한다. 테라폼은 선언된 상태와 일치하는 변경을 수행하기 위해 많은 복잡한 작업을 수행한다. 테라폼은 배우기 쉬운 직관적인 언어를 사용한다. 이러한 장점은 마이크로서비스 아키텍처와 시스템을 빠르게 구축하려는 우리의 목표에 적합하다.

테라폼 파일은 해시코프에서 만든 HCL이라는 데이터 형식으로 구성된다. HCL은 JSON과 유사하지만 몇 가지 수정 및 개선 사항이 있다. JSON에 익숙하다면 가장 큰 차이점은 HCL이 키와 값 사이에 ':' 구분 기호를 사용하지 않는다는 것이다. 대신에 키와 값은 문맥에 따라 공백이나 '='로 구분된다. 주석이나 여러 문자열과 같은 사소한 개선 사항도 있다. 경험상 JSON이나 YAML을 사용한 적이 있다면 HCL은 비교적 매우 쉬운 언어다.

HCL을 이해하는 것 외에도 테라폼의 주요 개념인 백엔드backend, 공급자provider, 리소스resource, 모듈module을 이해하는 것이 중요하다.

백엔드

테라폼은 인프라 환경에 어떤 종류의 변경 사항을 적용해야 하는지 알 수 있도록 상태 파일을 유지해야 한다. 백엔드는 해당 상태 파일의 위치다. 기본적으로 상태 파일은 로컬 파일 시스템에 저장한다. 여기서는 앞서 구성한 Amazon S3 버킷을 사용한다.

리소스

리소스는 상태를 선언한 것을 나타내는 객체다. 테라폼은 리소스를 선언한 상태로 만들기 위해 변경 작업을 수행한다.

공급자

테라폼 공급자는 코드에서 사용할 수 있는 패키지화된 리소스 라이브러리다. 우리는 대부분의 작업에 테라폼의 AWS 공급자를 사용한다. 테라폼의 장점은 다양한 클라우드 플랫폼과 인프라 환경에서 사용할 수 있다는 것이다. 우리는 공급자를 테라폼에 지정하기면 하면 된다.

모듈

테라폼 모듈은 일반 프로그래밍 언어의 함수나 프로시저와 비슷하다. 모듈은 재사용 가능한 방식으로 HCL 코드를 캡슐화할 수 있는 방법을 제공한다.

환경 구축 작업에 필요한 테라폼의 네 가지 주요 개념 설명을 마쳤다. 테라폼에 대해 더 자세히
알고 싶다면 테라폼 문서[15]를 참조하기 바란다.

다음 단계는 샌드박스 환경을 구축하는 테라폼 코드를 작성한다.

6.4.3 샌드박스 환경 테라폼 코드 작성

이번 장의 목표는 환경 구축을 위한 인프라와 도구를 설정하는 것이다. 실제 인프라와 관련된
테라폼 파일은 다음 장에서 작성한다. 이번 절에서는 테라폼을 테스트하기 위한 간단한 시작
파일을 만든다.

테라폼 CLI 도구는 작업 디렉터리에서 인식되는 파일을 찾는 방식으로 작동한다. 특히 `main.tf` 파일을 찾고 해당 파일을 구문 분석하여 내용에 따라 변경 사항을 적용한다. 디렉터리에는
`main.tf` 파일이 하나만 있어야 하기 때문에 샌드박스 환경 전용 디렉터리를 생성하고 `main.tf` 파일을 만들어야 한다.

우리는 앞서 만든 env-sandbox라는 깃 저장소를 샌드박스용 테라폼 코드에 사용한다. 로컬 샌
드박스 깃 저장소에 `main.tf`라는 새 파일을 만들고 [예제 6-3]의 HCL 코드를 입력한다.

> NOTE_ {YOUR_S3_BUCKET_NAME} 및 {YOUR_AWS_REGION} 토큰을 이전에 만든 S3 버킷 이름과 사용
> 중인 AWS 리전으로 교체해야 한다.

예제 6-3 env-sandox/main.tf

```
terraform {
  backend "s3" {
    bucket = "{YOUR_S3_BUCKET_NAME}"
    key    = "terraform/backend"
    region = "{YOUR_AWS_REGION}"
  }
```

------

15 *https://oreil.ly/07b_c*

```
  }

  locals {
    env_name         = "sandbox"
    aws_region       = "{YOUR_AWS_REGION}"
    k8s_cluster_name = "ms-cluster"
  }

  # 네트워크 구성

  # EKS 구성

  # 깃옵스 구성
```

TIP S3 버킷 이름은 전체 URL이 아닌 my-bucket과 같은 버킷 이름을 지정해야 한다.

방금 작성한 HCL 코드는 테라폼의 백엔드 상태를 저장하기 위해 S3 버킷을 사용한다. 또한 **locals**라는 테라폼의 구조를 사용하여 지역 변수의 집합을 정의한다. 마지막으로 인프라의 세부 정보를 추가할 위치를 나타내는 몇 가지 주석이 있다. 다음 장에서는 지역 변수를 활용하여 나머지 구성을 채운다. 지금은 테라폼 파일이 잘 작동하는지 먼저 테스트한다.

첫 번째 테라폼 코드 파일이 작성되었으므로 테라폼 명령어를 실행하여 예상대로 작동하는지 확인할 수 있다. 테라폼 CLI 도구는 인프라 코드의 품질과 안정성을 개선하는 데 유용한 많은 기능을 제공한다. 이를 사용하여 HCL의 형식을 지정하고 구문을 검증하고 테라폼 공급자에 대해 변경 사항을 테스트할 수 있다.

앞서 설명한 과정을 잘 따랐다면 작업 환경에서 사용할 수 있는 테라폼 로컬 사본이 있어야 한다. 다음과 같이 `main.tf` 파일이 위치한 디렉터리에서 `fmt` 명령어를 실행하여 테라폼 코드 형식을 지정한다.

```
env-sandbox msur$ terraform fmt main.tf
```

`fmt` 명령은 HCL 파일을 검사하고 일관성과 가독성을 높이기 위해 변경하는 포맷터formatter다. 명령어를 실행하여 변경된 파일이 있으면 파일의 이름을 출력한다.

다음으로 작성한 HCL 구문이 유효한지 검증한다. 그 전에 사용 중인 공급자를 먼저 설치해야 한다. 공급자를 설치하지 않으면 테라폼이 구문 검사를 수행할 수 없다. 다음 명령을 실행하여 공급자를 설치한다.

```
env-sandbox msur$ terraform init

Successfully configured the backend "s3"! Terraform will automatically
use this backend unless the backend configuration changes.

Terraform has been successfully initialized!

You may now begin working with Terraform. Try running "terraform plan" to see
any changes that are required for your infrastructure. All Terraform commands
should now work.

If you ever set or change modules or backend configuration for Terraform,
rerun this command to reinitialize your working directory. If you forget, other
commands will detect it and remind you to do so if necessary.
```

TIP AWS 자격 증명과 관련된 오류가 발생한다면 이 장의 시작 부분에서 설명한 AWS 접속 환경을 먼저 구성해야 한다.

이제 검증 명령을 실행하여 구문 오류가 있는지 확인한다.

```
env-sandbox msur$ terraform validate
Success! The configuration is valid.
```

마지막으로 plan 명령어를 실행하여 테라폼이 지정한 환경을 만들기 위해 어떤 변경을 수행하는지 확인할 수 있다. 이는 코드가 적용될 때 실행하는 동일한 단계를 수행하지만 실제로 변경하지는 않는다. 테라폼이 요청한 대로 인프라를 구축하기 위한 계획을 보여주는 모의테스트[dry run]라고 생각하면 된다. plan 명령어는 다음과 같이 실행한다.

```
$ terraform plan

Refreshing Terraform state in-memory prior to plan...
The refreshed state will be used to calculate this plan, but will not be
persisted to local or remote state storage.
```

```
No changes. Infrastructure is up-to-date.
```

이는 테라폼 구성과 실제 리소스 간 차이가 없음을 의미한다. 따라서 별도의 작업이 필요 없다.

plan의 결과가 'No changes.' 임을 유의하자. 이는 실제로 생성할 리소스를 정의하지 않았기 때문이다. 이제 우리는 샌드박스 환경을 구축하기 위한 구문상 유효한 테라폼 파일이 있다. 파일을 사용할 수 있도록 커밋하고 깃허브 저장소에 추가한다.

```
$ git add .
$ git commit -m "The sandbox starter file"
$ git push origin
```

테라폼 파일을 사용할 준비가 되었으니 파이프라인을 구축하여 테라폼을 자동으로 적용한다.

6.4.4 파이프라인 구축

이번 절에서는 방금 생성한 테라폼 파일을 자동으로 적용하는 CI/CD 파이프라인을 설정한다. 파이프라인 설정은 깃허브에서 제공하는 데브옵스 도구인 깃허브 액션을 사용한다. 깃허브 액션의 장점은 인프라 코드와 동일한 위치에 파이프라인을 구성할 수 있다는 것이다.

깃허브 액션을 사용하는 가장 간단한 방법은 브라우저 인터페이스를 통해 구성하는 것이다. 깃허브 웹 사이트에서 이전에 만든 샌드박스 저장소로 이동한다.

우리는 앞서 생성한 AWS 계정에 리소스를 생성할 예정이다. 따라서 운영자 계정을 만들 때 프로비저닝한 AWS 액세스 키와 시크릿을 깃허브에서 사용할 수 있는지 확인해야 한다. 마이크로서비스 아키텍처에서 시크릿을 관리하는 방법은 다양하지만 예제에서는 깃허브에서 기본 제공하는 시크릿 저장소 기능을 사용한다.

시크릿 설정하기

저장소 상단에서 [Settings]를 선택하여 깃허브 시크릿 저장소 메뉴로 이동한다. [그림 6-9]와 같이 화면 왼쪽에 있는 메뉴에서 [Secrets]를 선택한다.

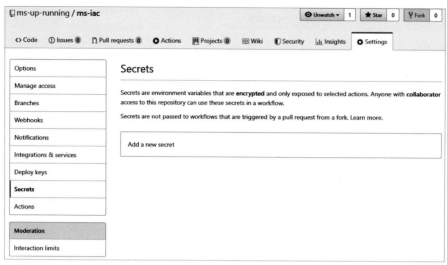

그림 6-9 깃허브 시크릿

[New repository secret]을 선택하고 `AWS_ACCESS_KEY_ID` 시크릿을 생성한다. 앞서 운영자 사용자를 만들 때 생성한 액세스 키 ID를 입력한다. 같은 방법으로 `AWS_SECRET_ACCESS_KEY` 시크릿을 생성하고 앞서 생성한 시크릿 액세스 키를 입력한다. 작업을 완료하면 [그림 6-10] 과 같은 화면이 표시된다.

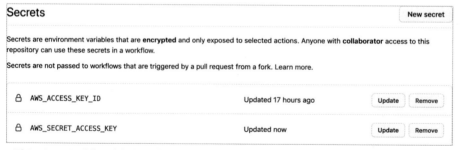

그림 6-10 AWS 액세스 키와 시크릿 추가

시크릿 추가 작업을 완료했으면 이제 파이프라인의 워크플로 구성 작업을 시작할 수 있다.

워크플로 생성

워크플로는 파이프라인이 트리거 될 때마다 실행하는 일련의 단계다. 마이크로서비스 인프라 파이프라인은 테라폼 파일을 검증하고 샌드박스 환경에 적용하는 워크플로가 필요하다. 하지만 이외에도 테라폼 파일을 적용하기 전과 후에 몇 가지 단계를 추가해야 한다.

먼저 깃허브에서 워크플로를 시작할 시기를 알 수 있도록 트리거를 지정한다. 깃허브 액션은 트리거에 대한 몇 가지 다른 옵션을 제공하지만 우리는 깃 태그^{tag}를 인프라 빌드의 트리거로 사용한다. **태그**는 깃 저장소 히스토리에 특정 이름을 지정하거나 레이블을 지정할 수 있다. 태그를 트리거로 사용하면 환경에 대한 변경 사항을 버전으로 관리할 수 있다. 또한 빌드를 트리거하지 않으면서 저장소에 커밋하는 방법을 제공한다.

파이프라인 워크플로가 트리거되면 저장소에 커밋한 테라폼 파일을 실행한다. 하지만 빌드 환경을 준비하려면 몇 가지 설정 단계가 필요하다. 먼저 로컬 환경에서 했던 것처럼 테라폼과 AWS를 설치해야 한다. 워크플로의 실제 빌드는 가상 머신^{virtual machine}(VM)에서 이루어지기 때문에 코드 저장소에서 코드 사본도 가져와야 한다.

마지막으로 변경 사항이 샌드박스 환경에 적용되면 정리 또는 프로비저닝 후 작업이 필요할 수 있다. 우리의 예제에서는 로컬에서 AWS 기반 마이크로서비스 환경에 접속하기 위한 특별한 구성 파일을 만들고 다운로드한다. 파이프라인 워크플로의 전체 모습은 [그림 6–11]과 같다.

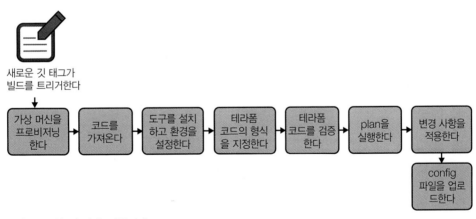

그림 6-11 인프라 파이프라인 단계

우리는 YAML 언어와 깃허브 액션 워크플로 명령을 사용하여 파이프라인의 단계를 정의한다. 자세한 내용은 깃허브 액션 문서[16]를 참조하길 바란다. 저장소의 깃허브 액션 페이지로 이동하

---

16 *https://oreil.ly/Kk7-J*

여 YAML 구성을 자세히 살펴보자. 샌드박스의 깃허브 저장소 상단의 [Actions]를 선택하면 [그림 6-12]와 같은 화면이 나온다.

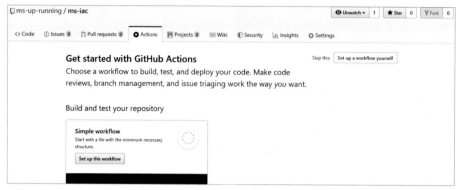

그림 6-12 깃허브 액션 워크플로 생성

깃허브 액션은 워크플로를 빠르게 시작할 수 있는 템플릿을 제공한다. 하지만 여기서는 템플 릿을 무시하고 처음부터 워크플로를 직접 작성한다. 화면에서 'set up a workflow yourself' 링크를 클릭한다.

이제 워크플로를 위해 새로 생성된 YAML 파일을 편집할 수 있다. 깃허브는 `/.github/ workflows`라는 숨겨진 디렉터리에 액션 파일을 보관한다. 액션 파일은 깃허브 저장소를 복제 하여 파일을 편집하거나 새로운 YAML 파일을 생성하여 워크플로를 정의할 수 있다. 깃허브 웹사이트에서 액션을 편집할 때의 장점은 마켓플레이스에서 플러그인을 검색할 수 있다는 것 이다. 따라서 우리는 브라우저 기반 편집기를 사용하여 초기 워크플로 파일을 작성한다.

가장 먼저 해야 할 일은 워크플로에 대한 트리거를 구성하고 인프라 구축을 수행할 컨테이너 환경을 설정하는 것이다.

> **NOTE_** 워크플로 각 단계에 대한 자세한 설명을 위해 우리는 워크플로의 개별 부분을 다룬다. 각 부분을 나 눠서 설명하지만 실제 워크플로는 모두 단일 파일에 포함되어 있다. 완성된 워크플로 파일 예제는 이 책의 깃 허브[17] 사이트를 참조하기 바란다.

---

17 *https://oreil.ly/Microservices_UpandRunning_env_sandbox*

트리거 및 설정 구성

워크플로에서 중요한 단계 중 하나는 워크플로를 시작하는 트리거 단계다. 앞서 언급했듯이 우리는 깃 태그를 기반으로 하는 간단한 트리거를 사용한다. v로 시작하는 레이블이 태그로 지정되면 실행되는 파이프라인을 구성한다. 이러한 방식은 구축한 인프라의 버전을 관리할 수 있다. 예를 들어 첫 번째 인프라 빌드에는 'v1.0' 태그를 지정한다.

워크플로 편집기의 YAML을 다음과 같이 [예제 6-4]의 코드로 변경한다.

예제 6-4 워크플로 트리거와 작업 설정

```yaml
name: Sandbox Environment Build

on:
  create:
    tags:
      - v*
jobs:
  build:
    runs-on: ubuntu-latest
    env:
        AWS_ACCESS_KEY_ID: ${{ secrets.AWS_ACCESS_KEY_ID }}
        AWS_SECRET_ACCESS_KEY: ${{ secrets.AWS_SECRET_ACCESS_KEY }}

    steps:
    - uses: actions/checkout@v2

    # 종속성 설치
```

> **TIP** [예제 6-4]의 # 종속성 설치는 주석이다. YAML의 주석을 사용하여 현재 단계를 설명하고 이후 단계를 추가할 위치를 나타낸다.

[예제 6-4]에서 on은 워크플로의 트리거를 지정하는 깃허브 액션 명령이다. v* 패턴과 일치하는 새 태그가 생성될 때마다 실행하도록 워크플로를 구성한다. 또한 깃허브가 트리거 될 때 수행해야 하는 jobs 모음을 추가한다. 작업은 서버나 컨테이너에서 실행된다. run-on 속성은 우분투 리눅스Ubuntu Linux 가상 머신에서 빌드 작업을 실행함을 의미한다. 또한 이전 빌드 환경에서 구성한 AWS 계정 정보도 추가한다.

steps은 워크플로가 설정한 환경에서 수행할 특정 워크플로 단계를 나타낸다. 하지만 다른 작업을 수행하기 전에 먼저 코드를 가져와야 한다. 따라서 우리가 정의한 첫 번째 단계는 깃허브의 `actions/checkout@v2` 액션을 사용하여 깃에서 테라폼 코드를 가져오는 것이다. 그러면 나머지 단계를 실행할 수 있도록 우분투 빌드 환경 내부에 코드 사본이 생성된다.

> **TIP** 액션Actions은 깃허브 액션 워크플로에서 호출할 수 있는 모듈화된 코드 라이브러리다. 액션은 깃허브 액션 시스템의 핵심이며 다양한 기능과 통합을 제공한다. 깃허브 액션 마켓플레이스에는 워크플로 파일에서 사용할 수 있는 대규모 액션 목록이 있다. 하지만 마켓플레이스에는 누구나 새로운 액션을 만들고 게시할 수 있으므로 지원, 보안, 품질이 보장되지 않는다.

워크플로를 실행할 수 있는 준비가 되었지만 코드 사본을 가져오는 것만으로는 유용한 작업을 수행할 수 없다. 우리의 목표는 테라폼을 실행하는 것이다. 하지만 그전에 도구를 실행할 수 있도록 환경을 설정해야 한다. 이를 위해 종속성 설치 명령어를 추가한다.

종속성 설치

앞서 로컬에서 인프라 개발 환경을 설정할 때 깃, AWS, 테라폼 명령줄 도구를 설치했다. 빌드 환경도 유사한 작업을 수행해야 한다. 하지만 우리는 실행에 필요한 특정 작업을 알고 있기 때문에 조금 더 간결한 종속성 집합을 설치할 수 있다.

좋은 소식은 깃허브 액션을 사용할 때 깃을 자유롭게 사용할 수 있어 별도로 설치하지 않아도 된다는 것이다. 또한 해시코프는 즉시 사용 가능한 테라폼 깃허브 액션을 제공하기 때문에 테라폼 클라이언트 설치에 대해 걱정할 필요가 없다. AWS 구성만 작업하면 된다.

이 장의 앞부분에서는 AWS CLI를 사용하여 AWS 계정을 변경했다. 하지만 파이프라인 환경에서는 테라폼을 사용하여 변경한다. 우리는 테라폼 코드에 지정한 것 외에 별도로 AWS CLI를 사용하여 환경을 변경하지 않기 때문에 AWS CLI는 설치하지 않는다.

현재까지는 AWS 리소스를 생성하는 파이프라인을 만들기 위해 종속성을 설치할 필요가 없는 것처럼 보일 수 있다. 하지만 쿠버네티스 기반 마이크로서비스 아키텍처를 다루기 위해서는 인프라에 몇 가지 종속성이 필요하다.

> **NOTE_** 이 책에서는 파이프라인에 필요한 종속성을 파악하여 미리 제공한다. 실제로는 파이프라인을 테스트하고 편집하면서 인프라 및 마이크로서비스 파이프라인을 배우고 개발하는 과정을 반복할 가능성이 크다.

구체적으로는 AWS 인증자authenticator도구 설치가 필요하다. AWS 인증자는 다른 도구에서 AWS 환경을 인증하고 접속하는 데 사용할 수 있는 명령줄 도구다. 이는 나중에 쿠버네티스를 작업하고 AWS에서 호스팅하는 쿠버네티스 클러스터에 대한 접근을 구성해야 할 때 사용한다.

[예제 6-5]의 코드를 **# 종속성 설치** 주석 뒤에 추가하여 빌드 환경에 종속성을 설정한다. YAML은 간격에 매우 민감하기 때문에 들여쓰기에 주의하고 이전의 -uses 단계에 맞춰 정렬해야 한다.

예제 6-5 종속성 설치

```
[...]

    # 종속성 설치

    - name: Install aws-iam-authenticator
      run: |
        echo Installing aws-iam-authenticator...
        mkdir ~/aws
        curl -o ~/aws/aws-iam-authenticator \
        "https://amazon-eks.s3.us-west-2.amazonaws.com/\
        1.16.8/2020-04-16/bin/linux/amd64/aws-iam-authenticator"
        chmod +x ~/aws/aws-iam-authenticator
        sudo cp ~/aws/aws-iam-authenticator /usr/local/bin/aws-iam-authenticator

    # 테라폼 적용
```

방금 추가한 YAML의 run 명령어는 우분투 빌드 환경에서 셸 명령어를 실행한다. 우리는 AWS 문서를 기반으로 한 AWS IAM 인증자를 설치하는 명령어를 실행한다.

> **NOTE_** 깃허브 액션 워크플로에 정의한 가상 머신은 파이프라인 시작 시 생성되고 완료 시 삭제된다. 따라서 파이프라인의 작업이 트리거될 때마다 도구는 새로 설치되고 작업의 상태는 유지되지 않는다.

YAML 코드의 마지막 부분은 테라폼 설정 작업이다. 이는 앞서 설명한 AWS 인증자 설치 명령어 보다 훨씬 더 읽기 쉽고 이해하기 쉽다. 필요한 작업이 깃허브 액션에서 액션으로 제공된다면 액션을 활용하기를 권한다.

종속성을 설정하고 테라폼을 사용할 준비가 되었다면 이제 테라폼 처리 단계를 워크플로에 추가한다.

테라폼 파일 적용

앞서 6.4.3절에서는 테라폼 명령어를 사용하여 `main.tf`에서 작성한 HCL 코드의 형식을 지정하고 유효성을 검사했다. 우리는 파이프라인에서도 이러한 작업을 자동으로 실행하기를 원한다. 이번 절에서는 테라폼 코드가 자동으로 형식을 지정하고 유효성을 검사하고 계획하는 단계를 추가한다. 또한 자동으로 계획을 적용하여 변경 사항을 구현하는 단계를 추가한다.

[예제 6-6]의 YAML 코드를 **# 테라폼 적용** 주석 뒤에 추가한다.

예제 6-6 테라폼 워크플로

```
# 테라폼 적용

- uses: hashicorp/setup-terraform@v1
  with:
    terraform_version: 0.12.19

- name: Terraform fmt
  run: terraform fmt

- name: Terraform Init
  run: terraform init

- name: Terraform Validate
  run: terraform validate -no-color

- name: Terraform Plan
  run: terraform plan -no-color

- name: Terraform Apply
  run: terraform apply -no-color -auto-approve

# 정보 게시
```

[예제 6-6]의 YAML은 우분투 셸에서 테라폼 CLI를 호출하기 위해 run 액션을 사용한다. 이는 AWS 인프라를 실제로 변경하기 위한 마지막 적용 단계로 로컬 환경에서 수행한 작업

과 거의 동일하다. 워크플로에서는 운용자 승인 단계를 건너뛰도록 apply 명령어에 -auto-approve 플래그를 추가한다.

파이프라인 구축 작업이 거의 완료되었다. 마지막 단계는 실행 후 보관이 필요한 파일을 게시하는 것이다.

파일 게시 및 변경 사항 커밋

깃허브 액션 워크플로가 완료되면 빌드에 사용한 가상 머신이 삭제된다. 하지만 때로는 가상 머신의 상태, 파일, 결과의 일부를 나중에 사용할 수 있도록 보관이 필요한 경우가 있다. 이를 위해 깃허브는 upload-artifact 액션을 제공하여 나중에 다운로드할 수 있는 파일을 생성하는 기능을 지원한다.

다음 장에서는 AWS에 쿠버네티스 클러스터를 설치한다. 쿠버네티스를 사용할 때에는 원격으로 클러스터에 연결하는 것이 유용하다. 이를 위해서는 연결 및 인증 세부 정보를 포함한 구성이 필요하다. 우리는 쿠버네티스 클러스터 생성 후 쿠버네티스 구성 파일 다운로드할 수 있게 만드는 단계를 추가한다.

마지막 단계로 [예제 6-7]의 코드를 워크플로 파일 끝에 추가한다.

예제 6-7 kubeconfig 파일 업로드

```
# 정보 게시
- name: Upload kubeconfig file
  uses: actions/upload-artifact@v2
  with:
    name: kubeconfig
    path: kubeconfig
```

[예제 6-7]의 작업은 빌드 환경의 로컬 디렉터리에서 kubeconfig 파일을 깃허브 액션 저장소로 업로드한다. 파일이 존재한다고 가정하기 때문에 다음 장에서 샌드박스 인프라 구축에 대한 세부 사항을 다룰 때 kubeconfig 파일을 생성한다.

마지막 단계를 끝으로 샌드박스 환경을 위한 완전한 인프라 파이프라인 구성했다. 깃허브는 코드를 관리하는 것과 동일한 방식으로 워크플로 파일을 관리한다. 따라서 변경 사항을 저장하려면 커밋해야 한다. [Start commit] 버튼을 클릭하고 커밋 설명을 입력한 다음 [Commit new file] 버튼을 클릭하여 변경 사항을 커밋을 완료한다(그림 6-13 참조).

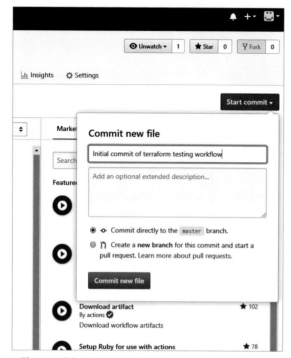

그림 6-13 깃허브 액션 변경 사항 커밋

TIP 파이프라인 개선하기

이번 장에서는 프로덕션 환경의 CI/CD IaC 파이프라인에 필요한 모든 내용을 다루지 않았다. 특히 파이프라인에서 통합 테스트 단계를 생략했다. 하지만 테라폼 코드에 대한 통합 테스트 단계를 조사하고 구현하기를 권한다. 그런트웍스[18]에서 고 기반으로 개발한 테라테스트terratest[19]는 통합 테스트를 위한 유용한 도구 중 하나다.

이제 남은 것은 워크플로가 올바르게 실행되는지 확인하는 것이다.

---

18 *Gruntworks.io*

19 *https://oreil.ly/UKvMQ*

6.4.5 파이프라인 테스트

파이프라인을 테스트하려면 정의한 작업에 대한 트리거를 실행해야 한다. 우리의 경우 v로 시작하는 레이블을 사용하여 깃 태그를 생성한다. 또는 깃허브의 **릴리스** 기능을 사용하여 브라우저기반 UI에서 태깅 작업을 수행할 수 있다. 하지만 대부분의 작업은 깃허브 외부의 로컬 환경에서 수행하므로 깃 명령어로 태그를 생성한다.

먼저 로컬 환경의 저장소 복제본을 변경 사항이 적용된 최신 상태로 만들기 위해 env-sandbox 디렉터리에서 `git pull` 명령을 실행한다. 새 `.github/workflows/main.yml` 파일을 로컬 저장소로 가져온 결과가 [예제 6-8]과 같이 나온다.

예제 6-8 로컬 저장소로 변경 사항 가져오기

```
env-sandbox msur$ git pull
remote: Enumerating objects: 6, done.
remote: Counting objects: 100% (6/6), done.
remote: Compressing objects: 100% (3/3), done.
remote: Total 5 (delta 0), reused 0 (delta 0), pack-reused 0
Unpacking objects: 100% (5/5), done.
From https://github.com/msur/env-sandbox
   a6b706f..9923863  master      -> origin/master
Updating a6b706f..9923863
Fast-forward
 .github/workflows/main.yml ¦ 54 ++++++++++++++++++++++++++++++++++++++++++++++
 1 file changed, 54 insertions(+)
 create mode 100644 .github/workflows/main.yml
```

로컬 환경이 깃허브 저장소와 동일한 최신 상태가 되었다면 이제 태그를 생성한다. 테스트 단계이기 때문에 릴리스 레이블은 'v0.1'로 지정한다. [예제 6-9]와 같이 `git tag` 명령을 사용하여 새로운 태그를 생성한다.

예제 6-9 v0.1 태그 생성

```
env-sandbox msur$ git tag -a v0.1 -m "workflow test"
```

태그를 생성했지만 이는 로컬 환경에 있는 저장소에만 존재한다. 워크플로를 트리거하려면 태그를 깃허브 저장소로 푸시해야 한다. [예제 6-10]과 같이 태그 이름과 함께 `git push` 명령을 실행한다.

예제 6-10 깃허브에 태그 푸시

```
env-sandbox testuser$ git push origin v0.1
Enumerating objects: 1, done.
Counting objects: 100% (1/1), done.
Writing objects: 100% (1/1), 165 bytes ¦ 165.00 KiB/s, done.
Total 1 (delta 0), reused 0 (delta 0)
To https://github.com/mitraman/env-sandbox.git
 * [new tag]            v0.1 -> v0.1
```

우리는 파이프라인이 실행되기를 원할 때마다 태그를 순서대로 지정하고 푸시한다. 태그를 푸시하면 깃허브 액션에서 생성한 워크플로가 트리거 된다. 이제 워크플로가 성공적으로 실행되었는지 확인해보자.

실행 상태를 확인하려면 브라우저 기반 깃허브 인터페이스에서 액션으로 이동한다. 워크플로 작업이 성공적으로 완료되었음을 나타내는 내용이 [그림 6-14]와 같이 나타나야 한다.

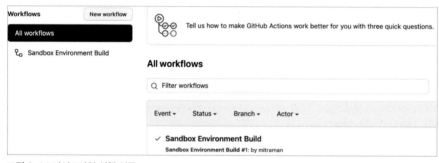

그림 6-14 파이프라인 실행 성공

워크플로를 선택하고 작업을 선택하면 실행된 작업의 세부 정보를 확인할 수 있다. 이는 작업이 예상대로 실행되지 않아 문제 해결이 필요한 경우에 유용하다. 세부 정보 화면에서는 파이프라인이 실행될 때 각 작업 단계의 결과를 확인할 수 있다(그림 6-15 참조).

깃허브 액션은 비교적 새로운 제품으로 깃허브는 UI를 자주 변경하기 때문에 화면에서 수행해야 하는 단계가 변경되었을 수 있다. 작업 단계로 이동하는 데 문제가 있는 경우 깃허브 문서[20]를 참조하기 바란다.

---

20 *https://oreil.ly/LPieV*

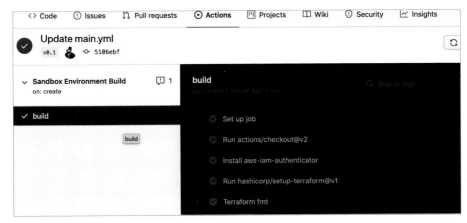

그림 6-15 작업의 세부 정보

파이프라인 테스트를 끝으로 선언적 인프라 구축에 필요한 모든 도구 설정 작업을 마친다.

6.5 마치며

이번 장에서는 몇 가지 중요한 데브옵스 원칙과 사례를 기반으로 간단하지만 강력한 IaC 파이프라인을 설정했다. IaC와 불변형 인프라를 구현하기 위한 도구로는 테라폼을 설치하고 사용했다. 또한 테라폼 코드를 관리하기 위해 깃허브 기반 코드 저장소를 설정했다. 마지막으로 인프라 변경의 안정성과 속도를 개선하기 위해 깃허브 액션 워크플로를 사용하여 자동화된 CI/CD 파이프라인을 구성했다.

이번 장에서는 실제로 인프라 리소스를 생성하지는 않았지만 인프라 변경에 필요한 몇 가지 단계를 살펴보았다. 테라폼 파일을 작성하여 로컬에서 테스트한 후 저장소에 커밋하고 태그를 지정하여 파이프라인 빌드를 실행한다. 이러한 일련의 단계를 통해 우리는 변경 불가능한 인프라를 개발한다. 다음 장에서는 파이프라인을 사용하여 인프라를 설계하고 구축하는 방법을 알아본다.

## CHAPTER 7

마이크로서비스 인프라 구축

앞서 6장에서는 인프라 변경을 위한 CI/CD 파이프라인을 구축했다. 마이크로서비스 시스템을 위한 인프라는 코드로 정의되며 우리는 파이프라인을 사용하여 인프라 코드를 자동으로 테스트하고 구현할 수 있다.

마이크로서비스 시스템을 최대한 활용하려면 올바른 인프라를 구축하는 것이 중요하다. 마이크로서비스는 애플리케이션을 작은 조각으로 나누는 좋은 방법을 제공한다. 하지만 이러한 작은 조각의 서비스가 조화롭게 작동하려면 인프라의 지원이 필요하다. 서비스 자체를 설계하고 엔지니어링하기 전에 서비스가 사용할 네트워크 아키텍처와 배포 아키텍처를 설정하는 데 시간을 투자해야 한다.

이번 장에서는 마이크로서비스를 호스팅하기 위해 설계된 클라우드 인프라를 구축한다. 먼저 인프라 구성 요소를 알아보자.

7.1 인프라 구성 요소

인프라는 마이크로서비스 기반 애플리케이션을 배포, 관리, 지원할 수 있는 구성 요소의 집합이다. 인프라는 하드웨어, 소프트웨어, 네트워크, 도구 등 많은 부분을 포함한다. 따라서 설정해야 하는 구성 요소의 범위가 넓기 때문에 모든 부분을 설정하고 실행하는 것은 매우 큰 작업이다.

다행히도 마이크로서비스 접근 방식이 성숙해짐에 따라 인프라 작업을 더 쉽게 해주는 도구와 서비스가 폭발적으로 증가했다. 우리는 이러한 도구를 가능한 많이 사용할 예정이다. 또한 다른 호스트로 '리프트 앤 시프트lifted and shifted'할 수 있는 클라우드 애플리케이션을 구축하는 대신, AWS 단일 클라우드 플랫폼에서 작동하는 인프라에 초점을 맞춘다.

AWS로 클라우드를 한정함에도 불구하고 모든 주제를 다루기에는 내용이 너무 많아 일부 내용(예를 들어 보안, 운영 제어, 이벤트 로깅, 지원)은 다루지 않는다. 대신에 네트워크 작업, AWS 관리형 쿠버네티스 서비스, 선언형 깃옵스 서버를 생성하기 위해 테라폼 코드를 설계하고 작성하는 데 중점을 둔다. 이 세 가지 구성 요소는 마이크로서비스 예제를 배포하는 데 필요한 기반을 제공한다.

> **NOTE_** 네트워크 설계와 쿠버네티스는 훨씬 더 많은 논의가 필요하고 복잡한 주제다. 좋은 소식은 마이크로서비스 환경을 설정하기 위해 네트워크나 쿠버네티스 전문가가 될 필요는 없다는 것이다. 설명에 따라 시스템의 해당 부분을 시작하고 실행하며 알아보길 권한다.

먼저 네트워크부터 시작하여 주요 구성 요소를 빠르게 살펴보자.

7.1.1 네트워크

마이크로서비스는 네트워크에서 실행되기 때문에 적절한 네트워크를 구성해야 한다. AWS 클라우드에서 서비스를 호스팅하기로 결정했으므로 AWS 네트워크를 설계하여 가상 네트워크를 생성한다. 물리적 라우터, 케이블 또는 네트워크 장치의 세부 사항에 대해서는 걱정하지 않아도 된다. 대신 AWS 네트워크 리소스 언어를 사용하는 방법을 배우고 그에 따라 구성한다.

네트워크 설계는 시스템을 설정하고 실행할 수 있는 만큼만 구축하여 최대한 단순하게 유지한다. 하지만 마이크로서비스 실행을 지원하기 위해서는 몇 가지 기본 네트워크 리소스의 구축과 구성이 필요하다.

Amazon VPC

AWS에서 **VPC**virtual private cloud는 가상 네트워크의 상위 객체다. 우리는 네트워크 설계의 일부로 VPC를 만들고 구성할 예정이다.

서브넷

VPC는 여러 개의 작은 네트워크인 서브넷subnet으로 나눌 수 있다. 서브넷은 네트워크 트래픽을 구성하고 리소스에 대한 액세스를 제어한다. 우리는 네트워크 구성의 일부로 총 4개의 서브넷을 만든다.

라우팅 및 보안

VPC 및 서브넷 객체를 생성하는 것 외에도 트래픽이 드나드는 방식을 지정하는 객체를 정의한다. 예를 들어 VPC 내부의 트래픽만 허용하는 두 개의 '사설' 서브넷을 정의한다.

우리의 네트워크는 4개의 '서브넷'을 관리하고 연결하는 것을 포함하는 약간의 복잡한 처리 과정을 필요로 한다. 이러한 복잡성의 주요 원인은 네트워크상에서 실행되는 쿠버네티스 서비스의 요구사항에서 비롯된다. 다음으로 쿠버네티스를 살펴보자.

7.1.2 쿠버네티스 서비스

이전에 우리는 조정 비용을 줄이는 것이 마이크로서비스 시스템의 중요한 목표임을 강조했다. 또한 이전 장에서 컨테이너와 컨테이너화에 대해 몇 번 언급했다. 컨테이너는 더 적은 조정 비용으로 더 많은 작업을 수행할 수 있도록 도와주는 좋은 방법이다. 컨테이너는 VM 배포에 따른 부담과 오버헤드 없이 예측 가능하고 격리된 시스템 구성에서 애플리케이션을 실행할 수 있는 이점을 제공한다. 이러한 컨테이너의 장점은 마이크로서비스의 목적에 잘 들어맞는다.

> **TIP** 컨테이너 및 컨테이너화를 더 자세히 알고 싶다면 도커 웹 사이트[1]에서 컨테이너에 대한 소개 문서를 참조하기 바란다.

컨테이너를 사용하면 독립적인 단위로 환경에 구애받지 않으면서 예측이 가능한 마이크로서비스를 실행할 수 있다. 하지만 컨테이너는 스스로 시작하고, 스스로 확장하고, 문제가 발생했을 때 스스로 치유하는 것이 불가능하다. 그렇기 때문에 프로덕션과 같은 환경에서 컨테이너를 관

---

[1] https://oreil.ly/tC7aZ

리하려면 많은 작업이 필요하다. 이것이 바로 쿠버네티스가 등장한 배경이다.

쿠버네티스는 구글에서 개발한 컨테이너 오케스트레이션container orchestration 도구로 대규모 컨테이너 작업의 문제를 해결한다. 쿠버네티스는 컨테이너 기반 애플리케이션을 배포, 확장, 관찰, 관리하기 위한 솔루션을 제공한다. 쿠버네티스를 사용하면 컨테이너 배포를 롤아웃 및 롤백할 수 있다. 또한 수요 패턴에 따라 컨테이너를 배포하거나 제거할 수 있으며, 스토리지 시스템 마운트, 시크릿 관리, 로드 밸런싱 및 트래픽 관리 등을 처리할 수 있다. 이처럼 쿠버네티스는 복잡하고 까다로운 작업을 많이 수행하여 마이크로서비스 인프라 스택의 필수 요소가 되었다.

하지만 쿠버네티스 역시 상당히 복잡하다. 이러한 이유로 이 책에서는 쿠버네티스의 작동 방식을 자세히 다루지 않는다. 대신에 AWS에서 제공하는 관리형 쿠버네티스를 사용하여 인프라를 구성한다.

TIP 쿠버네티스에 대해 더 자세히 알고 싶다면 브렌던 번스Brendan Burns, 조 베다Joe Beda, 켈시 하이타워Kelsey Hightower 가 쓴 『쿠버네티스 시작하기 2/e』(에이콘출판사, 2020)를 읽어보길 권한다.

쿠버네티스를 처음 사용한다면 쿠버네티스 시스템의 기본 구성 요소를 이해하고 넘어가는 것이 좋다.

쿠버네티스 클러스터

클러스터cluster는 쿠버네티스 시스템의 상위 객체다. 쿠버네티스를 설치할 때에는 클러스터를 먼저 설치한다. 클러스터는 컨트롤 플레인과 노드를 포함한다.

컨트롤 플레인

컨트롤 플레인control plane은 쿠버네티스 클러스터의 '두뇌' 역할을 한다. 컨테이너의 시작 및 중지, 레플리카 관리에 대한 결정을 내려 시스템을 관리한다. 또한 클러스터를 관리할 수 있는 API를 제공한다.

노드

클러스터는 하나 이상의 노드node로 구성된다. 런타임 작업은 노드에서 수행된다. 각 노드는 컨테이너 기반 워크로드를 실행하는 물리 또는 가상의 머신이다. 쿠버네티스에서 노드는 파드를 실행하고 각 파드는 하나 이상의 컨테이너를 포함한다.

우리는 AWS의 관리형 쿠버네티스 서비스인 EKS를 사용한다. EKS는 사용자를 대신하여 쿠버네티스의 복잡한 많은 부분들을 처리한다. 예를 들어 클러스터를 프로비저닝하고 관리형 서비스로 컨트롤 플레인을 제공한다. 우리가 해야 할 일은 노드의 수와 유형을 구성하고 적절한 네트워크를 프로비저닝하는 것이다.

관리형 쿠버네티스 서비스 사용

쿠버네티스 클러스터를 위한 관리형 서비스로 Amazon EKS를 사용한다.

인프라의 마지막 주요 구성 요소는 깃옵스 배포 서버다. 깃옵스 배포 서버에 대해 자세히 알아보자.

7.1.3 깃옵스 배포 서버

앞서 2장에서는 프로덕션 환경에 마이크로서비스를 배포하는 릴리스 팀을 소개했다. 마이크로서비스 팀이 CI/CD 파이프라인을 사용하여 서비스를 통합, 테스트, 빌드, 제공할 것으로 기대하지만 경험상 실제 운영 모델에서는 릴리스 팀이 서비스를 배포한다. 프로덕션 환경에 서비스를 배포하는 작업은 상당히 복잡하고 특별한 주의가 필요하기 때문이다. 우리는 릴리스 팀의 배포 작업을 돕기 위한 도구로 깃옵스 배포 서버를 도입한다.

> **NOTE_ 지속적 전달과 지속적 배포**
>
> 지속적 전달(CI)/지속적 배포(CD)에서 혼란스러운 점 중 하나는 'CD'부분이 제공되는 환경에 따라 지속적 전달 또는 지속적 배포를 의미할 수 있다는 것이다. 지속적 전달은 완성된 마이크로서비스의 컨테이너를 자동화된 프로세스로 제공하는 것을 의미한다. 지속적 배포는 이러한 자동화 프로세스가 프로덕션 환경까지 적용되는 경우를 의미한다.

깃옵스의 이름은 위브웍스WeaveWorks에서 만들었다. 깃옵스는 깃을 '단일 소스 저장소single source of truth(SSOT)'로 사용하는 작업 방식을 의미한다. 깃에 있는 모든 것은 대상 시스템의 상태여야 한다. 테라폼과 같이 깃옵스는 선언적 접근 방식을 적용한다. 깃옵스 도구는 깃 저장소에 정의된 상태가 되도록 시스템 구성을 동기화하는 작업을 수행한다. 또한 실제 시스템의 상태가 깃에 정의된 상태에서 벗어난 경우 운영 팀에 알림을 전달한다.

Argo CD는 쿠버네티스 애플리케이션 배포 작업을 용이하게 만드는 깃옵스 도구다. 우리는 선언적 깃옵스 접근 방식을 선호하기 때문에 Argo CD를 사용하기로 결정했다. Argo CD를 사용하지 않는다면 쿠버네티스 호출 작업을 자동화하여 애플리케이션을 배포해야 한다. 깃옵스 접근 방식을 사용하면 Argo CD에서 깃 소스를 지정하는 것만으로도 시스템 환경을 최신 상태로 유지할 수 있다.

예를 들어 Argo CD를 설정하여 마이크로서비스 코드 저장소를 감시하면, 변경 사항이 커밋되고 테스트를 통과한 경우 Argo CD가 새로운 버전의 서비스를 대상 환경에 자동으로 배포한다. Argo CD의 이러한 선언적이고 지속 가능한 배포 기능은 릴리스 팀에서 매우 유용하게 활용된다.

> **깃옵스 배포 도구를 사용하여 마이크로서비스 배포**
>
> 릴리스 팀은 Argo CD를 사용하여 프로덕션 환경(또는 프로덕션과 유사한 환경)에 마이크로서비스 배포를 관리한다.

이번 장에서는 Amazon VPC 네트워크, AWS 관리형 쿠버네티스 클러스터, Argo CD 서버가 구성된 샌드박스 환경을 구축한다. 이를 위해서는 많은 테라폼 코드 작업이 필요하다. 잠시 숨을 돌리고 다음 절에서 자세히 알아보자.

7.2 인프라 구현

우리는 앞서 6장에서 테라폼을 사용하여 인프라를 정의하고 깃허브 액션을 사용하여 인프라의 변경 사항을 테스트하고 적용하기로 결정했다. 이번 절에서는 우리의 인프라 설계를 개별 테라폼 모듈로 나누고 이전 장에서 구축한 샌드박스 환경에서 호출한다. 먼저 인프라 개발 작업에 필요한 도구를 설정하는 것으로 시작한다.

7.2.1 kubectl 설치

6장의 설명을 잘 따랐다면 다음과 같은 인프라 구축 환경이 준비되어 있을 것이다.

- AWS 운영자 계정
- 로컬 개발 환경에 설치된 깃, 테라폼, AWS CLI 도구
- 인프라를 위한 깃허브 액션 파이프라인

이번 장에서는 쿠버네티스 서비스를 구성하기 위해 쿠버네티스 시스템을 테스트할 수 있는 방법이 필요하다. kubectl은 이를 위한 명령줄 애플리케이션으로 쿠버네티스 서버와 상호작용할 수 있는 기능을 제공한다.

먼저 kubectl 설치를 위해 쿠버네티스 문서[2]의 설명을 참조하여 로컬 시스템의 운영체제에 맞게 설치한다.

kubectl 설치를 마쳤다면 인프라를 정의하는 테라폼 모듈을 작성하자.

7.2.2 모듈 저장소 설정

소프트웨어를 개발할 때 깔끔하고 전문적인 코드를 작성하는 것이 중요하다. 코드를 이해하거나 유지하거나 변경하기가 너무 어려울 경우 프로젝트를 운영하고 유지하는 데 많은 비용이 들기 때문이다. 이것은 인프라 코드에도 마찬가지로 적용된다.

우리는 앞서 IaC 접근 방식을 도입하기로 결정했으므로 좋은 코드 사례를 인프라 프로젝트에 적용해야 한다. 좋은 소식은 이해하기 쉽고 확장하기 쉬운 코드를 작성하는 방법에 대해 기존에 많은 지침이 이미 있다는 것이다. 나쁜 소식은 전통적인 소프트웨어 개발의 모든 원칙과 사례가 IaC 도메인에서 쉽게 구현되는 것은 아니라는 것이다. 부분적으로 IaC용 도구와 언어가 여전히 진화하고 있기 때문이며, 실제 물리적 장치를 변경하는 것이 전통적인 소프트웨어 개발의 모델과는 약간 다르기 때문이다.

하지만 테라폼을 사용하면 깔끔하고 유지 보수가 쉬운 코드를 작성하는 데 도움이 되는 세 가지 코딩 관행을 적용할 수 있다.

---

2 *https://oreil.ly/sji9x*

모듈 사용

한 가지 역할을 수행하는 작은 함수를 작성한다.

캡슐화

내부 데이터 구조 및 구현 세부 사항을 숨긴다.

반복 피하기

반복하지 않는다Don't repeat yourself(DRY), 동일한 코드는 한 번만 구현한다.

테라폼은 인프라 코드 모듈화를 지원하여 이러한 세 가지 관행을 따르는 데 도움이 된다. 우리는 재사용 가능하고 캡슐화된 모듈 집합으로 인프라 코드를 관리한다. 네트워크, API 게이트웨이, 관리형 아마존 쿠버네티스 서비스(EKS)와 같은 시스템에서 구조적으로 중요한 부분을 각 모듈로 구축한다. 재사용 가능한 모듈이 준비되면 다른 테라폼 파일에서 모듈을 활용할 수 있다. 이를 통해 동일한 인프라 선언을 반복하지 않으면서 만들고 싶은 각 환경에 대한 별도의 테라폼 파일을 구성한다(그림 7-1 참조).

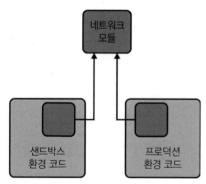

그림 7-1 네트워크 모듈 재사용

모듈을 재사용하는 방식을 사용하면 새로운 테라폼 파일을 생성하여 새로운 환경을 쉽게 시작할 수 있다. 또한 모든 환경에서 인프라 구성을 변경하고자 할 때 한 곳만 변경하면 된다. 우리는 기본 네트워크를 정의하는 간단한 모듈과 이를 사용하는 환경 파일을 만드는 것부터 시작한다.

이번 장에서 작성하는 인프라 코드는 테라폼의 모듈 구조를 사용한다. 각 모듈은 자체 디렉터리를 가지며 `variables.tf`, `main.tf` 및 `outputs.tf` 파일을 포함한다. 이러한 접근 방식의 장점은 모듈을 한 번 정의하고 이를 매개변수화하는 방식으로 사용하여 여러 환경을 구축할 수 있다는 것이다. 모듈에 대해 자세히 알고 싶다면 테라폼 문서[3]를 읽어보길 권한다.

우리는 마이크로서비스 인프라를 위한 두 개의 모듈을 만든다. 먼저 소프트웨어 정의 네트워크의 선언적 구성이 포함된 AWS 네트워킹 모듈을 생성한다. 다음으로 AWS 기반 관리형 쿠버네티스 구성을 정의하는 쿠버네티스 모듈을 만든다. 샌드박스 환경은 이 두 모듈을 모두 사용하여 구성할 예정이다.

> **CAUTION_** 프로덕션 환경에서는 우리의 구성 파일을 사용하면 안 된다. 이 책에서는 대규모 조직이 마이크로서비스에 사용하는 프로덕션 환경과 유사한 인프라를 설계하기 위해 최선을 다했다. 하지만 공간의 제약으로 특정 환경, 보안 요구사항, 제약 조건에 맞는 포괄적인 구성은 제외했다. 이 장은 필요한 도구에 대한 빠른 시작 및 가이드로 사용할 수 있지만 프로덕션 등급의 인프라, 구성, 아키텍처를 자체적으로 설계하는 것은 시간을 들여 좀 더 주의 깊게 고민하기를 권한다.

6장에서는 샌드박스 환경의 코드와 해당 CI/CD 파이프라인을 위한 깃허브 코드 저장소를 생성했다. 이번 장에서는 각 모듈에 대한 새 저장소를 만들어 샌드박스 환경의 코드 저장소와 함께 사용한다. 테라폼은 깃허브 저장소로 관리하는 모듈의 가져오기 기능을 기본적으로 지원하므로 샌드박스 환경에서 모듈을 쉽게 가져올 수 있다.

먼저 작성할 모든 모듈에 대한 저장소를 만들자. [표 7-1]에 설명된 이름으로 공용 깃허브 호스팅 저장소 3개를 새로 만든다.

표 7-1 인프라 모듈의 저장소 이름

저장소 이름	공개 여부	설명
module-aws-network	공개	네트워크를 생성하는 테라폼 모듈
module-aws-kubernetes	공개	EKS를 구축하는 테라폼 모듈
module-argo-cd	공개	Argo CD를 클러스터에 설치하는 테라폼 모듈

---

3 *https://oreil.ly/87ahC*

TIP 깃허브 저장소를 만드는 방법을 잘 모른다면 깃허브 웹사이트의 설명[4]을 참조하라.

환경을 정의한 테라폼 코드에서 모듈을 쉽게 가져올 수 있도록 공개형 저장소로 설정하기를 권한다. 원한다면 비공개 저장소로 설정할 수 있다. 하지만 비공개 저장소의 경우 테라폼이 파일에 올바르게 접근할 수 있도록 가져오기 명령어에 인증 정보를 추가해야 한다. 또한 저장소에 .gitignore 파일을 추가하여 대량의 테라폼 작업 파일이 깃허브 서버에 업로드되지 않도록 주의해야 한다. 깃허브 웹사이트에서 테라폼 .gitignore를 선택하거나 깃허브 사이트[5]에서 제공하는 .gitignore 파일을 코드 저장소의 루트 디렉터리에 저장하면 된다.

세 개의 깃허브 모듈 저장소가 잘 생성되었다면, 이제 네트워크 모듈부터 시작하여 실제 인프라 정의를 작성하는 작업을 진행한다.

7.2.3 네트워크 모듈

가상 네트워크는 인프라의 기본으로 이번 절에서는 쿠버네티스 및 마이크로서비스 아키텍처와 워크로드를 지원하는 AWS 네트워크 모듈을 작성한다. 애플리케이션 함수의 입력, 로직, 리턴 값을 작성하는 것처럼 테라폼 모듈의 입력, 메인, 출력 코드를 작성한다. 모듈을 사용하면 몇 가지 값을 입력하는 것만으로도 네트워크 환경을 쉽게 프로비저닝할 수 있다.

우리는 앞서 생성한 module-aws-network 깃허브 저장소에 네트워크 인프라 코드를 작성한다. 저장소의 루트 디렉터리에서 네트워크 모듈의 테라폼 파일을 만들고 편집한다. 네트워크 모듈 저장소를 로컬 환경에 복제하고 선호하는 텍스트 편집기를 준비한다.

TIP 네트워크 모듈의 전체 내용은 이 책의 깃허브 저장소[6]에서 확인할 수 있다.

네트워크 모듈의 출력 변수

출력 변수에는 네트워크 모듈이 생성할 리소스를 정의한다. module-aws-network의 루트 디렉터리에 outputs.tf라는 테라폼 파일을 생성하고 [예제 7-1]의 내용을 입력한다.

---

4 *https://oreil.ly/wNY0P*

5 *https://oreil.ly/7AUJl*

6 *https://oreil.ly/Microservices_UpandRunning_mod_aws_netw*

```
output "vpc_id" {
  value = aws_vpc.main.id
}

output "subnet_ids" {
  value = [
    aws_subnet.public-subnet-a.id,
    aws_subnet.public-subnet-b.id,
    aws_subnet.private-subnet-a.id,
    aws_subnet.private-subnet-b.id]
}

output "public_subnet_ids" {
  value = [aws_subnet.public-subnet-a.id, aws_subnet.public-subnet-b.id]
}

output "private_subnet_ids" {
  value = [aws_subnet.private-subnet-a.id, aws_subnet.private-subnet-b.id]
}
```

테라폼 모듈의 outputs.tf 파일을 기반으로 네트워크 모듈이 시스템에 대한 소프트웨어 정의 네트워크인 VPC를 생성하는 것을 알 수 있다. 모듈은 VPC에서 4개의 논리적인 서브넷을 생성한다. 서브넷은 네트워크(또는 서브 네트워크)의 경계를 의미한다. 이 중 두 개의 서브넷은 공개로 인터넷을 통해 접근할 수 있다. 우리는 4개의 서브넷을 모두 사용하여 쿠버네티스 클러스터에 마이크로서비스를 배포할 예정이다.

네트워크 모듈의 기본 구성

모듈의 출력 변수를 정의한 후에는 리소스를 생성하는 선언적인 코드를 작성한다. module-aws-network 저장소의 루트 디렉터리에 main.tf 파일을 만들고 편집한다.

TIP main.tf 파일의 전체 소스 코드

네트워크 구현을 이해하는 데 도움이 되도록 main.tf 소스 코드 파일을 더 작은 부분으로 나누어 설명한다. main.tf 파일의 전체 내용은 이 책의 깃허브 사이트[7]를 참조하기 바란다.

----

7 https://oreil.ly/Microservices_UpandRunning_maintf

먼저 Amazon VPC 리소스를 생성하여 모듈 구현을 시작한다. 테라폼은 몇 가지 매개 변수만 입력하면 되는 Amazon VPC 정의를 위한 특별한 리소스를 제공한다. 테라폼에서 리소스를 생성할 때에는 테라폼 문법에 맞는 매개 변수와 세부 구성 사항을 정의해야 한다. 변경 사항을 적용하면 테라폼은 AWS API를 호출하며 기존 리소스가 없는 경우 새로운 리소스를 생성한다.

> **NOTE_** AWS 공급자에 대한 설명은 테라폼 문서[8]를 참조하기 바란다. GCP 또는 애저에서 구현하는 경우에도 테라폼 문서를 참조하면 된다.

네트워크 모듈 저장소의 루트 디렉터리에 `main.tf` 파일을 만들고 [예제 7-2]의 테라폼 코드를 추가하여 Amazon VPC 리소스를 정의한다.

예제 7-2 modules-aws-network/main.tf

```
provider "aws" {
  region = var.aws_region
}

locals {
  vpc_name = "${var.env_name} ${var.vpc_name}"
  cluster_name = "${var.cluster_name}-${var.env_name}"
}


## Amazon VPC 정의
resource "aws_vpc" "main" {
  cidr_block = var.main_vpc_cidr
  tags = {
    "Name"                                 = local.vpc_name,
    "kubernetes.io/cluster/${local.cluster_name}" = "shared",
  }
}
```

네트워크 모듈은 AWS **공급자** 선언으로 시작한다. 이는 테라폼이 AWS API와 통신하기 위해 필요한 라이브러리를 다운로드하고 설치해야 함을 선언한다. 테라폼에서 파일을 검증하거나 적용할 때에는 시스템에서 환경 변수로 구성한 자격 증명을 사용하여 AWS API에 연결을 시

---

8 *https://oreil.ly/pvWJS*

도한다. 또한 테라폼이 작업해야 하는 리전을 알 수 있도록 AWS 리전을 지정한다.

테라폼 locals 블록을 사용하여 두 개의 로컬 변수를 지정한다. 로컬 변수는 AWS 콘솔에서 환경별 리소스를 구별하는 데 도움이 되는 이름을 정의한다. 이는 동일한 AWS 계정에서 여러 환경을 생성하는 경우 고유한 이름을 보장하기 때문에 중요하다.

로컬 변수 선언을 마쳤다면 새로운 Amazon VPC를 생성하기 위한 코드를 정의한다. 여기서 는 CIDR 블록과 태그를 지정한다.

사이더Classless Inter-Domain Routing(CIDR)은 네트워크나 서브넷에서 허용하는 IP 주소를 정의하 는 축약형 문자열로 네트워크 IP주소 범위를 설명하는 표준 방법이다. 예를 들어 CIDR 값 10.0.0.0/16은 VPC 내에서 10.0.0.0에서 10.0.255.255 사이의 모든 IP주소를 바인딩할 수 있음을 의미한다. 샌드박스 환경을 구축할 때에는 매우 표준적인 CIDR 범위를 정의한다. CIDR이 필요한 이유와 작동 방식은 CIDR RFC 문서[9]에서 확인할 수 있다.

우리는 VPC에 몇 가지 태그를 추가한다. 리소스 태그를 추가하면 리소스 그룹을 쉽게 식별하 고 관리할 수 있다. 또한 태그는 자동화된 작업 및 특정 방식으로 관리해야 하는 리소스를 식별 할 때 유용하다. 우리는 VPC를 더 쉽게 식별할 수 있도록 'Name' 태그를 정의한다. 또한 쿠버네 티스 클러스터를 식별하는 쿠버네티스 태그도 정의한다(쿠버네티스 클러스터는 'EKS 노드 그 룹 정의'절에서 정의한다).

몇 가지 구성은 값 대신에 변수를 참조한다. 예를 들어 CIDR 블록은 var.main_vpc_cidr으 로 정의하고 이름 태그는 local.vpc_name를 지정한다. 이러한 테라폼 변수는 나중에 네트워 크 모듈을 샌드 박스 환경의 일부로 사용할 때 값을 정의한다. 변수는 값을 변경함으로써 생성 하는 환경을 변경할 수 있기 때문에 모듈을 재사용 가능하게 만든다.

기본 VPC가 정의되면 네트워크에 대한 서브넷 구성을 진행할 수 있다. 앞서 언급했듯이 우리 는 아마존의 관리형 쿠버네티스 서비스(EKS)를 사용하여 워크로드를 실행한다. EKS가 제대 로 작동하려면 서로 다른 '가용 영역availability zone'에 서브넷이 정의되어야 한다. AWS에서 가용 영역은 별도의 분리된 데이터 센터를 의미한다. AWS 리소스는 가상일지라도 실제로는 어딘가 에 있는 물리 서버에서 실행된다. 배포 시 두 개의 가용 영역을 사용한다면 데이터 센터 중 하 나가 다운되더라도 나머지 가용 영역에서 서비스가 중단 없이 작동된다.

---

9 *https://oreil.ly/PtHmq*

아마존은 두 개의 가용 영역을 구성하는 것 이외에도 공개, 사설 서브넷이 모두 있는 VPC 구성을 권장한다. 따라서 네트워크는 인터넷 트래픽을 허용하는 공개 서브넷과 VPC 내부의 트래픽만 허용하는 사설 서브넷을 구성한다. 공개 서브넷에는 로드 밸런서를 배포하여 인바운드 트래픽을 관리하며 로드 밸런서를 통과한 트래픽은 사설 서브넷에 있는 EKS의 마이크로서비스 컨테이너로 라우팅 된다.

우리는 이러한 요구사항을 충족하기 위해 4개의 서브넷을 정의한다. 그중 두 개는 공개 서브넷으로 웹을 통해 접근할 수 있다. 나머지 두 개는 사설 서브넷이다. 또한 공개 서브넷과 사설 서브넷을 분리하여 별도의 가용 영역에 생성한다. 완성된 네트워크 서브넷은 [그림 7-2]와 같다.

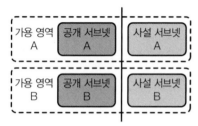

그림 7-2 AWS 서브넷 설계

VPC의 IP 범위에 대한 CIDR 블록은 앞서 정의했고 이제 서브넷이 사용할 IP주소를 분할해야 한다. 서브넷은 VPC 내부에 있으므로 서브넷 IP 대역은 VPC IP 범위 내에 있는 CIDR 블록이어야 한다. 하지만 모듈에서는 이러한 값을 정의하지는 않는다. VPC에서와 마찬가지로 변수를 사용한다.

CIDR 블록 외에도 가용 영역을 서브넷의 매개변수로 지정한다. 가용 영역의 이름을 하드 코딩하는 대신 영역을 동적으로 선택할 수 있는 data라는 특수한 타입을 사용한다. 이 경우 public-subnet-a와 private-subnet-a에 data.aws.availability_zones.available. names[0]를 넣고 public-subnet-b와 private-subnet-b에 data.aws.availability_ zones[1]를 넣는다. 이와 같이 동적 데이터를 사용하면 다른 리전에서 인프라를 더 쉽게 가동할 수 있다.

마지막으로 관리자와 운영자 콘솔을 통해서 네트워크 리소스를 쉽게 찾을 수 있도록 이름 태그를 추가한다. 또한 AWS 쿠버네티스 서비스가 사용 중인 서브넷과 해당 서브넷이 무엇인지 알 수 있도록 서브넷 리소스에 EKS 태그를 추가한다. EKS가 서브넷을 사용하여 ELB^elastic load balancer를 생성하고 배포할 수 있도록 공개 서브넷에 elb 태그를 지정한다. 사설 서브넷은 internal-elb 태그를 지정하여 워크로드가 배포되고 분산될 수 있음을 나타낸다. Amazon EKS가 로드 밸런서 태그를 사용하는 방법에 대한 자세한 내용은 AWS 문서[10]를 참조하기 바란다.

서브넷 구성을 선언하기 위해 [예제 7-3]의 테라폼 코드를 main.tf 파일 끝에 추가한다.

예제 7-3 modules-aws-network/main.tf (subnets)

```
# 서브넷 정의

data "aws_availability_zones" "available" {
  state = "available"
}

resource "aws_subnet" "public-subnet-a" {
  vpc_id            = aws_vpc.main.id
  cidr_block        = var.public_subnet_a_cidr
  availability_zone = data.aws_availability_zones.available.names[0]

  tags = {
    "Name"                                   = (
      "${local.vpc_name}-public-subnet-a"
    )
    "kubernetes.io/cluster/${local.cluster_name}" = "shared"
    "kubernetes.io/role/elb"                 = "1"
  }
}

resource "aws_subnet" "public-subnet-b" {
  vpc_id            = aws_vpc.main.id
  cidr_block        = var.public_subnet_b_cidr
  availability_zone = data.aws_availability_zones.available.names[1]

  tags = {
    "Name"                                   = (
      "${local.vpc_name}-public-subnet-b"
    )
    "kubernetes.io/cluster/${local.cluster_name}" = "shared"
    "kubernetes.io/role/elb"                 = "1"
```

----

10 *https://oreil.ly/WlqQh*

```
    }
  }

  resource "aws_subnet" "private-subnet-a" {
    vpc_id            = aws_vpc.main.id
    cidr_block        = var.private_subnet_a_cidr
    availability_zone = data.aws_availability_zones.available.names[0]

    tags = {
      "Name"                                        = (
        "${local.vpc_name}-private-subnet-a"
      )
      "kubernetes.io/cluster/${local.cluster_name}" = "shared"
      "kubernetes.io/role/internal-elb"             = "1"
    }
  }

  resource "aws_subnet" "private-subnet-b" {
    vpc_id            = aws_vpc.main.id
    cidr_block        = var.private_subnet_b_cidr
    availability_zone = data.aws_availability_zones.available.names[1]

    tags = {
      "Name"                                        = (
        "${local.vpc_name}-private-subnet-b"
      )
      "kubernetes.io/cluster/${local.cluster_name}" = "shared"
      "kubernetes.io/role/internal-elb"             = "1"
    }
  }
```

TIP 테라폼에서 data는 공급자에게 정보를 쿼리한다. 네트워크 모듈에서는 aws_availability_zones 데이터 요소를 사용하여 지정한 리전의 가용 영역 ID를 요청한다. 이는 모듈에 값을 동적으로 지정할 수 있는 좋은 방법이다.

4개의 서브넷과 IP 범위를 구성했지만 AWS가 트래픽을 관리하는 데 필요한 네트워크 규칙은 아직 정의하지 않았다. 네트워크 설계의 마지막 단계는 서브넷에 허용할 트래픽 소스를 정의하는 라우팅 테이블을 설정하는 것이다. 예를 들어 트래픽이 공개 서브넷을 통해 전달되는 방법과 각 서브넷이 서로 통신할 수 있는 방법을 설정해야 한다.

먼저 public-subnet-a와 public-subnet-b, 두 퍼블릭 서브넷에 대한 라우팅 규칙을 정의한다. 인터넷에서 서브넷에 접근할 수 있도록 하려면 **인터넷 게이트웨이**[internet gateway]라는 특수한 리소스를 VPC에 추가해야 한다. 이는 사설 클라우드를 공개 인터넷과 연결하는 AWS 네트워크 구성 요소다. 테라폼은 인터넷 게이트웨이에 대한 리소스 정의를 제공한다. 이를 사용하여 `vpc_id` 매개변수에 이전에 생성한 VPC를 연결한다.

인터넷 게이트웨이를 추가한 후에는 게이트웨이에서 서브넷으로 트래픽을 라우팅하는 방법을 AWS에 알리는 라우팅 규칙을 정의한다. 이를 위해 `aws_route_table` 리소스를 생성하고 인터넷의 모든 트래픽(CIDR 블록 `0.0.0.0/0`)을 게이트웨이를 통해 처리한다. 그런 다음 공개 서브넷과 라우팅 테이블을 간의 연결을 생성한다.

다음과 같이 [예제 7-4]의 테라폼 코드를 `main.tf`에 추가하여 네트워크에 대한 라우팅을 정의한다.

예제 7-4 modules-aws-network/main.tf (public routes)

```
# 공용 서브넷을 위한 인터넷 게이트웨이 및 라우팅 테이블
resource "aws_internet_gateway" "igw" {
  vpc_id = aws_vpc.main.id

  tags = {
    Name = "${local.vpc_name}-igw"
  }
}

resource "aws_route_table" "public-route" {
  vpc_id = aws_vpc.main.id

  route {
    cidr_block = "0.0.0.0/0"
    gateway_id = aws_internet_gateway.igw.id
  }

  tags = {
    "Name" = "${local.vpc_name}-public-route"
  }
}

resource "aws_route_table_association" "public-a-association" {
  subnet_id      = aws_subnet.public-subnet-a.id
  route_table_id = aws_route_table.public-route.id
}
```

```
resource "aws_route_table_association" "public-b-association" {
  subnet_id      = aws_subnet.public-subnet-b.id
  route_table_id = aws_route_table.public-route.id
}
```

공개 서브넷에 대한 라우팅 경로가 정의되었다면 두 개의 사설 서브넷에 대한 라우팅 설정을 진행한다. 사설 서브넷은 공개 서브넷 라우팅 구성보다 조금 더 복잡하다. 이는 쿠버네티스 파드가 EKS 서비스와 통신할 수 있도록 사설 서브넷에서 인터넷으로 나가는 경로를 정의해야 하기 때문이다.

이를 위해 사설 서브넷에서 공개 서브넷에 배포한 인터넷 게이트웨이와 통신할 수 있는 방법이 필요하다. AWS는 이러한 경로를 제공하는 NAT[network address translation] 게이트웨이 리소스를 제공한다. NAT를 생성할 때에는 특별한 종류의 IP주소인 **EIP**[elastic IP address]를 할당한다. EIP는 인터넷에서 접근할 수 있는 실제 네트워크 주소다. 네트워크의 다른 IP주소는 AWS 내부에 가상으로 존재한다. 실제 IP주소는 무제한이 아니므로 AWS는 사용 가능한 EIP 주소의 개수를 제한한다. 우리는 두 개의 EIP를 생성하여 NAT에 할당한다.

네트워크에서 NAT 게이트웨이를 구현하려면 다음과 같이 [예제 7-5]의 테라폼 코드를 추가한다.

예제 7-5 modules-aws-network/main.tf (NAT 게이트웨이)

```
resource "aws_eip" "nat-a" {
  vpc = true
  tags = {
    "Name" = "${local.vpc_name}-NAT-a"
  }
}

resource "aws_eip" "nat-b" {
  vpc = true
  tags = {
    "Name" = "${local.vpc_name}-NAT-b"
  }
}

resource "aws_nat_gateway" "nat-gw-a" {
  allocation_id = aws_eip.nat-a.id
```

```
    subnet_id     = aws_subnet.public-subnet-a.id
    depends_on    = [aws_internet_gateway.igw]

  tags = {
    "Name" = "${local.vpc_name}-NAT-gw-a"
  }
}

resource "aws_nat_gateway" "nat-gw-b" {
  allocation_id = aws_eip.nat-b.id
  subnet_id     = aws_subnet.public-subnet-b.id
  depends_on    = [aws_internet_gateway.igw]

  tags = {
    "Name" = "${local.vpc_name}-NAT-gw-b"
  }
}
```

NAT 게이트웨이를 추가했다면 사설 서브넷에 대한 라우팅을 정의한다. [예제 7-6]의 테라폼 코드를 main.tf에 추가하여 사설 서브넷의 네트워크 라우팅을 정의한다.

예제 7-6 modules-aws-network/main.tf (private routes)

```
resource "aws_route_table" "private-route-a" {
  vpc_id = aws_vpc.main.id
  route {
    cidr_block      = "0.0.0.0/0"
    nat_gateway_id = aws_nat_gateway.nat-gw-a.id
  }

  tags = {
    "Name" = "${local.vpc_name}-private-route-a"
  }
}

resource "aws_route_table" "private-route-b" {
  vpc_id = aws_vpc.main.id
  route {
    cidr_block      = "0.0.0.0/0"
    nat_gateway_id = aws_nat_gateway.nat-gw-b.id
  }

  tags = {
```

```
      "Name" = "${local.vpc_name}-private-route-b"
    }
  }

  resource "aws_route_table_association" "private-a-association" {
    subnet_id      = aws_subnet.private-subnet-a.id
    route_table_id = aws_route_table.private-route-a.id
  }

  resource "aws_route_table_association" "private-b-association" {
    subnet_id      = aws_subnet.private-subnet-b.id
    route_table_id = aws_route_table.private-route-b.id
  }
```

main.tf 파일의 네트워크 정의가 끝났다. 테라폼 파일을 실행하면 쿠버네티스와 마이크로서비스를 위한 AWS 소프트웨어 정의 네트워크가 생성된다. 하지만 모듈을 사용하기 전에 필요한 모든 입력 변수를 정의해야 한다. 코드에서는 var 값을 참조했지만 테라폼은 variables.tf라는 특정 파일에서 입력 변수를 식별하여 모듈에 변수를 전달한다.

네트워크 모듈 입력 변수

네트워크 모듈의 루트 폴더에 variables.tf 파일을 생성한다. 모듈에 대한 입력 변수를 정의하려면 [예제 7-7]의 테라폼 코드를 variables.tf 파일에 추가한다.

예제 7-7 modules-aws-network/variables.tf

```
  variable "env_name" {
    type = string
  }

  variable "aws_region" {
    type = string
  }

  variable "vpc_name" {
    type    = string
    default = "ms-up-running"
  }

  variable "main_vpc_cidr" {
```

```
    type = string
}

variable "public_subnet_a_cidr" {
  type = string
}

variable "public_subnet_b_cidr" {
  type = string
}

variable "private_subnet_a_cidr" {
  type = string
}

variable "private_subnet_b_cidr" {
  type = string
}

variable "cluster_name" {
  type = string
}
```

예제와 같이 입력 변수에는 이름, 설명, 유형이 정의되어 있기 때문에 이해하기 쉽다. 네트워크 모듈에서는 문자열 유형만 사용한다. 필요한 경우에는 이러한 입력 변수가 항상 모든 환경에서 정의될 필요가 없도록 기본값을 제공할 수 있다. 우리는 샌드박스 환경을 생성할 때 이러한 입력 변수를 위한 값을 모듈에 전달할 예정이다.

> **NOTE_** 책에서는 공간 절약을 위해 테라폼 모듈에서 입력 변수의 설명을 제거했지만 모든 입력 변수에 대한 설명을 작성하는 것이 좋다. 이는 모듈의 유지 보수성을 향상시키기 때문에 시간이 지남에 따라 점점 더 중요해진다.

이제 네트워크 모듈에 대한 테라폼 코드가 완성되었다. 이 시점에서 모듈 디렉터리에는 다음과 같은 파일 목록이 있어야 한다.

```
drwxr-xr-x   3 msur  staff   96 14 Jun 09:57 ..
drwxr-xr-x   7 msur  staff  224 14 Jun 09:58 .
```

```
-rw-r--r--   1 msur  staff   23 14 Jun 09:57 README.md
drwxr-xr-x  13 msur  staff  416 14 Jun 09:57 .git
-rw-r--r--   1 msur  staff    0 14 Jun 09:58 main.tf
-rw-r--r--   1 msur  staff  612 14 Jun 09:58 variables.tf
-rw-r--r--   1 msur  staff   72 14 Jun 09:58 outputs.tf
```

네트워크 모듈을 사용하여 샌드박스 환경의 네트워크를 생성하기 전에 구문 오류가 없는지 먼저 확인해야 한다. 테라폼 명령줄 애플리케이션은 코드의 형식을 지정하고 유효성을 검사하는 몇 가지 편리한 기능을 제공한다. 로컬 시스템에 테라폼 클라이언트를 아직 설치하지 않았다면 테라폼 사이트[11]에서 운영체제에 맞는 클라이언트를 찾아 설치한다.

네트워크 모듈의 디렉터리에서 다음 테라폼 명령어를 사용하여 모듈 코드의 형식을 지정한다.

```
module-aws-network$ terraform fmt
```

fmt 명령은 디렉터리 내 모든 테라폼 코드를 **린트**[lint] 또는 형식화하고 내장된 스타일 가이드를 준수하는지 확인한다. 또한 자동으로 변경을 수행하고 수정된 모든 파일을 나열한다.

다음은 테라폼이 AWS 공급자 라이브러리를 설치할 수 있도록 terraform init을 실행한다. 다음에 진행할 코드의 유효성을 검사하려면 이 작업이 필요하다. init 명령을 수행하려면 앞에서 정의한 AWS 자격 증명이 필요하다. 아직 수행하지 않았다면 이전 장의 설명을 따라 AWS 계정을 설정한다.

```
module-aws-network$ terraform init
```

init 작업에서 문제가 발생한다면 다음 단계로 넘어가기 전에 해결해야 한다. 테라폼 웹사이트는 문제 해결을 위한 유용한 디버깅 문서[12]를 제공하니 참조하기 바란다. 마지막으로 validate 명령을 실행하여 모듈의 구문이 올바른지 확인한다.

```
module-aws-network$ terraform validate
Success! The configuration is valid.
```

---

11 *https://oreil.ly/pFDq8*
12 *https://oreil.ly/oh_Wn*

TIP 테라폼 코드를 디버깅해야하는 경우 환경 변수 TF_LOG를 INFO 또는 DEBUG로 설정하여 테라폼이 표준 출력
으로 로깅 정보를 내보내도록 지시한다.

코드의 형식이 정리되고 유효하다면 변경 사항을 깃허브 저장소에 커밋한다. 다음 명령어를 사
용하여 메인 저장소로 변경 사항을 푸시한다.

```
module-aws-network$ git add .
module-aws-network$ git commit -m "network module created"
[master ddb7e41] network module created
 3 files changed, 226 insertions(+)
module-aws-network$ git push
```

이제 테라폼 기반 네트워크 모듈이 완성되었다. 네트워크 모듈에는 필수 또는 선택적인 입력
변수를 설명하는 variables.tf 파일, 네트워크 설계를 위한 리소스를 선언적으로 정의하는
main.tf 파일, 모듈에서 만든 중요한 리소스를 정의하는 outputs.tf 파일이 있다. 이제 네트
워크 모듈을 사용하여 샌드 박스 환경에 실제 네트워크를 생성한다.

샌드박스 네트워크 생성

테라폼 모듈의 장점은 반복 가능한 방식으로 간단하게 환경을 만들 수 있다는 것이다. 우리가
정의한 모듈로 생성한 모든 환경은 우리가 알고 이해할 수 있는 네트워크 인프라로 작동한다.
이러한 변동성의 감소로 테스트와 릴리스를 통해 마이크로서비스를 제공할 때 서비스가 예측
가능한 방식으로 작동할 것을 기대할 수 있다.

하지만 정의한 모듈을 적용하고 새로운 환경을 만들려면 입력 변수의 값을 정의한 모듈을 테라
폼 파일에서 호출해야 한다. 이를 위해 테라폼 모듈을 사용한 실제 샌드박스 환경을 만든다. 앞
서 6장의 설명을 따랐다면 main.tf 파일이 포함된 샌드박스 환경의 코드 저장소가 이미 준비
되어 있을 것이다.

우리가 생성한 네트워크 모듈을 사용하기 위해 module이라는 특수한 테라폼 리소스를 사용한
다. module에 생성한 테라폼 모듈을 참조하고 정의한 입력 변수에 값을 전달할 수 있다. 테라
폼은 source라는 속성을 사용하여 모듈이 코드를 찾을 수 있는 위치를 지정한다.

우리의 경우에는 테라폼이 깃허브 저장소에서 네트워크 모듈을 가져오도록 source 속성에
'github.com' 문자열로 시작하는 저장소 경로를 지정한다. 그러면 테라폼이 깃허브에서 소스

를 가져온다.

예를 들어 소스 값 'github.com/implementing-microservices/module-aws-network'는 우리의 네트워크 모듈을 참조한다. 네트워크 깃허브 저장소의 URL에서 경로를 복사하여 모듈의 저장소 경로로 지정한다(표 7-2 참조).

표 7-2 네트워크 모듈 경로를 나타내는 환경 변수

이름	설명	예제
YOUR_NETWORK_MODULE_REPO_PATH	네트워크 깃허브 저장소 경로	github.com/implementing-microservices/module-aws-network

네트워크 모듈의 경로를 설정했다면 6장에서 생성한 샌드박스 환경의 main.tf 파일을 연다. # 네트워크 구성 주석 뒤에 [예제 7-8]의 테라폼 코드를 추가한다. source 값은 네트워크 모듈의 깃허브 저장소 경로를 지정해야 한다.

예제 7-8 env-sandbox/main.tf (network)

```
# 네트워크 구성
module "aws-network" {
  source = "{YOUR_NETWORK_MODULE_REPO_PATH}"

  env_name             = local.env_name
  vpc_name             = "msur-VPC"
  cluster_name         = local.k8s_cluster_name
  aws_region           = local.aws_region
  main_vpc_cidr        = "10.10.0.0/16"
  public_subnet_a_cidr = "10.10.0.0/18"
  public_subnet_b_cidr = "10.10.64.0/18"
  private_subnet_a_cidr = "10.10.128.0/18"
  private_subnet_b_cidr = "10.10.192.0/18"
}

# EKS 구성

# 깃옵스 구성
```

인프라 파이프라인을 시작하기 전에 작성한 테라폼 코드가 작동하는지 확인해야 한다. 다음과 같이 로컬에서 코드를 형식화하고 유효성을 검증한다.

```
$ terraform fmt
[...]
$ terraform init
[...]
$ terraform validate
Success! The configuration is valid.
```

TIP 네트워킹 모듈을 디버깅하고 코드를 변경하는 경우 샌드박스 환경 디렉터리에서 다음 명령을 실행해야 한다. 그러면 테라폼이 깃허브에서 최신 버전의 네트워크 모듈을 가져온다.

```
$ terraform get -update
```

코드가 유효하다면 테라폼을 적용할 때 변경 사항을 검증하는 계획 단계를 실행할 수 있다. 테라폼 계획 단계를 위해 다음 명령을 실행한다.

```
$ terraform plan
```

테라폼은 생성, 삭제, 업데이트될 리소스 목록을 제공한다. 테라폼과 AWS에 익숙지 않다면 plan 명령의 결과를 자세히 이해하기는 어려울 수 있다. 하지만 대략적인 인프라 변경 사항에 대한 이해는 가능해야 한다. 샌드박스 환경의 첫 번째 업데이트이기 때문에 plan은 테라폼이 생성해야 할 많은 새로운 리소스를 나열한다. 준비가 되었다면 깃허브 저장소에 코드를 푸시하고 릴리스용 태그를 지정한다.

```
$ git add .
$ git commit -m "initial network release"
$ git push origin
$ git tag -a v1.0 -m "network build"
$ git push origin v1.0
```

NOTE_ 여기서는 두 가지 git push 명령을 실행한다. 첫 번째는 변경된 코드를 푸시하는 것이고 두 번째는 태그만 푸시한다.

코드에 태그를 지정하고 푸시하면 깃허브 액션 파이프라인은 샌드박스 환경을 위한 네트워크 구축을 시작한다. 깃허브에 로그인하고 샌드박스 저장소의 Actions 탭을 확인하여 모든 것이 계획대로 잘 진행되는지 확인한다. 깃허브 사용 방법을 잊어버렸다면 6장에서 사용법을 다시 확인한다.

AWS CLI를 호출하여 VPC가 성공적으로 생성되었는지 테스트할 수 있다. 다음 명령을 실행하여 우리가 정의한 것과 일치하는 CIDR 블록이 있는 VPC를 조회한다.

```
$ aws ec2 describe-vpcs --filters Name=cidr,Values=10.10.0.0/16
```

생성한 VPC를 나타내는 JSON 결과가 출력된다면 AWS 네트워크를 사용할 준비가 된 것이다. 이제 쿠버네티스 서비스를 위한 모듈 작성을 시작한다.

7.2.4 쿠버네티스 모듈

마이크로서비스 인프라에서 중요한 부분 중 하나는 컨테이너 기반 서비스를 오케스트레이션하는 쿠버네티스 계층이다. 쿠버네티스는 탄력성, 확장성, 내결함성을 위한 자동화된 솔루션을 제공하며 신뢰할 수 있는 방식으로 서비스를 배포할 수 있는 훌륭한 기반을 제공한다.

쿠버네티스 모듈을 구축하기 위해서는 네트워크 모듈을 구축할 때와 동일한 단계를 따른다. 모듈이 생성할 내용을 정의하는 출력 변수를 먼저 정의하는 것으로 시작한 다음 테라폼이 생성할 구성을 선언적으로 정의하는 코드를 작성한다. 마지막으로 입력 변수를 정의한다. 앞서 언급했듯이 각 인프라 모듈은 자체 깃허브 코드 저장소에서 관리한다. 쿠버네티스용 모듈용 깃허브 코드 저장소를 아직 만들지 않았다면 저장소를 만드는 작업부터 수행한다.

쿠버네티스 구현은 매우 복잡하다. 따라서 가능한 빠르게 시스템을 설정하고 실행하기 위해 일부 설정 및 관리의 복잡성을 대신 처리하는 관리형 서비스를 사용한다. 우리는 AWS를 사용하므로 아마존 클라우드에서 제공하는 EKS를 사용한다.

> **CAUTION_** 관리형 쿠버네티스 서비스의 구성은 클라우드 업체별로 매우 다르다. 여기에서 제공하는 예제는 GCP, 애저, 다른 호스팅 서비스에서 사용하려는 경우 재작업이 필요할 수 있다.

EKS 클러스터는 쿠버네티스 시스템 소프트웨어를 호스팅하는 컨트롤 플레인과 마이크로서비스가 실행될 VM을 호스팅하는 노드 그룹을 포함한다. EKS를 구성하려면 이 두 영역에 대한 매개 변수를 제공해야 한다. 쿠버네티스 모듈이 실행되면 EKS 클러스터 식별자를 반환하여 다른 모듈의 매개 변수로 클러스터를 사용할 수 있다.

앞서 생성한 module-aws-kubernetes 깃허브 저장소에 쿠버네티스 인프라 코드를 작성한다. 쿠버네티스 모듈 저장소를 로컬 환경에 복제하고 선호하는 텍스트 편집기를 준비한다.

TIP 쿠버네티스 모듈의 전체 내용은 이 책의 깃허브 저장소[13]에서 확인할 수 있다.

쿠버네티스 모듈의 출력 변수

모듈이 제공하는 출력 변수를 선언하는 것부터 시작한다. module-aws-kubernets 저장소의 루트 디렉터리에 outputs.tf 파일을 생성하고 [예제 7-9]의 코드를 추가한다.

예제 7-9 module-aws-kubernetes/outputs.tf

```
output "eks_cluster_id" {
  value = aws_eks_cluster.ms-up-running.id
}

output "eks_cluster_name" {
  value = aws_eks_cluster.ms-up-running.name
}

output "eks_cluster_certificate_data" {
  value = aws_eks_cluster.ms-up-running.certificate_authority.0.data
}

output "eks_cluster_endpoint" {
  value = aws_eks_cluster.ms-up-running.endpoint
}

output "eks_cluster_nodegroup_id" {
  value = aws_eks_node_group.ms-node-group.id
}
```

---

13 *https://oreil.ly/Microservices_UpandRunning_Kmod*

출력 변수의 주요 값은 모듈에서 만든 EKS 클러스터의 식별자다. 나머지 값은 클러스터가 준비되고 작동할 때 다른 모듈에서 클러스터를 접근하는 데 사용된다. 예를 들어 Argo CD 서버를 쿠버네티스 클러스터에 설치할 때 EKS 클러스터의 엔드포인트와 인증서 정보가 필요하다.

모듈의 출력 변수는 매우 간단하지만 EKS 기반 쿠버네티스 시스템 설치하는 작업은 조금 복잡하다. 이제 쿠버네티스 모듈의 `main.tf` 테라폼 파일을 정의한다.

EKS 클러스터 정의

쿠버네티스 모듈의 루트 디렉터리에 `main.tf` 파일을 만들고 [예제 7-10]과 같이 AWS 공급자 정의를 추가한다.

예제 7-10 module-aws-kubernetes/main.tf

```
provider "aws" {
  region = var.aws_region
}
```

모듈이 호출될 때 변수로 대체할 수 있는 값을 나타내기 위해 var를 사용한다.

우리는 Amazon EKS를 사용하여 쿠버네티스를 생성하고 관리한다. 하지만 EKS를 실행하려면 AWS 리소스를 생성하고 수정할 수 있는 권한이 필요하다. 따라서 AWS 계정에서 필요한 작업을 수행할 수 있도록 권한을 설정한다. 전체 클러스터 수준에서 EKS가 노드나 VM에서 마이크로서비스를 실행할 수 있는 정책과 보안 규칙을 정의한다.

전체 EKS 클러스터에 대한 규칙과 정책에 초점을 맞춰 시작한다. `main.tf` 파일에 [예제 7-11]의 테라폼 코드를 추가하여 클러스터 액세스 관리 정책을 정의한다.

예제 7-11 module-aws-kubernetes/main.tf(클러스터 액세스 관리)

```
locals {
  cluster_name = "${var.cluster_name}-${var.env_name}"
}

resource "aws_iam_role" "ms-cluster" {
  name = local.cluster_name
```

```
    assume_role_policy = <<POLICY
{
  "Version": "2012-10-17",
  "Statement": [
    {
      "Effect": "Allow",
      "Principal": {
        "Service": "eks.amazonaws.com"
      },
      "Action": "sts:AssumeRole"
    }
  ]
}
POLICY
}

resource "aws_iam_role_policy_attachment" "ms-cluster-AmazonEKSClusterPolicy" {
  policy_arn = "arn:aws:iam::aws:policy/AmazonEKSClusterPolicy"
  role       = aws_iam_role.ms-cluster.name
}
```

[예제 7-11] 코드는 Amazon EKS 서비스가 사용자를 대신할 수 있는 신뢰 정책을 설정한다.
EKS 서비스에 대한 새로운 자격 증명과 접근 정책을 정의하고 `AmazonEKSClusterPolicy` 정
책을 연결한다. 이는 AWS에서 정의한 기존 정책으로 쿠버네티스 관리를 위해 VM을 만들고
네트워크를 변경하는 데 필요한 권한을 EKS에 제공한다. 클러스터의 이름은 지역 변수에 정의
하여 모듈 전체에서 사용한다.

이제 클러스터 서비스의 역할과 정책이 정의되었으므로 [예제 7-12]를 추가하여 클러스터에
대한 네트워크 보안 정책을 정의한다.

예제 7-12 module-aws-kubernetes/main.tf (network security policy)

```
resource "aws_security_group" "ms-cluster" {
  name       = local.cluster_name
  vpc_id     = var.vpc_id

  egress {
    from_port   = 0
    to_port     = 0
    protocol    = "-1"
    cidr_blocks = ["0.0.0.0/0"]
```

```
  }
  tags = {
    Name = "ms-up-running"
  }
}
```

VPC 보안 그룹은 네트워크로 들어오고 나가는 트래픽의 종류를 제한한다. 방금 작성한 테라폼 코드는 아웃바운드 트래픽을 무제한 허용하지만, 인그레스 규칙은 정의하지 않았으므로 인바운드 트래픽은 허용하지 않는다. 우리는 입력 변수로 정의한 `var.vpc_id`에 보안 그룹을 적용한다. VPC의 ID는 네트워크 모듈의 출력 변수를 사용할 예정이다.

앞서 정의한 정책과 보안 그룹을 사용하여 클러스터에 대한 선언을 `main.tf` 테라폼 파일에 추가한다(예제 7-13 참조).

예제 7-13 module-aws-kubernetes/main.tf (cluster definition)

```
resource "aws_eks_cluster" "ms-up-running" {
  name    = local.cluster_name
  role_arn = aws_iam_role.ms-cluster.arn

  vpc_config {
    security_group_ids = [aws_security_group.ms-cluster.id]
    subnet_ids         = var.cluster_subnet_ids
  }

  depends_on = [
    aws_iam_role_policy_attachment.ms-cluster-AmazonEKSClusterPolicy
  ]
}
```

EKS 클러스터 정의는 매우 간단하다. 앞서 정의한 클러스터 이름, IAM 역할, IAM 정책, 보안 그룹을 참조한다. 또한 클러스터가 관리할 서브넷 집합을 참조한다. 서브넷은 네트워크 모듈에서 만든 서브넷으로 쿠버네티스 모듈에 변수로 전달할 예정이다.

AWS가 EKS 클러스터를 생성하면 쿠버네티스 클러스터를 실행하기 위해 필요한 모든 관리 구성 요소가 자동으로 설정된다. 이는 쿠버네티스 시스템의 두뇌 역할을 하는 **컨트롤 플레인**의 역할이다. 하지만 컨트롤 플레인과 함께 마이크로서비스가 실행될 장소가 필요하다. 쿠버네티스에서 컨테이너화된 워크로드를 실행할 수 있는 노드를 설정해야 한다.

EKS와 같은 관리형 쿠버네티스 서비스를 사용할 때의 장점 중 하나는 쿠버네티스 노드의 생성, 삭제, 업데이트 관리 작업의 부담을 줄일 수 있다는 것이다. 우리는 EKS 노드 그룹을 정의하여 AWS가 리소스를 프로비저닝하고 쿠버네티스 시스템과 상호작용할 수 있게 한다.

EKS 노드 그룹 정의

클러스터 정의와 같이 역할과 정책을 정의하여 노드 구성을 시작한다. [예제 7–14]의 노드 그룹 IAM 정의를 쿠버네티스 모듈의 `main.tf` 파일에 추가한다.

예제 7-14 module–aws–kubernetes/main.tf (node group IAM)

```
# 노드 역할
resource "aws_iam_role" "ms-node" {
  name = "${local.cluster_name}.node"

  assume_role_policy = <<POLICY
{
  "Version": "2012-10-17",
  "Statement": [
    {
      "Effect": "Allow",
      "Principal": {
        "Service": "ec2.amazonaws.com"
      },
      "Action": "sts:AssumeRole"
    }
  ]
}
POLICY
}

# 노드 정책
resource "aws_iam_role_policy_attachment" "ms-node-AmazonEKSWorkerNodePolicy" {
  policy_arn = "arn:aws:iam::aws:policy/AmazonEKSWorkerNodePolicy"
  role       = aws_iam_role.ms-node.name
}

resource "aws_iam_role_policy_attachment" "ms-node-AmazonEKS_CNI_Policy" {
  policy_arn = "arn:aws:iam::aws:policy/AmazonEKS_CNI_Policy"
```

```
    role         = aws_iam_role.ms-node.name
}

resource "aws_iam_role_policy_attachment" "ms-node-ContainerRegistryReadOnly" {
    policy_arn = "arn:aws:iam::aws:policy/AmazonEC2ContainerRegistryReadOnly"
    role         = aws_iam_role.ms-node.name
}
```

[예제 7-14]의 역할과 정책은 생성된 모든 노드가 아마존 컨테이너 레지스트리 및 VM 서비스와 통신할 수 있도록 허용한다. 쿠버네티스 시스템의 노드는 컴퓨팅 리소스를 프로비저닝하고 컨테이너에 접근하기 위해 이러한 정책이 필요하다. EKS 워커 노드를 위한 IAM 역할의 자세한 내용은 Amazon EKS 문서[14]를 참조하기 바란다.

이제 노드의 역할과 정책 리소스가 정의되었으니 이를 사용하는 노드 그룹을 선언한다. EKS에서 관리형 노드 그룹은 자동으로 생성할 수 있는 개별 노드 또는 VM 개수에 대한 정의가 필요하다. 또한 사용할 컴퓨팅 및 스토리지 리소스 유형을 지정해야 한다. 이는 EKS가 자동으로 노드를 프로비저닝하고 확장해야 하기 때문에 중요하다.

우리는 이러한 값을 하드 코딩하는 대신에 입력 변수를 사용하여 개수 제한, 디스크 크기, CPU 유형을 모듈에서 매개 변수로 받아온다. 이렇게 하면 동일한 쿠버네티스 모듈을 사용하여 다양한 종류의 환경을 만들 수 있다. 예를 들어 개발 환경은 최소한의 리소스를 사용하도록 설정하고 프로덕션 환경은 더 큰 리소스 환경으로 설정할 수 있다.

EKS 노드 그룹을 정의하려면 [예제 7-15]의 테라폼 코드를 모듈의 `main.tf` 파일에 추가한다.

예제 7-15 module-aws-kubernetes/main.tf (node group)

```
resource "aws_eks_node_group" "ms-node-group" {
    cluster_name    = aws_eks_cluster.ms-up-running.name
    node_group_name = "microservices"
    node_role_arn   = aws_iam_role.ms-node.arn
    subnet_ids      = var.nodegroup_subnet_ids

    scaling_config {
        desired_size = var.nodegroup_desired_size
        max_size     = var.nodegroup_max_size
        min_size     = var.nodegroup_min_size
```

---

14 *https://oreil.ly/fm75j*

```
  }

  disk_size       = var.nodegroup_disk_size
  instance_types  = var.nodegroup_instance_types

  depends_on = [
    aws_iam_role_policy_attachment.ms-node-AmazonEKSWorkerNodePolicy,
    aws_iam_role_policy_attachment.ms-node-AmazonEKS_CNI_Policy,
    aws_iam_role_policy_attachment.ms-node-AmazonEC2ContainerRegistryReadOnly,
  ]
}
```

노드 그룹 선언은 EKS 구성의 마지막 부분이다. 우리는 샌드박스 환경에서 쿠버네티스 모듈을
호출하여 Amazon EKS 서비스에 쿠버네티스 클러스터를 인스턴스화할 수 있다. 모듈의 출력
변수는 실행된 노드 그룹에 연결하는 데 필요한 값을 반환한다. 하지만 대부분의 운영자가 쿠버
네티스 관리에 사용하는 kubectl의 구성을 위해 세부 연결 정보를 제공하는 작업이 필요하다.

마지막 단계로 클러스터에 연결하는 데 사용할 수 있는 kubeconfig 파일을 생성한다. [예제
7-16]의 코드를 모듈의 main.tf 파일에 추가한다.

예제 7-16 module—aws—kubernetes/main.tf (generate kubeconfig)

```
# 생성된 클러스터를 기반으로 큐브 구성 파일 생성
resource "local_file" "kubeconfig" {
  content  = <<KUBECONFIG_END
apiVersion: v1
clusters:
- cluster:
    certificate-authority-data: ${aws_eks_cluster.ms-up-running.certificate_
authority.0.data}    server: ${aws_eks_cluster.ms-up-running.endpoint}
  name: ${aws_eks_cluster.ms-up-running.arn}
contexts:
- context:
    cluster: ${aws_eks_cluster.ms-up-running.arn}
    user: ${aws_eks_cluster.ms-up-running.arn}
  name: ${aws_eks_cluster.ms-up-running.arn}
current-context: ${aws_eks_cluster.ms-up-running.arn}
kind: Config
preferences: {}
users:
- name: ${aws_eks_cluster.ms-up-running.arn}
```

```
    user:
      exec:
        apiVersion: client.authentication.k8s.io/v1alpha1
        command: aws-iam-authenticator
        args:
          - "token"
          - "-i"
          - "${aws_eks_cluster.ms-up-running.name}"
      KUBECONFIG_END
    filename = "kubeconfig"
  }
```

이 코드는 복잡해 보이지만 실제로는 매우 간단하다. 우리는 kubeconfig라는 이름의 파일을 만들기 위해 `local_file` 이라는 테라폼 특수 리소스를 사용한다. 그런 다음 쿠버네티스 클러스터를 위한 연결 정보를 YAML 형식으로 kubeconfig에 작성한다. YAML 형식의 값은 모듈에서 생성한 EKS 리소스에서 가져온다.

테라폼이 `local_file` 코드 블록을 실행하면 로컬 디렉터리에 kubeconfig 파일을 생성한다. 우리는 앞서 6장에서 파이프라인을 구축할 때 kubeconfig 파일을 위한 단계를 구성했다. 인프라 파이프라인을 실행할 때 생성된 kubeconfig 파일을 다운로드하여 쿠버네티스 클러스터에 연결하는 데 사용할 수 있다. 또한 kubeconfig 구성 파일을 사용하면 로컬 머신에서 쿠버네티스 클러스터에 쉽게 접속할 수 있다.

쿠버네티스 모듈을 거의 다 작성했다. 남은 것은 모듈의 입력 변수를 정의하는 것뿐이다.

쿠버네티스 모듈의 입력 변수

쿠버네티스 모듈에 대한 입력 변수 선언을 위해 module-aws-kubernetes 리포지토리에 variables.tf 파일을 생성하고 [예제 7-17]의 코드를 추가한다.

예제 7-17 module-aws-kubernetes/variables.tf

```
variable "aws_region" {
  type        = string
  default     = "eu-west-2"
}

variable "env_name" {
```

```
  type = string
}

variable "cluster_name" {
  type = string
}

variable "ms_namespace" {
  type    = string
  default = "microservices"
}

variable "vpc_id" {
  type = string
}

variable "cluster_subnet_ids" {
  type = list(string)
}

variable "nodegroup_subnet_ids" {
  type = list(string)
}

variable "nodegroup_desired_size" {
  type    = number
  default = 1
}

variable "nodegroup_min_size" {
  type    = number
  default = 1
}

variable "nodegroup_max_size" {
  type    = number
  default = 5
}

variable "nodegroup_disk_size" {
  type = string
}

variable "nodegroup_instance_types" {
```

```
    type = list(string)
  }
```

이제 쿠버네티스 모듈 작성이 끝났다. 네트워크 모듈에서 했던 것처럼 다음 테라폼 명령을 실행하여 형식을 정리하고 코드 구문의 유효성을 검사한다.

```
module-aws-kubernetes$ terraform fmt
[...]
module-aws-kubernetes$ terraform init
[...]
module-aws-kubernetes$ terraform validate
Success! The configuration is valid.
```

코드가 유효하다면 변경 사항을 커밋하고 깃허브에 푸시하여 샌드박스 환경에서 이 모듈을 사용할 수 있게 한다.

```
$ git add .
$ git commit -m "kubernetes module complete"
$ git push origin
```

이제 쿠버네티스 모듈을 사용하여 샌드박스 환경에 EKS 클러스터를 구성한다.

샌드박스용 쿠버네티스 클러스터 생성

복잡한 쿠버네티스 시스템이 간단한 모듈로 구성되어 샌드박스 환경 설정 작업이 좀 더 간편해졌다. 우리가 해야 할 일은 입력 매개 변수와 함께 모듈을 호출하는 것이다. 샌드박스 환경은 자체 코드 저장소에 정의되어 있으며 main.tf 테라폼 파일에는 네트워크 설정만 있다. 해당 파일을 다시 편집하여 쿠버네티스 모듈에 대한 호출을 추가한다.

우리는 앞서 정의한 입력 변수의 기본 값을 사용하여 샌드박스 환경을 간단하게 유지한다. 또한 네트워크 모듈의 출력 변수를 쿠버네티스 모듈로 전달하여 샌드박스 네트워크에 클러스터를 설치한다. 하지만 이러한 입력 이외에 aws_region 값은 설정에 맞게 정의해야 한다. 이는 네트워크 모듈 및 백엔드 구성에 사용한 값과 동일해야 한다. 또한 source 매개 변수는 깃허브 호스트 모듈을 가리키도록 설정해야 한다.

방금 만든 쿠버네티스 모듈을 사용하도록 샌드박스 환경의 `main.tf` 파일을 업데이트한다. 앞서 파일에 넣은 **# EKS 구성** 주석 뒤에 쿠버네티스 모듈을 추가한다. `{YOUR_EKS_MODULE_PATH}` 토큰은 모듈의 깃허브 저장소 경로로 변경한다(예제 7–18 참조).

예제 7-18 env—sandbox/main.tf (Kubernetes)

```
...

# 네트워크 구성
...

# EKS 구성
module "aws-eks" {
  source = "{YOUR_EKS_MODULE_PATH}"

  ms_namespace       = "microservices"
  env_name           = local.env_name
  aws_region         = local.aws_region
  cluster_name       = local.k8s_cluster_name
  vpc_id             = module.aws-network.vpc_id
  cluster_subnet_ids = module.aws-network.subnet_ids

  nodegroup_subnet_ids    = module.aws-network.private_subnet_ids
  nodegroup_disk_size     = "20"
  nodegroup_instance_types = ["t3.medium"]
  nodegroup_desired_size  = 1
  nodegroup_min_size      = 1
  nodegroup_max_size      = 3
}

# 깃옵스 구성
```

이제 CI/CD 인프라 파이프라인으로 파일을 커밋하고 푸시하면 샌드박스 환경을 위한 EKS 클러스터를 생성한다. 예를 들어 다음 명령을 실행하여 1.1 버전의 인프라를 생성한다.

```
$ git add .
$ git commit -m "initial k8s release"
$ git push
$ git tag -a v1.1 -m "k8s build"
$ git push origin v1.1
```

새로운 EKS 클러스터를 프로비저닝하는 데 10~15분이 걸릴 수 있으므로 파이프라인 작업이 끝날 때까지 대기한다. 작업이 완료되면 마이크로서비스를 탄력적으로 실행할 수 있는 강력한 컨테이너 기반 인프라가 구축된다.

> **CAUTION_** 여기에서 정의한 Amazon EKS 클러스터는 유휴 상태인 경우에도 요금이 발생한다. 사용하지 않을 때는 환경을 제거하는 것이 좋다. 인프라 정리에 대한 내용은 7.2.7절에서 다룬다.

다음 AWS CLI 명령을 실행하여 클러스터가 프로비저닝 되었는지 테스트한다.

```
$ aws eks list-clusters
```

EKS 클러스터 생성이 완료되었다면 다음과 같은 결과가 나온다.

```
{
    "clusters": [
        "ms-cluster-sandbox"
    ]
}
```

이제 샌드박스 인프라 구축의 마지막 단계는 서비스를 쿠버네티스 클러스터에 릴리스하는 데에 유용한 깃옵스 배포 도구를 설치하는 것이다.

7.2.5 Argo CD 모듈

이번 절에서는 깃옵스 서버를 설치하여 인프라 설정을 마무리한다. 우리는 Argo CD용 테라폼 모듈을 생성하여 샌드박스 환경에 서버를 부트스트랩bootstrap한다. 다른 모듈과 다르게 Argo CD 모듈은 방금 인스턴스화한 쿠버네티스 시스템에 Argo CD를 설치한다.

이전에는 테라폼이 AWS와 통신할 수 있도록 AWS 공급자를 사용했지만 Argo CD 설치에는 쿠버네티스 공급자를 사용한다. 테라폼은 쿠버네티스 공급자를 통해 클러스터에 쿠버네티스 명령을 실행하고 애플리케이션을 설치할 수 있다. 우리는 또한 패키지 관리 시스템인 헬름을 사용하여 Argo CD 설치를 수행한다. 헬름에 대한 자세한 내용은 10장에서 설명한다.

우리는 Argo CD를 AWS 플랫폼이 아닌 쿠버네티스 클러스터에 설치한다.

이는 AWS 공급자 대신 테라폼의 쿠버네티스 및 헬름 공급자를 사용한다는 것을 의미한다.

> **NOTE_** Argo CD 모듈의 전체 내용은 이 책의 깃허브 저장소[15]에서 확인할 수 있다.

앞에서 만든 `module-argo-cd` 저장소의 루트 디렉터리에 `main.tf` 파일을 만든다. [예제 7-19]의 코드를 추가하여 공급자를 설정한다.

예제 7-19 module-argo-cd/main.tf

```
provider "kubernetes" {
  # load_config_file       = false
  cluster_ca_certificate = base64decode(var.kubernetes_cluster_cert_data)
  host                   = var.kubernetes_cluster_endpoint
  exec {
    api_version = "client.authentication.k8s.io/v1alpha1"
    command     = "aws-iam-authenticator"
    args        = ["token", "-i", "${var.kubernetes_cluster_name}"]
  }
}

provider "helm" {
  kubernetes {
    # load_config_file       = false
    cluster_ca_certificate = base64decode(var.kubernetes_cluster_cert_data)
    host                   = var.kubernetes_cluster_endpoint
    exec {
      api_version = "client.authentication.k8s.io/v1alpha1"
      command     = "aws-iam-authenticator"
      args        = ["token", "-i", "${var.kubernetes_cluster_name}"]
    }
  }
}
```

우리는 이전에 프로비저닝한 EKS 클러스터의 속성을 사용하여 쿠버네티스 공급자를 구성한다. 테라폼은 AWS 인증자를 사용하여 우리가 지정한 쿠버네티스 인증서로 클러스터에 연결한다.

---

15 *https://oreil.ly/Microservices_UpandRunning_argo_mod*

우리는 헬름도 공급자로 사용한다. 헬름은 인기 있는 쿠버네티스 배포 도구로 분산형 쿠버네티스 애플리케이션을 패키지로 배포하는 데 널리 사용된다. 헬름은 리눅스 환경의 **apt-get**과 같은 패키지 관리 도구로서 쿠버네티스 기반 애플리케이션을 간단하고 쉽게 설치할 수 있도록 설계되었다. 헬름 공급자를 사용하려면 쿠버네티스 연결 매개 변수를 제공하면 된다.

헬름 배포는 **차트**라 불린다. 우리는 Argo CD 커뮤니티에서 제공하는 헬름 차트를 사용하여 Argo CD 서버를 설치한다. [예제 7-20]의 코드를 main.tf 파일에 추가하여 Argo CD 메인 모듈 작성을 완료한다.

예제 7-20 module-argo-cd/main.tf (헬름)

```
resource "kubernetes_namespace" "example" {
  metadata {
    name = "argo"
  }
}

resource "helm_release" "argocd" {
  name       = "msur"
  chart      = "argo-cd"
  repository = "https://argoproj.github.io/argo-helm"
  namespace  = "argo"
}
```

[예제 7-20]은 Argo CD 설치를 위한 네임스페이스를 생성하고 헬름 공급자를 사용하여 설치를 수행한다. 이제 Argo CD 모듈의 마지막 단계로 입력 변수를 정의한다.

Argo CD를 위한 입력 변수

Argo CD 모듈 저장소에 variables.tf 파일을 만들고 [예제 7-21]의 코드를 추가한다.

예제 7-21 module-argo-cd/variables.tf

```
variable "kubernetes_cluster_id" {
  type = string
}

variable "kubernetes_cluster_cert_data" {
  type = string
```

```
  }

  variable "kubernetes_cluster_endpoint" {
    type = string
  }

  variable "kubernetes_cluster_name" {
    type = string
  }

  variable "eks_nodegroup_id" {
    type = string
  }
```

쿠버네티스와 헬름 공급자를 설정하기 위한 입력 변수를 정의한다. 이러한 입력 변수는 샌드박스 테라폼 파일 내 쿠버네티스 모듈의 출력 변수에서 가져와야 한다. 샌드박스 환경 작업으로 넘어가기 전에 다른 모듈에서 했던 것처럼 작성한 코드의 테라폼 형식을 지정하고 유효성을 검사한다.

```
module-argocd$ terraform fmt
[...]
module-argocd$ terraform init
[...]
module-argocd$ terraform validate
Success! The configuration is valid.
```

코드가 유효하다면 코드 변경 사항을 커밋하고 깃허브 저장소로 푸시한다.

```
$ git add .
$ git commit -m "ArgoCD module init"
$ git push origin
```

이제 이전에 했던 것처럼 샌드박스 환경의 테라폼 정의에서 Argo CD 모듈을 호출한다.

샌드박스 환경에 Argo CD 설치

샌드박스 환경에 Argo CD를 설치하려면 샌드박스 모듈의 `main.tf` 파일 끝에 [예제 7-22]

코드를 추가한다. 모듈의 **source** 속성에 Argo CD 모듈의 깃허브 저장소 경로를 지정해야
한다.

예제 7-22 env-sandbox/main.tf (Argo CD)

```
...

# 네트워크 구성
...

# EKS 구성
...

# 깃옵스 구성
module "argo-cd-server" {
  source = "{YOUR_EKS_MODULE_PATH}"

  kubernetes_cluster_id         = module.aws-eks.eks_cluster_id
  kubernetes_cluster_name       = module.aws-eks.eks_cluster_name
  kubernetes_cluster_cert_data = module.aws-eks.eks_cluster_certificate_data
  kubernetes_cluster_endpoint  = module.aws-eks.eks_cluster_endpoint
  eks_nodegroup_id = module.aws-eks.eks_cluster_nodegroup_id
}
```

작업을 완료했다면 이전에 했던 것처럼 깃허브 태그를 지정하고 커밋하고 CI/CD 파이프라인
에 푸시한다. 예를 들어 다음 명령은 v1.2 태그를 저장소로 푸시하고 파이프라인 프로세스를
시작한다.

> **CAUTION_** EKS 빌드를 완료한 후 Argo CD 샌드박스 변경 사항에 태그를 지정하고 커밋해야 EKS 클러
> 스터에 Argo CD를 배포할 수 있다.

```
$ git add .
$ git commit -m "initial ArgoCD release"
$ git push origin
$ git tag -a v1.2 -m "ArgoCD build"
$ git push origin v1.2
```

파이프라인이 변경 사항을 적용하면 마이크로서비스를 더 쉽고 안정적으로 배포할 수 있는 깃옵스 서버가 구축된다. 이제 샌드박스 환경의 정의 및 프로비저닝 작업이 끝났다. 남은 것은 환경을 테스트하고 작동하는지 확인해보자.

7.2.6 샌드박스 환경 테스트

인프라 구현을 끝내기 전에 환경을 테스트하고 예상한 대로 프로비저닝 되었는지 확인하는 것이 좋다. Argo CD 웹 콘솔에 로그인하면 전체 스택이 작동되고 실행되는지를 확인할 수 있다. 하지만 이를 수행하려면 먼저 kubectl CLI 애플리케이션을 설정해야 한다.

우리는 쿠버네티스 모듈용 테라폼 코드를 작성할 때 kubeconfig 파일을 만들기 위해 로컬 파일 리소스를 추가했다. 이제 kubectl 애플리케이션을 사용하여 EKS 클러스터에 연결할 수 있도록 kubeconfig 파일을 다운로드한다.

kubeconfig 파일을 조회하려면 샌드박스 깃허브 저장소의 브라우저 상단에서 Actions 탭을 클릭한다. 화면 상단에 최근 실행된 빌드 목록이 출력된다. 방금 수행한 빌드를 선택하면 'kubeconfig' 라는 이름의 다운로드할 수 있는 아티팩트가 표시된다.

> **TIP** 아티팩트 다운로드에 대한 자세한 설명은 깃허브 문서[16]를 참조하기 바란다.

깃허브는 아티팩트를 압축 파일로 패키징하므로 다운로드한 후 패키지의 압축을 풀어야 한다. 압축 파일 내부에는 kubeconfig 파일이 있다. 이를 사용하기 위해서 KUBECONFIG 환경 변수를 설정하면 된다. 이는 쿠버네티스 명령줄 애플리케이션에서 찾을 수 있는 위치를 제공한다. 예를 들어 kubeconfig 파일이 ~/Downloads 디렉터리에 있는 경우 다음 명령을 실행한다.

```
$ export KUBECONFIG=~/Downloads/kubeconfig
```

> **TIP** 환경 변수를 설정하지 않기를 원한다면 kubeconfig 파일을 ~/.kube/config에 복사하면 된다. 이 경우 기존에 사용 중인 쿠버네티스 구성을 덮어 쓰지 않도록 주의해야 한다.

로컬 환경에 'aws-iam-authenticator'를 설치한 후 다음 명령을 실행하여 모든 것이 잘 작

---

16 *https://oreil.ly/czDRi*

동하는지 테스트한다.

```
$ kubectl get svc
```

잘 작동한다면 다음과 같은 결과를 확인할 수 있다.

```
NAME          TYPE        CLUSTER-IP    EXTERNAL-IP    PORT(S)    AGE
kubernetes    ClusterIP   172.20.0.1    <none>         443/TCP    2h
```

이는 네트워크와 EKS 서비스가 프로비저닝 되었고 클러스터에 성공적으로 연결할 수 있음을 나타낸다. kubectl은 정보를 얻기 위해 쿠버네티스 클러스터로 API를 호출한다. 이러한 응답 결과는 클러스터가 정상적으로 실행되고 있다는 것을 보여준다. 마지막 테스트로 Argo CD가 클러스터에 설치되었는지 확인한다. 다음 명령어를 실행하여 Argo CD 파드가 실행 중인지 확인한다.

```
$ kubectl get pods -n "argo"
NAME                                                   READY  STATUS    RESTARTS
msur-argocd-application-controller-5bddfb78fc-9jpzj     1/1    Running          0
msur-argocd-dex-server-84cd5fc9b9-bjzrm                 1/1    Running          0
msur-argocd-redis-dc867dd9c-rpgww                       1/1    Running          0
msur-argocd-repo-server-75474975cc-j7lws               1/1    Running          0
msur-argocd-server-5cc998b478-wvkrr                     1/1    Running          0
```

TIP 쿠버네티스 파드는 하나 이상의 컨테이너 이미지로 구성된 배포 가능한 단위를 나타낸다.

이제 파이프라인과 구성 작업이 정상적으로 작동한다는 것을 확인했으니 모든 것을 정리할 시간이다. 우리는 인프라 환경을 코드로 작성했으니 필요하다면 언제든 간단하게 다시 만들 수 있다.

7.2.7 인프라 환경 정리

인프라를 당장 사용할 계획이 아니라면 실행하는 데 비용이 들지 않도록 정리하는 것이 좋다. 특히 네트워크에 사용한 탄력적 IP 주소는 남겨둔다면 비용이 많이 들 수 있다. 이제 샌드박스 환경이 테라폼 선언 파일에 완전히 정의되어 필요할 때마다 동일한 방식으로 다시 만들 수 있으므로 기존 환경을 정리하는 것은 어렵지 않은 작업이다.

테라폼은 내부적으로 종속성 그래프를 생성하기 때문에 올바른 순서로 리소스를 자동으로 제거한다. 샌드박스 환경을 제거하려면 다음 단계를 따른다.

1. 로컬 환경에서 샌드박스 환경 테라폼 코드의 디렉터리 이동한다(7장 '샌드박스 환경에 Argo CD 설치'절에서 작업한 디렉터리다).

2. env-sandbox 저장소에서 최신 버전의 코드를 가져온다.

```
env-sandbox$ git pull
```

샌드박스 환경에서 사용하는 테라폼 공급자를 설치한다(리소스를 제거하려면 공급자 설치가 필요하다).

```
env-sandbox$ terraform init
```

3. 테라폼이 플러그인 다운로드를 완료하면 다음 명령을 입력하여 샌드박스 환경을 제거한다.

```
env-sandbox$ terraform destroy
```

4. 테라폼은 제거할 리소스를 표시한다. 삭제 절차를 계속하려면 yes라고 답해야 한다. 샌드박스 환경을 정리하는 데 약 5분 정도가 소요된다. 작업을 완료하면 생성한 모든 AWS 리소스가 사라진다.

> NOTE_ 우리는 AWS 액세스 및 시크릿 키를 로컬 환경에 저장했기 때문에 로컬 시스템에서 AWS 리소스를 삭제할 수 있다. 이러한 작업 방식은 프로덕션과 보안 환경에서 허용되어서는 안 된다.

5. 작업이 완료되면 다음과 같은 메시지가 나온다.

```
Destroy complete! Resources: 29 destroyed.
```

module.argo-cd-server.helm_release.argocd 모듈 삭제 중 문제가 발생한다면 terraform state rm module.argo-cd-server.helm_release.argocd 명령어를 이용해 state를 강제로 제거한다.

6. EKS 리소스가 제거되었는지 확인하려면 다음 AWS CLI 명령을 실행하여 EKS 클러스터 목록을 확인한다.

```
$ aws eks list-clusters
```

다음과 같이 EKS 클러스터가 남아 있지 않다는 응답을 받아야 한다.

```
{
    "clusters": []
}
```

다음 명령을 실행하여 다른 리소스가 제거되었는지 다시 확인할 수도 있다.

```
$ aws ec2 describe-vpcs --filters Name=cidr,Values=10.10.0.0/16
$ aws elbv2 describe-load-balancers
```

NOTE_ terraform destroy 실행에 성공하는 경우에 이러한 CLI 명령으로 리소스 목록을 반드시 확인할 필요는 없다. 우리는 예상치 못한 비용이 청구되지 않도록 리소스가 실제로 사라졌는지 다시 확인하는 과정을 포함시켰다.

문제가 발생한다면 AWS 콘솔을 사용하여 리소스를 수동으로 제거할 수 있다. 콘솔을 통해 리소스를 삭제하는 데 문제가 발생한다면 AWS 문서[17]를 참조하기 바란다.

---

17 https://docs.aws.amazon.com/

7.3 마치며

이번 장에서 많은 내용을 다루었다. 우리는 단일 리전에서 두 개의 가용 영역에 걸쳐있는 소프트웨어 정의 네트워크 테라폼 모듈을 만들었다. 다음으로 쿠버네티스용 Amazon EKS 클러스터를 인스턴스화하는 모듈을 만들었다. 또한 헬름 패키지를 사용하여 Argo CD 깃옵스 서버를 클러스터에 설치했다. 마지막으로 이러한 모듈을 선언적, 불변적인 방식으로 사용하는 샌드박스 환경을 코드로 구축했다.

우리는 테라폼 코드에 대해 자세히 살펴봤다. 인프라를 코드, 불변성, CI/CD 파이프라인으로 사용하여 환경을 정의하는 데 필요한 사항을 확인했다. 또한 테라폼 모듈 패턴과 인프라에 필요한 몇 가지 설계를 직접 확인했다.

8장에서는 마이크로서비스로 돌아가 개발 작업을 시작한다. 개발을 완료하면 방금 설계한 인프라에 마이크로서비스를 릴리스할 수 있다.

## CHAPTER 8

개발자 워크스페이스

1장에서는 복잡한 시스템에 마이크로서비스 아키텍처를 적용했을 때의 장점을 소개하고 이를 뒷받침하는 근본적인 이유를 설명했다.

복잡한 시스템에서 구성원 간 긍정적이고 예측 가능한 협업이 이루어지도록 만드는 방법은 권장하는 협업 방식을 가장 직관적이고 쉽게 만드는 것이다. '권장하는 일'을 실천하는 것이 어렵다면 대부분의 사람들이 쉬운 길만을 택하게 되어 시간이 지남에 따라 잘못된 길로 빠질 가능성이 높아진다. 따라서 불필요한 복잡성을 피하고 개발자를 위한 직관적으로 편안한 구조를 만들기 위해서는 초기 단계에서 반복적이고 예측 가능한 표준화된 개발 프로세스를 만들기 위해 노력하는 것이 중요하다.

> **TIP** 개발자 경험developer experience은 모든 개발자가 '올바른 일do the right thing'을 수행할 수 있도록 일관되고 직관적인 접근 방식을 제공하는 것을 목표로 하며 성공적인 마이크로서비스 문화를 만드는 데 필요한 조건이다.

코드와 인프라를 위한 지속적 통합과 지속적 전달(CI/CD) 파이프라인을 개발하는 것은 마이크로서비스를 위한 개발자 워크스페이스 개선 방법 중 하나다. 모듈화된 아키텍처와 각 마이크로서비스의 독립적인 배포 가능성의 특성으로 인해 많은 파이프라인이 생성된다. 우리는 모든 팀이 코드베이스의 일관성 없이 자신만의 방식으로 마이크로서비스에 대한 파이프라인을 만드는 것을 지양해야 한다. 새로운 마이크로서비스를 만드는 것은 빠르고 예측 가능한 프로세스를 따라야 한다. 이상적으로는 대부분의 작업이 완전히 자동화된 템플릿 프로세스를 따라야 한다.

CI/CD 파이프라인 외에도 로컬 개발 워크스페이스를 설정하는 방법과 팀이 코드를 생성하는 데 사용하는 방법도 중요하다. 소프트웨어 엔지니어는 그들의 랩탑에서 코드를 작성하는 데 대부분의 시간을 보낸다. 우리는 로컬 개발 환경을 구성하는 단계에서 올바른 가이드와 도구를 제공해야 한다. 그렇다고 개발자의 워크플로 모든 부분을 제시해야 한다는 것은 아니다. 예를 들어 규모가 큰 팀에서 구성원이 사용하는 코드 편집기를 표준화하려고 하면 일부 개발자가 반감을 가질 수 있다. 하지만 강압적인 폭군이 되지는 않더라도 팀이 지켜야 할 기본적인 원칙은 선언해야 한다.

이번 장에서는 지난 몇 년간 마이크로서비스 프로젝트에서 큰 성공을 거둔 개발자 워크스페이스의 10가지 규칙과 가이드를 소개한다. 다음으로 로컬 개발 환경에서 컨테이너 환경을 위한 도커와 경량화된 쿠버네티스를 실행하는 방법을 소개한다. 마지막으로 컨테이너에 대한 고급 예제로 도커를 활용하여 카산드라 데이터베이스를 실행하는 방법을 소개한다.

이번 장에서는 마이크로서비스 코드를 작성을 위한 컨테이너화된 로컬 환경의 인프라를 구성한다. 중요한 것은 쉽고 직관적인 개발을 위한 프로젝트를 설정하는 데 사용하는 원칙을 확실하게 이해할 수 있다는 것이다. 이러한 원칙은 9장에서 개발 단계에 들어갈 때 코드를 적절하게 배치하는 데 활용한다.

8.1 코딩 표준과 개발자 설정

조직에 표준을 수립할 때에는 기술적인 '방법'과 '무엇'을 제시하기 전에 사람들이 프로세스의 '이유'에 대해 공감할 수 있어야 한다. 이를 위해서는 명확한 목표를 제시하는 것이 중요하다.

우리는 높은 수준에서 다음과 같은 세 가지 목표를 따르는 것을 추천한다.

짧은 시간 내에 코드 설정이 가능해야 한다.

새 팀에 합류하여 코딩을 시작할 수 있는 환경을 구축하는 데 일주일 이상의 시간이 걸린다면 매우 실망스러울 것이다. 새로운 회사에 입사하거나 직장 내에서 옆에 있는 팀으로 이동할 때에 '어떻게 실행하는가?'로 고민하던 경험이 종종 있을 것이다. 우리의 목표는 코드에 익숙하지 않은 새로운 개발자가 한 시간 이내에 마이크로서비스를 잘 설정할 수 있는 환경을 제공하는 것이다.

새로운 마이크로서비스는 빠르고, 쉽고, 예측 가능하게 만들어야 한다.

새로운 서비스를 시작할 때에는 관련된 보일러플레이트를 활용한다. 보일러플레이트는 기술 스택(자바, 고, 노드, 파이썬 등과 같은)에 대한 적절한 코드 템플릿, 테스트 및 데이터 설정의 자동화, 데이터 저장소 구성과 같은 종속성, 기본 파이프라인 부트스트랩 등을 포함한다. 보일러플레이트를 활용하지 않는다면 개발자는 새로운 마이크로서비스를 시작할 때 이러한 모든 것들을 처음부터 파악해야 한다.

실제로 더 나쁜 시나리오는 유사한 마이크로서비스에 이러한 부분들을 불필요하게 변경하는 개발자가 있는 경우다. 코드베이스가 큰 경우 혼란을 줄이기 위한 가장 중요한 것은 일관성과 친숙함을 유지하는 것이다. 각 표준 스택에 대해 잘 정의된 템플릿을 제공하는 것은 코드의 고품질을 유지하는 동시에 개발 속도를 높이는 좋은 방법이다.

품질 관리는 자동화되어야 한다.

소프트웨어 테스트는 자동화하여 기업의 품질 관리 과정에서 사람의 실수를 방지한다.

우리는 이러한 목표를 기반으로 개발자 워크스페이스 설정을 위한 기본 가이드라인을 도출할 수 있다.

8.1.1 개발자 경험을 위한 10가지 워크스페이스 가이드라인

다음은 저자의 경험을 기반으로 작성한 가이드라인이다. 이를 참고하여 개발자 워크스페이스 구축에 잘 활용하길 권한다.

가이드라인에 따라 서비스를 구축한 경험이 있다면 개별 요구사항과 경험에 더 잘 맞도록 일부를 수정해보길 바란다.

1. 도커를 유일한 종속성으로 만든다.

특정 개발자의 환경에서만 작동하는 'works for me' 문제는 많은 개발 팀을 괴롭게 한다. 누구나 쉽게 동일한 환경을 만들 수 있어야 하는 것은 중요하다. 따라서 정교한 수동 설정 작업은 지양한다.

우리는 컨테이너화된 시대에 살고 있으며 개발 팀은 이를 활용해야 한다. 코드 설정을 위한 종속성은 도커 런타임과 도커 컴포즈 이외에는 없어야 한다. 윈도우, 맥 OS, 리눅스와 같은 운영체제의 종류와 설치된 라이브러리에 대해서는 고려하지 않는다. 예를 들어 개발자 로컬에 설치된 파이썬, 고, 자바 등에서 특정 버전에 대한 요구사항이 없어야 한다. 구성 작업은 자동화되어야 하며 READ.ME 파일에 코드로 작성하지 않는다.

2. 실행 환경이 원격 환경인지 로컬 환경인지는 중요하지 않다.

코드는 환경에 관계없이 실행되어야 한다. 예를 들어 개발자가 자신의 랩탑에서 실행하든 IDE의 원격 개발/SFTP 플러그인을 통해 클라우드 서버에서 실행하든 상관없이 실행되어야 한다. 이것이 불가능한 경우에는 예외의 원인을 정리하여 이를 문서화해야 한다.

3. 서로 다른 기술 스택의 워크스페이스를 준비한다.

다양한 데이터 스토리지 시스템 및 프로그래밍 언어를 사용하여 개발된 마이크로서비스를 수용하는 것이 좋다. 마이크로서비스 아키텍처는 여러 종류의 마이크로서비스를 결합하는 것을 가정한다. 이는 하나의 컨테이너 코드베이스나 하나의 기술 스택으로 표준화하는 것을 의미하지 않는다. 마케팅 자료에서 '～ 마이크로서비스 프레임워크'라는 문구를 자주 볼 수 있다. 필자는 마이크로서비스 전체가 자바로만 작성되어 있다면 마이크서비스 설정에 문제가 있다고 생각한다. 모든 서비스가 고와 같은 '멋진' 언어로 작성된 서비스라고 하더라도 마찬가지다.

물론, 모든 팀이 각자 원하는 언어와 데이터베이스를 선택하고 사용해야 한다는 것은 아니다. 불확실한 경우에는 주의를 기울여서 2개에서 최대 3개 기술 스택을 사용해야 한다. 필자가 말하고자 하는 것은 정말로 필요한 경우에는 새로운 스택을 도입할 수 있어야 한다는 것이다. 따라서 이 책의 예제에서는 실제로 두 가지 이상의 기술 스택을 구현하여 설명할 예정이다.

> **TIP** **2의 법칙**
>
> 필자는 마이크로서비스에 설정에서 다양한 스택에 대한 지원을 제공하는 것이 좋은 접근 방법이라는 것을 강조한다. 시스템의 중요한 구성 요소의 경우 한 가지 옵션만 필요한 경우에도 최소 두 개의 대안을 동시에 사용하는지 확인해야 한다. 또한 단일 방법을 사용하는 것과 동일하게 두 가지 대안을 쉽게 지원할 수 있는 인프라를 갖추어야 한다. 우리는 이러한 접근 방법을 '2의 법칙Rule of Twos'[1]이라 한다.

대부분의 API 서버가 Node.js로 작성되었다고 생각해 보자(Node.js는 I/O가 최적화되어 API 구현에 적합한 기술 스택이다). 이 경우에도 API 중 일부는 고나 자바나 러스트 등으로 구현할 수 있어야 한다. Node.js가 CPU 바운드bound 유형의 작업에는 적합하지 않기 때문이다. 하지만 여러 개의 기술 스택을 수용하더라도 전체 애플리케이션에서 사용하는 프로그래밍 언어와 데이터베이스 시스템은 2~3개로 제한해야 한다. 그렇지 않으면 너무 많은 선택 옵션으로 팀이 혼란을 느낄 수 있으며 유지 보수에 심각한 오버헤드가 발생할 수 있다.

---

1 *https://oreil.ly/_vYfU*

4. 단일 마이크로서비스를 실행하는 것과 여러 개의 하위 시스템으로 구성된 마이크로서비스를 실행하는 것은 간단해야 한다.

항공사 예약 시스템이 세 가지 마이크로서비스로 구현되어있다고 생각해 보자. 개발자는 특정 마이크로서비스를 개별적으로 확인하고 작업해야 한다. 마찬가지로, 이와 상호작용하는 전체 하위 시스템도 확인하고 작업할 수 있어야 한다. 두 가지 작업은 동일하게 매우 간단해야 한다.

5. 가능하면 데이터베이스는 로컬에서 실행한다.

환경 격리를 위해 모든 데이터베이스 시스템은 로컬 환경에 대한 도커 방식의 대안을 제공해야 하며 구성 변경을 통하여 AWS와 같은 클라우드 서비스로 쉽게 전환할 수 있어야 한다. 예를 들어 MinIO[2]는 로컬 환경에서 S3를 대체할 수 있다. 더 많은 AWS 서비스를 대체할 수 있는 방법은 로컬스택localstack[3]을 참고하기 바란다.

6. 컨테이너화 가이드라인을 구현한다.

컨테이너화 접근 방식은 다양하다. 코드를 도커 컨테이너 안에 넣는 것은 어렵지 않지만 개발자 친화적인 컨테이너화 코딩 환경을 만들려면 더 많은 노력이 필요하다. 다음은 필자가 중요하다고 생각하는 몇 가지 원칙이다.

① 코드 런타임이 컨테이너화되었더라도 개발자는 호스트 머신(랩탑, EC2 개발 서버)에서 편집기를 사용하여 코드를 수정할 수 있어야 한다. 하지만 전체 실행/테스트/디버그는 컨테이너 안에서 수행되어야 한다.

② 도커 컴포즈Docker Compose는 일반적으로 도커파일Dockerfile이 할 수 있는 모든 작업을 수행할 수 있으므로 개발자가 쉽게 혼동할 수 있다. 따라서 둘 사이의 차이점을 확실히 아는 것이 중요하다. 도커파일은 컨테이너 이미지를 빌드하고 도커 컴포즈는 복잡한 통합을 포함하여 로컬에서 컨테이너를 실행한다. 도커파일로 빌드된 이미지는 쿠버네티스, AWS ECR, 도커 스웜Docker Swarm 또는 다른 종류의 상용 컨테이너 런타임에서 직접 실행할 수 있어야 한다. 로컬/개발 환경의 컨테이너 이미지가 항상 프로덕션에서 실행하는 이미지와 동일할 필요는 없다. 로컬/개발 이미지는 일반적으로 사용성을 위해 최적화하고 프로덕션 이미지는 보안과 성능을 위해 최적화한다. 이러한 방식의 좋은 예는 멀티스테이지 빌드multistage build[4]다.

③ 프로덕션 용도로 가벼운 이미지를 사용하고 로컬/개발 용도로 더 많은 기능을 갖춘 이미지를 생성하려면 도커파일에서 멀티스테이지 빌드를 활용한다.

---

2 *https://min.io/*

3 *https://oreil.ly/Lyasd*

4 *https://oreil.ly/qI1Dp*

④ 개발자 사용 경험이 중요하다. 코드의 핫 리로딩[hot-reloading] 기능을 구현하거나 디버거를 즉시 연결할 수 있는 것과 같은 기능을 구현하는 것은 매우 중요하다.

7. 데이터베이스 마이그레이션을 위한 간단한 규칙을 정한다.

팀 협업을 지원하고 향상시키는 방식으로 데이터베이스와 데이터를 관리하는 것은 매우 중요하다. 데이터 스키마 변경은 수동 작업 없이 코드화하여 적용해야 한다. 다음은 마이크로서비스 환경에서 데이터 관리를 돕는 원칙들이다.

① 데이터베이스 스키마에 대한 모든 변경 사항은 '데이터베이스 마이그레이션' 스크립트에 코드화되어야 한다. 마이그레이션 파일은 이름을 지정하여 날짜별로 정리한다.

② 데이터베이스 마이그레이션은 스키마 변경과 샘플 데이터 삽입을 모두 지원해야 한다.

③ 데이터베이스 마이그레이션 실행은 make start를 통해 프로젝트 시작에 포함되어야 하며 반드시 실행되어야 한다.

④ 데이터베이스 마이그레이션 실행은 자동화되어야 하며 빌드(통합 및 PR용 기능 브랜치 빌드 등)에 포함되어야 한다.

⑤ 데이터 마이그레이션 작업이 어떤 환경에서 실행되는지(또는 생략되는지) 지정할 수 있어야 한다. 예를 들어 프로덕션 환경에서는 샘플 데이터를 생성하는 과정을 건너뛸 수 있어야 한다.

⑥ 이러한 규칙은 관계형, 컬럼형, NoSQL 등 모든 데이터 스토리지 시스템에 적용된다.

⑦ 참고 예제

- 플라이웨이[Flyway][5]는 데이터베이스 마이그레이션 도구 중 하나다.
- 카산드라 데이터베이스 마이그레이션에 대한 내용은 다니엘 미란다[Daniel Miranda], 루카스 브루니알티[Lucas Brunialti], 토빈 풀턴[Tobin Fulton]이 작성한 블로그 포스트[6] 참고하기 바란다.
- MySQL 데이터베이스에 노드의 db-migrate-sql을 사용하는 예제[7]를 참고하길 권한다.

8. 실용적인 테스트 자동화 방법을 정한다.

테스트 자동화는 복잡한 주제다. 필자는 극단적인 두 가지 경우를 모두 보았다. 한 팀은 자동화된 테스트를 포기하고, 다른 한 팀은 문제가 될 정도로 테스트 주도 개발에 지나치게 집중했다. 우리는 테스트 자동화에 대한 측정 가능한 실용적인 접근 방식을 지지하는 동시에 개발자의 경험과 품질 메트릭 사이에서 균형을 맞추고 팀 내 다양한 개발자의 개인적인 선호를 수용한다.

① 모든 코드는 메인 브랜치와 병합되기 전에 충분한 양의 의미 있는 테스트가 작성되어야 한다.

---

5 *https://flywaydb.org*

6 *https://oreil.ly/Vg41z*

7 *https://oreil.ly/EqTxj*

② 팀은 자바의 JUnit와 같이 개발 플랫폼/스택에서 일반적으로 사용하는 테스트 접근 방식과 프레임워크를 활용한다. 동일 스택(고, 자바 등)의 코드베이스는 동일한 접근 방식을 사용해야 하며, 누가 언제 작성했는지에 따라 다른 테스트 작업을 수행해서는 안 된다.

③ 적절한 외부 도구를 사용하여 성능 테스트나 승인 테스트를 수행할 수 있다. 이러한 도구는 서비스 코드 및 저장소에 완전히 통합되어야 하며 사용과 실행은 기본 솔루션과 같이 간단해야 한다. 서비스 개발자는 일반적으로 외부 테스트 도구를 실행하기 위해 추가 설정이 필요 없어야 하며 `make test-all` 과 같은 명령어로 테스트를 쉽게 실행할 수 있어야 한다.

④ 개별 마이크로서비스의 경계를 넘는 자동화된 테스트에는 특별한 주의가 필요하다. 더 높은 수준(API나 UI에서 마이크로서비스를 호출하는 것과 같은)에서 테스트가 적용되어야 하거나 경우에 따라서는 테스트 오케스트레이션과 자동화를 수용하기 위한 전용 저장소가 필요할 수 있다.

⑤ 코드 린팅linting 및 정적 분석 도구를 설정하고, 조직의 스타일에 맞는 일관된 구성을 린팅 도구에 적용해야 한다.

9. 분기 및 병합 규칙을 정한다.

대부분의 개발자는 버전 제어 시스템을 사용한다. 버전 제어 중심 개발의 기본은 누구나 잘 이해하고 있지만, 행복한 협업 환경을 위해서는 몇 가지 좋은 브랜치 관리 원칙을 정해야 한다.

① 모든 개발은 **feature**나 **bug** 브랜치에서 진행된다.

② 브랜치를 메인 브랜치로 병합하려면 브랜치의 모든 테스트를 통과해야만 한다(브랜치를 위해 스핀업 된 임시 클러스터의 통합 테스트 포함).

③ 풀 요청 중에는 코드 검토자가 커밋 및 푸시 이후의 테스트 결과를 쉽게 확인할 수 있어야 한다.

④ 코드 린팅 및 정적 분석 과정에서 오류가 발생하면 코드가 브랜치로 푸시되거나 메인 브랜치로 병합되는 것을 방지해야 한다.

10. 공통 사항은 makefile에 코드화한다.

모든 코드 저장소(일반적으로 마이크로서비스 당 하나의 저장소)에는 사용된 프로그래밍 언어 스택에 관계없이 누구나 코드를 쉽게 사용할 수 있는 makefile이 있어야 한다. 이 makefile에는 표준화된 타겟이 있어야 한다. 개발자가 사용하는 코드베이스와 관계 없이 `make run` 을 실행하면 해당 코드 베이스를 실행할 수 있고 `make test`를 실행하면 자동화된 테스트를 수행할 수 있어야 한다.

마이크로서비스 makefile에는 다음과 같은 표준 타겟을 정의하고 구현하기를 권한다.

- `start`: 코드를 실행한다.
- `stop`: 코드를 중단한다.
- `build`: 코드를 빌드한다(일반적으로 컨테이너 이미지를 빌드한다).

- clean: 모든 캐시를 정리하고 처음부터 실행한다.

- add-module

- remove-module

- dependencies: 종속성 관리에 선언된 모든 모듈이 설치되어 있는지 확인한다.

- test: 모든 테스트를 실행하고 커버리지[coverage] 보고서를 생성한다.

- tests-unit: 유닛 테스트만 실행한다.

- tests-at: 승인 테스트만 실행한다.

- lint: 린터를 실행하여 정의된 표준과 코딩 스타일이 일치하는지 확인한다.

- migrate: 데이터베이스 마이그레이션을 실행한다.

- add-migration: 새로운 데이터 마이그레이션을 생성한다.

- logs: (컨테이너 내에 있는)로그를 표시한다.

- exec: 코드의 컨테이너 내에서 사용자 정의 명령을 실행한다.

앞서 언급한 패턴을 따르는 고[8]와 노드[9] 마이크로서비스 예제를 참고하기 바란다. 다중 마이크로서비스 워크스페이스 예제는 microservices-workspace의 깃허브 사이트[10]를 참고하면 된다. 이 책에서는 마크다운 형식의 makefile 템플릿을 깃허브 저장소[11]에서 제공한다. 필요한 경우 프로젝트에 링크하고 참조하기 바란다.

지금까지 배운 내용을 살펴보자. 먼저 우리는 행복하고 생산성이 높으며 자율적인 팀을 구축하는 데 개발자 경험이 가장 중요하다는 것을 깨달았다. 다음으로 우수한 개발자 경험을 달성하기 위한 세 가지 핵심 목표를 확인했다. 마지막으로 이러한 목표를 이행하는 10가지 원칙에 대해 알아보았다. 그 결과 기술 스택이나 특정 도구에 관계없이, 팀을 위한 사용자 친화적인 개발자 워크스페이스를 만들 수 있는 반복 가능한 청사진이 완성되었다. 이는 마이크로서비스 조직을 구축하거나 기존 팀을 마이크로서비스 구조로 재구성할 때 팀을 즐겁게 할 수 있으며 초기 팀 유대감 형성에 도움이 될 것이다.

반복 가능하며 신뢰할 수 있고 편안한 개발 환경을 만드는 원칙 중 하나는 도커를 사용한 코드

---

8 *https://oreil.ly/SY_ph*

9 *https://oreil.ly/IMfBj*

10 *https://oreil.ly/rJyPX*

11 *https://oreil.ly/kd2VT*

컨테이너화다. 다음 절에서는 리눅스, 맥 OS, 윈도우와 같은 주요 플랫폼에서 컨테이너 환경을 구성하는 방법을 소개한다.

8.2 로컬 컨테이너 환경 구성

앞 절에서 개발자 환경에 대한 유일한 의존성은 도커라고 언급했다. 다른 모든 것은 쉽게 설치할 수 있어야 한다. 이번 절에서는 다양한 플랫폼에서 도커와 단일 노드의 쿠버네티스 클러스터를 구축하는 방법을 알아보자.

리눅스 컴퓨터에 도커를 설치하는 것은 어렵지 않지만,[12] 맥 OS나 윈도우 컴퓨터에서 도커를 설치하는 방법은 무엇일까?

처음 Docker4Mac[13]와 Docker4Windows[14]가 출시되었을 당시의 반응은 매우 열광적이었다. 도커는 대부분의 사람들이 사용하는 일상적인 데스크톱 환경에 도커의 최첨단 기능을 제공했다. 결국에는 쿠버네티스도 데스크톱 환경을 지원하기 시작했고 마이크로서비스로 넘어가는 백엔드 웹 개발자에게 신세계가 펼쳐졌다.

맥 OS 또는 윈도우 환경에서 도커와 쿠버네티스 환경을 구축하는 가장 쉬운 방법은 여전히 Docker4Mac과 Docker4Windows다. 하지만 좀 더 매력적인 대안이 있다.

Docker4Mac와 Docker4Windows의 단점 중 하나는 최신 고사양 개발 장비에서도 높은 CPU 사용률과 배터리 소모를 경험한다는 것이다. 또한 일부 개발자에게는 Docker4Mac에서 하나의 도커 인스턴스와 하나의 쿠버네티스만 설치할 수 있다는 것이 문제가 될 수 있다. 다양한 시도를 원한다면 좀 더 자유로운 개발 환경이 필요할 것이다.

이를 피할 수 있는 대안 중 하나는 버추얼 박스나 다른 상용 제품으로 로컬 환경 내에 VM을 설치하는 것이다. 하지만 필자의 경험에 따르면 이는 Docker4Mac 또는 Docker4Windows 패키지보다 더 무거운 방식이었다.

최근에 찾은 흥미로운 대안 중 하나는 우분투를 개발한 캐노니컬Canonical 사의 멀티패스multipass

---

12 *https://oreil.ly/2jdq6*
13 *https://oreil.ly/gXDWu*
14 *https://oreil.ly/oLSzW*

다. 멀티패스는 맥 또는 윈도우(또는 리눅스) 머신에서 우분투 기반 도커 호스팅을 매우 빠르게 실행할 수 있게 만든다. 멀티패스는 다양한 VM을 지원하지만 기본 옵션으로 맥 OS에서는 하이퍼 킷^{HyperKit}, 윈도우에서는 하이퍼-V^{Hyper-V}를 지원한다. 필자의 경험상 멀티패스는 기존의 도커 구축 방식들보다 더 가벼웠다.

8.2.1 멀티패스 설치

멀티패스 웹사이트[15]에서 다양한 플랫폼용 설치 프로그램을 다운로드할 수 있다. 설치를 완료하면 맥 OS 또는 Windows Subshell for Linux에서 다음 단계를 따른다.

먼저 새 우분투 환경을 시작하기 위해 다음 명령어를 입력한다.

```
→ multipass launch -n docker
Launched: docker
→ multipass list
Name                    State           IPv4            Image
docker                  Running         192.168.64.3    Ubuntu 20.04 LTS
```

기본적으로 멀티패스는 새로운 시스템에 CPU 1 코어, 메모리 1GB, 디스크 5GB를 할당한다. 경험상 MySQL을 사용하는 Node.js나 파이썬을 사용하는 경우에는 메모리 1GB도 충분할 수 있지만 카산드라와 같은 자바 기반 데이터베이스 시스템에서 무거운 자바 애플리케이션을 시작하려면 좀 더 많은 메모리가 필요하다. 메모리 크기를 조정하려면 다음과 같이 launch 명령어에서 메모리 값을 정의한다.

```
→ multipass launch -m 4G -n dubuntu
Launched: dubuntu
→ multipass list
Name                    State           IPv4            Image
docker                  Running         192.168.64.3    Ubuntu 20.04 LTS
dubuntu                 Running         192.168.64.4    Ubuntu 20.04 LTS

→ multipass exec dubuntu -- bash

ubuntu@dubuntu:~$ free -m
```

---

15 https://multipass.run/

	total	used	free	shared	buff/cache	available
Mem:	3945	79	3640	0	225	3653

CAUTION_ 멀티패스는 -c 2 명령어로 두 개의 CPU를 할당할 수 있지만 맥 OS에서 컨테이너가 손상될 수 있다. 하이퍼바이저 구현상 CPU를 늘리는 것은 문제가 될 수 있다고 가정하고 주의를 기울여야 한다. 메모리를 늘리는 것은 문제가 되지 않는다.

이미 설정한 모든 항목을 다시 설치하지 않고 기존 컨테이너의 메모리를 늘릴 수 있다. 이 프로세스는 문제가 될 수 있으므로 주의해야 한다. 일반적으로는 launchctl로 멀티패스 프로세스를 중지하고(그렇지 않으면 변경 사항을 덮어쓴다) 구성 JSON을 편집한 다음 멀티 프로세스를 다시 시작한다.

```
→ sudo launchctl unload /Library/LaunchDaemons/com.canonical.multipassd.plist
→ sudo vi "/var/root/Library/Application Support/multipassd/multipassd-vm-instances.json"
→ sudo launchctl load /Library/LaunchDaemons/com.canonical.multipassd.plist
```

편집할 JSON 파일(multipassd-vm-instances.json)이 다음과 같이 나타날 것이다.

```
{
    "dubuntu": {
        "deleted": false,
        "disk_space": "5368709120",
        "mac_addr": "52:54:00:27:53:b4",
        "mem_size": "4294967296",
        "metadata": {
        },
        "mounts": [
        ],
        "num_cores": 1,
        "ssh_username": "ubuntu",
        "state": 4
    }
}
```

메모리를 재정의하려면 mem_size의 값을 수정한다(바이트 단위). 가능하다면 1GB로 적절하게 나눌 수 있는 숫자로 표시하는 것이 좋다. 1GB는 1024 * 1024 * 1024 = 1,073,741,824 바이트이기 때문에 1,073,741,824의 배수인 숫자를 표시해야 한다. 예를 들어 8GB인 경우에는 1073741824 * 8 = 8589934592를 입력한다.

편집 후에는 `sudo launchctl load /Library/LaunchDaemons/com.canonical.multi passd.plist` 명령어를 실행해야 메모리 변경 사항이 적용된다.

8.2.2 컨테이너 및 매핑 폴더 입력

`multipass exec <containername> -- <command launched inside>`와 같은 명령을 사용하여 컨테이너 내에 명령을 실행할 수 있다. 예를 들어 컨테이너의 여유 메모리를 확인하거나 배시 셸을 시작하려면 다음을 명령어를 실행한다.

```
→ multipass exec dubuntu -- free -m
              total       used       free     shared  buff/cache   available
Mem:           3945         77       3640          0         226        3654
Swap:             0          0          0

→ multipass exec dubuntu -- bash

ubuntu@dubuntu:~$ ls -al
total 36
drwxr-xr-x 5 ubuntu ubuntu 4096 .
drwxr-xr-x 3 root   root   4096 ..
-rw------- 1 ubuntu ubuntu  107 .bash_history
-rw-r--r-- 1 ubuntu ubuntu  220 .bash_logout
-rw-r--r-- 1 ubuntu ubuntu 3771 .bashrc
drwx------ 2 ubuntu ubuntu 4096 .cache
drwx------ 3 ubuntu ubuntu 4096 .gnupg
-rw-r--r-- 1 ubuntu ubuntu  807 .profile
drwx------ 2 ubuntu ubuntu 4096 .ssh
ubuntu@dubuntu:~$ exit
exit
→
```

기본 컨테이너로 설정할 컨테이너를 지정하면 기본 컨테이너의 셸을 더 쉽게 시작할 수 있다. 그런 다음 multipass shell을 실행하면 된다.

```
→ multipass set client.primary-name=dubuntu
→ multipass shell

ubuntu@dubuntu:~$
```

맥 OS의 홈 폴더를 컨테이너의 폴더에 매핑하려면 다음을 명령어를 실행한다.

```
→ multipass mount $HOME dubuntu:/home/ubuntu/mac
Enabling support for mounting -

→ multipass exec dubuntu -- ls -ald mac
drwxr-xr-x 1 ubuntu ubuntu 3936 mac
→ multipass info dubuntu
Name:           dubuntu
State:          Running
IPv4:           192.168.64.4
Release:        Ubuntu 18.04.4 LTS
Image hash:     2f6bc5e7d9ac (Ubuntu 18.04 LTS)
Load:           0.00 0.08 0.07
Disk usage:     1.1G out of 4.7G
Memory usage:   81.9M out of 3.9G
Mounts:         /Users/irakli => /home/ubuntu/mac
→ multipass exec dubuntu -- ls -al mac
total 240120
drwxr-xr-x 1 ubuntu ubuntu     3936 .
drwxr-xr-x 6 ubuntu ubuntu     4096 ..
-rw-r--r-- 1 ubuntu ubuntu    10244 .DS_Store
drwx------ 1 ubuntu ubuntu       64 .Trash
drwxr-xr-x 1 ubuntu ubuntu      512 .atom
drwxr-xr-x 1 ubuntu ubuntu      128 .aws
```

이제 멀티패스를 통해 실행된 가상의 리눅스 환경이 구성되어 도커와 쿠버네티스 설치가 매우 간단해졌다.

8.3 도커 설치

일반적인 도커 설치 프로세스에 따라 컨테이너 내부에 도커를 설치한다.

```
→ multipass shell

ubuntu@dubuntu:~$ sudo apt-get update && sudo apt-get upgrade -y
ubuntu@dubuntu:~$ sudo apt-get install build-essential -y

# 온전성 검사
ubuntu@dubuntu:~$ sudo apt-get remove docker \
                 docker-ce-cli docker-engine docker.io containerd runc

# 도커 및 도커 컴포즈 설치
ubuntu@dubuntu:~$ sudo snap install docker
ubuntu@dubuntu:~$ echo 'export PATH=/snap/bin:$PATH' >> ~/.bashrc
ubuntu@dubuntu:~$ source ~/.bashrc
```

현재 상태에서는 (sudo를 통해)루트 권한으로 도커를 실행해야 하기 때문에 보안 문제가 발생할 수 있으며 불편하다. 이 문제를 해결하기 위해 다음과 같이 권한이 없는 사용자(예제의 경우 ubuntu)에 도커 그룹 권한을 부여한다. 변경 사항을 적용하려면 우분투에서 로그아웃했다가 다시 로그인한다.

```
ubuntu@dubuntu:~$ sudo groupadd docker
ubuntu@dubuntu:~$ sudo usermod -aG docker $USER
ubuntu@dubuntu:~$ exit
logout
→ multipass restart
→ multipass shell

ubuntu@dubuntu:~$ docker ps
CONTAINER ID   STATUS   IMAGE   PORTS   NAMES

ubuntu@dubuntu:~$ docker version
Client:
 Version:        19.03.11
 API version:    1.40

ubuntu@dubuntu:~$ docker-compose --version
docker-compose version 1.25.5, build unknown
```

이제 설치된 도커 환경을 테스트하기 위해 도커 컴포즈를 사용하여 MySQL 데이터베이스를 실행해보자.

8.3.1 도커 테스트

먼저 도커 컴포즈 명령이 포함된 `mysql-stack.yml` 파일을 생성한다.

```
version: '3.1'

services:
  db:
    image: mysql
    restart: always
    environment:
      MYSQL_ROOT_PASSWORD: rootPass
    ports:
      - 33060:3306
```

기본적으로 도커 컴포즈는 `docker-compose.yml` 파일에 작성한다. 하지만 `-f` 플래그와 함께 도커 컴포즈를 실행하면 사용자가 원하는 파일의 이름을 지정할 수 있다. 다음 명령어를 사용하여 도커 컨테이너에 MySQL을 실행한다.

```
ubuntu@dubuntu:~$ docker-compose -f mysql-stack.yml up -d

ubuntu@dubuntu:~$ docker ps
CONTAINER ID   STATUS         IMAGE    PORTS
e08f6f072c89   Up 3 seconds   mysql    33060/tcp, 0.0.0.0:33060->3306/tcp
```

이제 도커와 도커 컴포즈 테스트를 완료했다. 다음 절에서는 도커를 사용하여 카산드라 데이터베이스와 같은 고급 구성 요소를 로컬에 간단하게 설치하는 방법을 소개한다.

8.4 도커 사용 고급 예제: 카산드라 설치

앞서 우리는 도커 컴포즈를 사용하여 컨테이너화된 MySQL 데이터베이스를 실행하는 방법을 알아봤다. 이제 좀 더 복잡한 단계로 컨테이너에서 카산드라 데이터베이스를 실행하는 방법을 알아보자. 카산드라는 강력한 기능을 가진 인기 있는 데이터베이스로 클라우드 네이티브 기반의 마이크로서비스를 개발하다 보면 언젠가는 필요할지도 모르는 솔루션이다.

> **TIP** 카산드라는 기본 1GB 이상의 메모리가 필요하다. 멀티패스 컨테이너에 충분한 메모리 크기(6~8GB)가 할당되었는지 확인하자.

먼저 컨테이너에 cassandra 디렉터리를 생성한 후 해당 디렉터리에 다음 내용이 포함된 docker-compose.yml 파일을 작성한다.

```yaml
version: '3'

services:
  cassandra-seed:
    container_name: cassandra-seed
    image: cassandra:3.11
    ports:
      - "9042:9042"    # 네이티브 프로토콜 클라이언트
    # - "7199:7199"    # JMX
    # - "9160:9160"    # 절약 클라이언트
    volumes:
      - local_cassandra_data_seed:/var/lib/cassandra

volumes:
  local_cassandra_data_seed:
```

파일 작성을 완료한 후 다음 명령어를 실행한다.

```
ubuntu@dubuntu:~/cassandra$ docker-compose up -d
Creating network "cassandra_default" with the default driver
Creating cassandra-seed ... done
ubuntu@dubuntu:~/cassandra$ docker-compose ps
Name                 Command                 State         Ports
-----------------------------------------------------------------------
cassandra-seed    docker-entrypoint.sh cassa ...    Up       7000/tcp, 7001/tcp
```

```
ubuntu@dubuntu:~/cassandra$ docker exec -it cassandra-seed cqlsh
Connected to Test Cluster at 127.0.0.1:9042.
[cqlsh 5.0.1 | Cassandra 3.11.6 | CQL spec 3.4.4 | Native protocol v4]
Use HELP for help.
cqlsh> DESCRIBE keyspaces;
```

마지막 명령인 DESCRIBE keyspaces는 카산드라에 있는 모든 키 스페이스를 표시한다. 카산드라 설치 확인을 마쳤다면 다음으로 쿠버네티스를 설치하는 방법을 알아보자.

8.5 쿠버네티스 설치

도커 컴포즈는 대부분의 경우에 마이크로서비스를 오케스트레이션하는 데 필요한 다양한 구성요소와 충분한 기능을 제공한다. 쿠버네티스는 도커 컴포즈보다 훨씬 더 많은 기능을 제공하는 인기 있는 솔루션이다. 하지만 그만큼 도커 컴포즈보다 더 복잡하다.

CAUTION_ 꼭 필요한 경우가 아니라면 로컬 환경에서 쿠버네티스를 사용하는 것을 권장하지 않는다. 일반적으로 코딩 작업에는 로컬 환경의 쿠버네티스를 사용하지 않는 것을 권한다. 도커와 도커 컴포즈는 대부분의 컨테이너 관련 작업을 더 쉽게 수행할 수 있으며 컨테이너 빌드를 위한 더 간단한 도구를 제공한다. 쿠버네티스는 개발 환경에서는 거의 필요하지 않지만 프로덕션, 스테이징, 성능 테스트 등과 같은 환경에서는 매우 중요하다. 하지만 타겟 테스트와 같은 일부 상황에서는 쿠버네티스를 로컬 환경에서 사용하는 경우도 있다.

단일 머신에는 공식 쿠버네티스 배포판을 설치할 수 없다. 쿠버네티스는 여러 대의 서버로 구성된 클러스터에 배포하도록 설계되었다. 하지만 단일 시스템에서 쿠버네티스를 설치할 수 있는 여러 개의 다양한 프로젝트가 있다. 가장 기본적인 것은 쿠버네티스를 관리하는 클라우드 네이티브 컴퓨팅 재단Cloud Native Computing Foundation에서 개발한 미니쿠베Minikube[16]다. 그 외에 단순성과 신뢰성을 기반으로 한 다른 솔루션으로 랜처Rancher의 k3s[17]와 캐노니컬의 MicroK8s[18]가

---

16 https://oreil.ly/09SON
17 https://k3s.io/
18 https://microk8s.io/

있다.

우리는 k3s를 사용하여 다음과 같이 로컬 환경에 쿠버네티스를 설치한다.

```
ubuntu@dubuntu:~$ curl -sfL https://get.k3s.io | sh -
[INFO]  Finding release for channel stable
[INFO]  Using v1.17.4+k3s1 as release
[INFO]  Downloading hash \
https://github.com/rancher/k3s/releases/download/v1.17.4+k3s1/...
[INFO]  Downloading binary \
https://github.com/rancher/k3s/releases/download/v1.17.4+k3s1/k3s
[INFO]  Verifying binary download
[INFO]  Installing k3s to /usr/local/bin/k3s
...

ubuntu@dubuntu:~$ sudo k3s kubectl get nodes
NAME       STATUS    ROLES     AGE     VERSION
dubuntu    Ready     master    104s    v1.17.4+k3s1
```

MicroK8의 경우 설치 단계는 비슷하지만 현재 사용자를 microk8s 그룹에 추가해야 하기 때문에 도커 설치 과정에서 했던 것처럼 재로그인이 필요하다.

```
ubuntu@dubuntu:~$ sudo snap install microk8s --classic
microk8s v1.18.1 from Canonical✓ installed
ubuntu@dubuntu:~$ sudo usermod -a -G microk8s $USER
ubuntu@dubuntu:~$ sudo chown -f -R $USER ~/.kube
ubuntu@dubuntu:~$ exit
logout
→ multipass shell

ubuntu@dubuntu:~$ microk8s.kubectl get services --all-namespaces
NAMESPACE  NAME        TYPE       CLUSTER-IP      PORT(S)   AGE
default    kubernetes  ClusterIP  10.152.183.1    443/TCP   3m22s
```

매우 간단한 방법으로 쿠버네티스 클러스터 구성을 완료했다.

기본 쿠버네티스 환경은 컨테이너를 빌드하는 도구가 없기 때문에 사전에 빌드된 이미지의 레지스트리 URI를 제공해야 한다. 이러한 단점으로 쿠버네티스는 개발 단계에서는 번거로운 선택이 될 수 있다. 간소화된 빌드-런-테스트 주기를 용이하게 하는 확실한 솔루션이 없기 때문이다. 쿠버네티스는 비개발(QA, 스테이징, preprod, prod) 환경의 정교한 오케스트레이션을 위한 도구에 가깝다. 하지만 쿠버네티스가 릴리스 된 지 몇 년 후에 스캐폴드Skaffold[19]라는 오픈 소스 도구가 개발되어 쿠버네티스 라이프 사이클에 컨테이너 이미지 빌드 과정을 추가할 수 있다.

이 책의 대부분의 코딩 예제에서는 로컬 환경의 쿠버네티스를 사용하지 않는다. 쿠버네티스로 마이크로서비스를 구현한 예제를 보고 싶다면 스캐폴드 데모 프로젝트를 제공하는 깃허브 저장소[20]를 참고하기 바란다.

8.6 마치며

이번 장에서는 대부분의 개발자가 시간을 보내는 워크스페이스를 편안하고 효율적인 공간이 되도록 설계하는 방법을 주제로 다뤘다. 개발자 워크스페이스를 구축하기 위한 10가지 원칙을 소개하고 맥 OS, 윈도우, 우분투 리눅스와 같은 다양한 주요 운영체제에서 위한 컨테이너화 기반 환경을 구축하는 방법을 설명했다.

이러한 개념과 기술을 통해 개발 팀이 즐겁게 협업하고 새로운 개발자가 쉽게 적응할 수 있는 좋은 개발 환경을 구축할 수 있다. 다음 장에서는 여기서 설명한 목표와 원칙을 기반으로 코드와 기본 프로젝트를 조합하는 방법을 설명한다.

---

19 *https://skaffold.dev/*
20 *https://oreil.ly/WHcqP*

## CHAPTER 9

마이크로서비스 개발

지금까지 논의한 기술을 적용하여 여러 개의 샘플 마이크로서비스 프로젝트를 구현해보자. 샘플 프로젝트의 마이크로서비스 구현은 시연을 목적으로 매우 단순하게 설명한다. 하지만 여기서 사용한 단계와 접근 방식은 훨씬 더 큰 실제 프로젝트에도 적용할 수 있다.

우리는 4장에서 설명한 것과 유사하게 이벤트 스토밍을 이용해 제한된 콘텍스트 분석으로 마이크로서비스에 적합한 후보를 식별하는 것부터 시작한다. 다음으로 3장에서 논의한 SEED(S) 설계 방법론의 7단계에 따라 두 개의 샘플 마이크로서비스 코드 작성을 시작한다. 이러한 서비스를 구현할 때에는 5장 데이터 모델링 가이드를 적용한다. 마지막으로 개발 환경에서 여러 개의 마이크로서비스를 함께 실행하는 방법을 포함하여 8장에서 소개한 다양한 가이드라인을 통해 개발자 친화적인 환경을 구성한다.

9.1 마이크로서비스 엔드포인트 설계

이벤트 스토밍 세션에서 항공 관리 소프트웨어 제품에 대해 두 가지 주요 경계 콘텍스트를 식별했다고 가정하자.

- 항공편 관리
- 예약 관리

4장에서 논의했듯이 초기 단계에서는 마이크로서비스를 대략적인 방식으로 설계하는 것이 좋다. 우리는 제한된 콘텍스트에 맞춰 ms-flights와 ms-reservations인 두 개의 마이크로서비스로 정렬한다.

이제 대상 마이크로서비스를 식별했으므로 3장에서 소개한 SEED(S) 설계 프로세스를 사용한다. SEED(S) 방법론의 첫 번째 단계에 따라 다양한 행위자를 식별한다. 우리는 다음과 같은 행위자를 가정한다.

- 항공편을 예약하려는 고객
- 항공사의 앱(웹, 모바일 등)
- 앱과 상호작용하는 웹 API(3장에서는 이를 '프런트엔드용 백엔드' 또는 'BFF API' 라 부른다)
- 항공편 관리 마이크로서비스: ms-flights
- 예약 관리 마이크로서비스: ms-reservations

제품 팀이 고객 인터뷰와 비즈니스 분석 조사를 통해 수집한 몇 가지 JTBD 샘플을 살펴보자.

1. 고객이 UI와 상호작용할 때 앱은 고객이 좌석을 선택할 수 있도록 예약, 사용 가능 상태를 보여주는 좌석 차트를 렌더링해야 한다.

2. 고객이 예약을 완료하면 웹 앱은 예약된 좌석을 반영하여 예약 충돌이 발생하지 않게 해야 한다.

앞서 3장에서 BFF API를 비즈니스 로직이 없는 얇은 레이어로 구현하기를 권장했다. BFF API는 일반적으로 마이크로서비스를 조합한다. 다음 작업은 좀 더 기술적인 JTBD로 BFF API와 마이크로서비스 간 요구사항을 설명한다.

1. BFF API가 좌석 배치도 제공 요청을 받으면 항공 좌석 구성을 제공하기 위해 ms-flights가 필요하다. BFF API는 좌석 구성을 활용하여 좌석이 예약 가능한지 조회하고 최종 결과를 렌더링한다.

2. BFF API가 좌석 배치도를 렌더링해야 하는 경우 이미 예약된 좌석의 목록을 제공하기 위해 ms-reservations가 필요하다. BFF API는 좌석 구성에 예약 데이터를 추가하고 좌석 배치도를 반환한다.

3. 사용자가 BFF API에 좌석 예약을 요청하면 ms-reservations를 통해 좌석을 예약한다.

다음으로 SEED(S) 방법론에 따라 PlantUML 형식의 UML 시퀀스 다이어그램을 사용하여 다양한 작업으로 표현되는 상호작용을 설명한다.

```
@startuml

actor Customer as cust
participant "Web App" as app
participant "BFF API" as api
participant "ms-flights" as msf
participant "ms-reservations" as msr

cust -[#blue]-> app ++: "Flight Seats Page"
app -[#blue]-> api ++: flight.getSeatingSituation()
api -[#blue]-> api: auth
api -> msf ++: getFlightId()
msf --> api: flight_id
api -> msf: getFlightSeating()
return []flightSeating
api -> msr ++: getReservedSeats()
return []reservedSeats
return []SeatingSituation
return "Seats Selection Page"
|||
cust -[#blue]->app ++: "Choose a seat & checkout"
app-[#blue]->app: "checkout workflow"
app-[#blue]->api ++: "book the seat"
api -[#blue]->api: auth
api->msr ++: "reserveSeat()"
return "success"
return "success"
return "Success Page"
@enduml
```

이는 PlantUML[1]과 같은 도구를 사용하여 [그림 9-1]에 표시된 UML 다이어그램으로 렌더링할 수 있다.

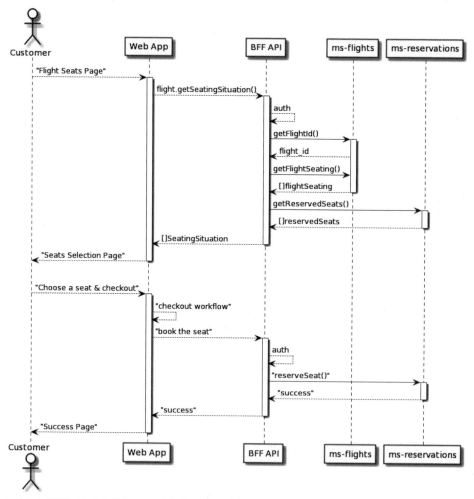

그림 9-1 다양한 JTBD의 상호작용을 나타내는 시퀀스 다이어그램

다이어그램에서 알 수 있듯이 첫 번째 JTBD는 고객에게 '항공기 좌석' 페이지를 제공한다. 이 작업을 수행하기 위해 앱(또는 웹사이트)은 프런트엔드(BFF) API를 호출하여 좌석의 예약 '상황'을 반환해야 한다. BFF API는 먼저 앱이 이러한 요청을 처리할 권한이 있는지 확인하기

---

1 http://www.plantuml.com/

위해 호출을 인증한다. auth로 인증을 통과하면 ms-flights 마이크로서비스에서 flight_id를 가져온다. 고객은 일반적으로 고유하지 않은 항공편 번호와 날짜를 입력하기 때문에 flight_id가 필요하다. 고유 flight_id가 반환되면 BFF API는 ms-flights에서 좌석 목록을 가져온다. 또한 예약된 좌석을 나타내기 위해 ms-reservations를 별도로 호출하여 예약된 좌석 목록을 가져온다.

여기서 특히 중요한 점은 마이크로서비스가 서로 간 직접 통신하지 않고 API 계층을 통해 오케스트레이션 된다는 것이다. ms-flights는 ms-reservations에 예약된 좌석 목록을 직접 쿼리하지 않는다. 대신에 BFF API가 필요한 모든 정보를 수집하고 조합한 데이터를 앱/웹 사이트로 반환하여 고객에게 원하는 화면을 렌더링한다.

[그림 9-1]의 두 번째 JTBD를 살펴보자. 고객이 현재 좌석 상황을 확인하고 특정(사용 가능한) 좌석을 선택하여 예약하고자 한다. 이러한 작업을 수행하기 위해서 API는 auth로 다시 인증한 다음 ms-reservations 마이크로서비스에 reserveSeat()를 호출하여 예약을 시도한다. 이후에는 예약의 결과에 따라 성공 또는 실패 상태를 앱에 반환한다. 고객은 앱을 통해 요청이 완료되었는지 여부를 확인한다.

JTBD의 상호작용을 이해했다면 JTBD를 쿼리와 작업으로 변환할 수 있다. ms-flights 및 ms-reservations 모두에 대해 이 작업을 수행한다. 3장에서는 마이크로서비스뿐만 아니라 BFF API에 대한 작업 및 쿼리도 설계해야 한다고 설명했지만 이번 장에서는 BFF API 설계는 다루지 않는다.

9.1.1 항공편 마이크로서비스

ms-flights에 대한 작업과 쿼리를 컴파일하면 다음과 같다.

항공편 세부 정보 얻기

- 입력: flight_no, departure_local_date_time(국제 표준 형식(ISO 8601) 및 현지 시각)
- 응답: 특정 날짜의 특정 항공편을 식별하는 고유한 flight_id이다. 실제로는 항공편과 관련된 다른 필드도 함께 반환할 가능성이 매우 크지만 여기서는 예제 설명에 필요한 최소한의 필드로 flight_id만 응답한다.

항공편 좌석 정보(항공편 좌석 다이어그램)

- 입력: `flight_id`
- 응답: JSON 형식의 좌석 맵 객체[2]

9.1.2 예약 마이크로서비스

`ms-reservations`에 대한 작업과 쿼리를 컴파일하면 다음과 같다.

항공편의 예약된 좌석 조회

- 입력: `flight_id`
- 응답: 이미 예약된 좌석 번호 목록, 각 좌석 번호는 '2A'와 같은 형식을 갖는다.

항공편 좌석 예약

- 입력: `flight_id, customer_id, seat_num`
- 예상되는 결과: 좌석이 이미 예약되어 다른 사용자가 사용할 수 없거나 좌석을 사용할 수 없는 경우 오류가 발생한다.
- 응답: 성공(`200 Success`) 또는 실패(`403 Forbidden`)

앞서 3장에서 논의했듯이 작업과 쿼리를 작성하는 것의 장점은 비즈니스 기반 작업(JTBD) 형식으로 작업을 표시할 때보다 더 기술적인 서비스 스펙을 작성할 수 있다는 것이다.

이제 마이크로서비스에 대한 작업과 쿼리가 준비되었으니 표준 형식으로 구축하고자 하는 마이크로서비스를 설명할 수 있다. 우리의 경우 RESTful 마이크로서비스를 구축하고 OAS로 설명할 예정이다. 다음 절에서는 두 마이크로서비스에 대한 OAS 스펙을 살펴본다.

9.1.3 OpenAPI 스펙 설계

방금 설계한 쿼리와 명령 스펙에 따라 OpenAPI 스펙(OAS)으로의 변환이 매우 간단해졌다. 스펙의 상단 부분에는 일반적으로 메타 정보를 작성한다.

---

2 예제 설명을 위해 업계 표준인 사브레(Sabre)에서 제공하는 Restful API(*https://oreil.ly/oQA29*)의 좌석 맵 객체 구조를 사용한다.

```
openapi: 3.0.0
  info:
    title: Flights Management Microservice API
    description: |
      API Spec for Flight Management System
    version: 1.0.1
  servers:
    - url: http://api.example.com/v1
      description: Production Server
```

/flights 엔드포인트는 요청의 쿼리 문자열에 flight_no 및 departure_date_time 입력 매
개 변수를 제공한다. 스키마는 성공적인 응답을 위해 flight_id, 출발지 공항의 식별자 코드,
목적지 공항의 식별자 코드, HTTP 코드 (200)를 포함하는 JSON의 구조를 응답해야 한다.
/flights 엔드포인트의 OpenAPI 형식은 다음과 같다.

```
paths:
    /flights:
      get:
        summary: Look Up Flight Details with Flight No and Departure Date
        description: |
          Look up flight details, such as: the unique flight_id used by the
          rest of the Flights management endpoints, flight departure and
          arrival airports.

          Example request:
          ```
            GET http://api.example.com/v1/flights?
                flight_no=AA2532&departure_date_time=2020-05-17T13:20
          ```
        parameters:
          - name: flight_no
            in: query
            required: true
            description: Flight Number.
            schema:
              type: string
            example: AA2532
          - name: departure_date_time
            in: query
            required: true
            description: Date and time (in ISO8601)
```

```
  schema:
    type: string
    example: 2020-05-17T13:20


responses:
  '200':    # 응답 성공
    description: Successful Response
    content:
      application/json:
        schema:
          type: array
          items:
            type: object
            properties:
              flight_id:
                type: string
                example: "edcc03a4-7f4e-40d1-898d-bf84a266f1b9"
              origin_code:
                type: string
                example: "LAX"
              destination_code:
                type: string
                example: "DCA"

          example:
            flight_id: "edcc03a4-7f4e-40d1-898d-bf84a266f1b9"
            origin_code: "LAX"
```

/flights/{flight_no}/seat_map 엔드포인트는 URL의 쿼리 문자열 대신에 URL 경로에서 flight_no 입력 매개 변수를 사용한다. 응답 객체는 업계 표준인 사브레[Sabre]의 Seat Map API[3]에서 사용하는 SeatMap 객체 구조를 참고하여 사용한다. 실제로 상용 API를 빌드하는 경우에는 자체적으로 API를 설계하거나 원작자로부터 재사용 권한을 얻어야 한다.

```
/flights/{flight_no}/seat_map:
  get:
    summary: Get a seat map for a flight
    description: |
      Example request:
      ```
```

---

**3** *https://oreil.ly/ySRA0*
```

```
      GET http://api.example.com/
          v1/flights/AA2532/datetime/2020-05-17T13:20/seats/12C
   ```
parameters:
  - name: flight_no
    in: path
    required: true
    description: Unique Flight Identifier
    schema:
      type: string
    example: "edcc03a4-7f4e-40d1-898d-bf84a266f1b9"

responses:
  '200':   # 응답 성공
    description: Successful Response
    content:
      application/json:
        schema:
          type: object
          properties:
            Cabin:
              type: array
              items:
                type: object
                properties:
                  firstRow:
                    type: number
                    example: 8
                  lastRow:
                    type: number
                    example: 23
                  Wing:
                    type: object
                    properties:
                      firstRow:
                        type: number
                        example: 14
                      lastRow:
                        type: number
                        example: 22
                  CabinClass:
                    type: object
                    properties:
                      CabinType:
                        type: string
```
```

```
                example: Economy
    Column:
      type: array
      items:
        type: object
        properties:
          Column:
            type: string
            example: A
          Characteristics:
            type: array
            example:
              - Window
            items:
              type: string
Row:
  type: array
  items:
    type: object
    properties:
      RowNumber:
        type: number
        example: 8
      Seat:
        type: array
        items:
          type: object
          properties:
            premiumInd:
              type: boolean
              example: false
            exitRowInd:
              type: boolean
              example: false
            restrictedReclineInd:
              type: boolean
              example: false
            noInfantInd:
              type: boolean
              example: false
            Number:
              type: string
              example: A
            Facilities:
              type: array
```

```
items:
  type: object
  properties:
    Detail:
      type: object
      properties:
        content:
          type: string
          example: LegSpaceSeat
```

항공편 마이크로서비스의 전체 OpenAPI 스펙은 이 책의 깃허브 사이트[4]를 참조하기 바란다.

OAS는 스웨거Swagger와 같은 여러 편집기로 렌더링할 수 있다. 항공편 마이크로서비스의 OAS를 렌더링하면 [그림 9-2]와 같이 나온다.

그림 9-2 스웨거 편집기로 렌더링된 ms-flight의 OAS

----

4 https://oreil.ly/Microservices_UpandRunning_api_yml

예약 시스템 엔드포인트의 OpenAPI 스펙은 항공편 마이크로서비스와 유사하며 다음과 같다.

```yaml
openapi: 3.0.0
info:
  title: Seat Reservation System API
  description: |
    API Spec for Fight Management System
  version: 1.0.1
servers:
  - url: http://api.example.com/v1
    description: Production Server
paths:
  /reservations:
    get:
      summary: Get Reservations for a flight
      description: |
        Get all reservations for a specific flight
      parameters:
        - name: flight_id
          in: query
          required: true
          schema:
            type: string
      responses:
        '200':    # 응답 성공
          description: Successful Response
          content:
            application/json:
              schema:
                type: array
                items:
                  type: object
                  properties:
                    seat_no:
                      type: string
                      example: "18F"
                example:
                  - { seat_no: "18F" }
                  - { seat_no: "18D" }
                  - { seat_no: "15A" }
                  - { seat_no: "15B" }
                  - { seat_no: "7A" }
    put:
```

```yaml
summary: Reserve or cancel a seat
description: |
  Reserves a seat or removes a seat reservation
requestBody:
  required: true
  content:
    application/json:
      schema:
        type: object
        properties:
          flight_id:
            description: Flight's Unique Identifier.
            type: string
            example: "edcc03a4-7f4e-40d1-898d-bf84a266f1b9"
          customer_id:
            description: Registered Customer's Unique Identifier
            type: string
            example: "2e850e2f-f81d-44fd-bef8-3bb5e90791ff"
          seat_num:
            description: seat number
            type: string
        example:
          flight_id: "edcc03a4-7f4e-40d1-898d-bf84a266f1b9"
          customer_id: "2e850e2f-f81d-44fd-bef8-3bb5e90791ff"
          seat_num: "8D"
responses:
  '200':
    description: |
      Success.
    content:
      application/json:
        schema:
          type: object
          properties:
            status:
              type: string
              enum: ["success", "error"]
              example:
                "success"
  '403':
    description: seat(s) unavailable. Booking failed.
    content:
      application/json:
        schema:
```

```
type: object
properties:
  error:
    type: string
  description:
    type: string
example:
  error: "Could not complete reservation"
  description: "Seat already reserved. Cannot double-book"
```

이제 서비스 설계와 해당 OAS가 준비되었으므로 SEED(S) 프로세스의 마지막 단계인 마이크로서비스 코드 작성을 진행한다.

우리는 항공편과 예약 마이크로서비스를 구현할 때 이 책의 앞부분에서 설명한 원칙을 따른다. 특히 서비스에 대한 다양한 기술 스택을 사용할 예정이다. 예약 마이크로서비스는 파이썬과 플라스크를 사용하여 구현하고 항공편 마이크로서비스는 Node/Express.js를 사용하여 구현한다.

9.2 마이크로서비스 데이터 구현

우리는 5장에서 자세하게 설명한 독립적인 데이터의 필요성을 강조하기 위해 완전히 다른 백엔드 데이터 시스템을 사용하여 두 개의 마이크로서비스가 데이터 공간을 공유하지 않도록 구현한다. 예약 서비스에는 레디스를 사용하고 항공편 서비스에는 MySQL을 사용하며, 각각의 데이터 저장 메커니즘 선택으로부터 마이크로서비스가 얻는지 이점을 소개한다. 먼저 예약 시스템 마이크로서비스에 대한 데이터부터 알아보자.

9.2.1 예약 서비스의 데이터 모델을 위한 레디스

예약 시스템에서는 항공편 좌석의 예약 현황을 조회하고 아직 예약되지 않은 좌석이라면 예약할 수 있는 기능을 제공한다. 레디스는 이러한 경우에 적합한 간단한 해시 데이터 구조를 갖고 있다.

레디스 해시는 키/값 쌍이 둘 다 문자열 유형인 목록을 저장하는 데 최적화되어있다. 이름, 성,

이메일 등을 가진 사용자 객체를 저장하는 데 자주 사용된다. 샘플 예제에서는 좌석 예약 정보를 위한 장소 역할을 한다. 우리는 각 flight_id(특정 항공편)에 대한 해시 객체를 저장한다. 해시의 키는 항공편의 좌석 번호이고 값은 예약된 고객의 customer_id다. 레디스는 해시에서 새 값을 설정하고 예약된 모든 좌석을 알아야 하는 경우에 모든 설정 값을 가져올 수 있다. 또한 동일한 키(좌석)이 존재하지 않을 때만 값을 설정할 수 있는 매우 편리한 기능을 제공한다. 일반적으로 항공편 좌석을 이중 예약하지 않기 때문에 이는 매우 유용하다.

> ### 예약 서비스를 위한 데이터베이스로 레디스를 사용
>
> 예약을 위한 데이터 저장소로 단순성과 유연성의 특징을 지닌 레디스를 사용한다.

flight_id가 40d1-898d-bf84a266f1b9인 된 항공편에서 여러 좌석을 예약하는 예를 살펴보자. 레디스를 직접 설치하거나 예약 마이크로서비스를 깃허브 저장소[5]를 체크아웃하여 make redis로 레디스를 실행한 후 Redis CLI에서 다음 명령어를 실행한다(먼저 make start로 ms-reservations-redis 컨테이너를 실행해야 한다).

```
> HSETNX flight:40d1-898d-bf84a266f1b9 12B b4cdf96e-a24a-a09a-87fb1c47567c
(integer) 1
> HSETNX flight:40d1-898d-bf84a266f1b9 12C e0392920-a24a-b6e3-8b4ebcbe7d5c
(integer) 1
> HSETNX flight:40d1-898d-bf84a266f1b9 11A f4892d9e-a24a-8ed1-2397df0ddba7
(integer) 1
> HSETNX flight:40d1-898d-bf84a266f1b9 3A 017d40c6-a24b-b6d7-4bb15d04a10b
(integer) 1
> HSETNX flight:40d1-898d-bf84a266f1b9 3B 0c27f7c8-a24b-9556-fb37c840de89
(integer) 1
> HSETNX flight:40d1-898d-bf84a266f1b9 22A 0c27f7c8-a24b-9556-fb37c840de89
(integer) 1
> HSETNX flight:40d1-898d-bf84a266f1b9 22B 24ae6f02-a24b-a149-53d7a72f10c0
(integer) 1
```

여기서 사용하는 HSETNX 명령은 키에 아직 값이 없는 경우에만 지정된 값으로 HSET 키의 값을 설정한다. 이렇게 하면 좌석의 중복 예약을 방지할 수 있다.

---

5 *https://oreil.ly/ZmFAQ*

다음으로 특정 항공편에서 예약된 좌석 전체를 조회하는 방법을 살펴보자.

```
> HKEYS flight:40d1-898d-bf84a266f1b9
1) "12B"
2) "12C"
3) "11A"
4) "3A"
5) "3B"
6) "22A"
7) "22B"
```

키와 값을 모두 얻으려면 다음 명령어를 실행한다.

```
> HGETALL flight:40d1-898d-bf84a266f1b9
 1) "12B"
 2) "b4cdf96e-a24a-a09a-87fb1c47567c"
 3) "12C"
 4) "e0392920-a24a-b6e3-8b4ebcbe7d5c"
 5) "11A"
 6) "f4892d9e-a24a-8ed1-2397df0ddba7"
 7) "3A"
 8) "017d40c6-a24b-b6d7-4bb15d04a10b"
 9) "3B"
10) "0c27f7c8-a24b-9556-fb37c840de89"
11) "22A"
12) "0c27f7c8-a24b-9556-fb37c840de89"
13) "22B"
14) "24ae6f02-a24b-a149-53d7a72f10c0"
```

12C와 같이 이미 예약된 좌석의 중복 예약을 시도하면 다음과 같다.

```
> HSETNX flight:40d1-898d-bf84a266f1b9 12C 083a6fc2-a24d-889b-6fc480858a38
(integer) 0
```

HSETNX 명령의 응답이 이전에 얻은 (integer) 1이 아닌 (integer) 0으로 나온다. 이는 12C 가 이미 예약되었기 때문에 0개의 필드가 업데이트되었음을 의미한다.

ms-reservations를 위한 데이터 스토어로 레디스를 선택하면 서비스에 필요한 기능을 쉽고 자연스럽게 구현할 수 있다. 우리는 HSET와 같이 우리의 요구사항에 잘 맞는 데이터 구조를 사용할 수 있으며 HSETNX 명령어와 같이 신뢰할 수 있는 간단한 방법으로 중복 예약을 방지할 수 있다.

레디스는 다양한 경우에 활용할 수 있는 훌륭한 키/값 저장소로 개발자 사이에서 많은 팬층을 보유하고 있다. 하지만 모든 경우에 적합한 완벽한 데이터베이스는 아니다. 다른 데이터 요구 사항에 더 적합한 데이터베이스가 있을 수 있다.

이를 설명하기 위해 다음 절에서는 전통적인 SQL 데이터베이스를 사용하여 ms-flights 마이크로서비스의 데이터를 구현한다.

9.2.2 항공편 마이크로서비스의 데이터 모델을 위한 MySQL

항공편 마이크로서비스에 필요한 첫 번째 데이터 모델은 좌석 배치도다. 항공편 마이크로서비스의 좌석 배치도는 OAS에서 정의한 것과 같이 복잡한 JSON 객체다. MySQL은 레디스보다 이러한 JSON 객체를 다루는 데 더 적합하다. MySQL은 MySQL 5.7.8부터 JSON 데이터 유형에 대한 강력한 기본 지원을 제공한다. 이러한 지원은 MySQL 최신 8.x 버전에서 확장 및 개선되었다. 현재는 JSON 값과 JSON 병합 패치 구문의 원자적 업데이트를 지원한다. 레디스는 별도의 RedisJSON 모듈이 있는 경우에만 JSON 객체를 처리할 수 있다.

잘 구현된 JSON 데이터 유형은 JSON 데이터를 문자열 컬럼에 저장하는 것보다 더 좋은 이점을 제공한다. 이러한 이점에는 삽입 중 JSON 문서의 유효성 검사, 내부적으로 최적화된 바이너리 저장소, 키로 식접 하위 객체 및 중첩된 값을 조회하는 기능 등이 있다. 항공편 조회 엔드포인트에서는 flight_no 및 datetime 두 필드로 데이터를 쿼리해야 한다. 관계형 데이터베이스는 이러한 쿼리에 좀 더 적합하다. 레디스에서 동일한 결과를 얻으려면 복합 필드를 만들어야 한다. 대체로 레디스를 사용하여 이러한 기능을 기술적으로 구현하기보다는 MySQL을 선택한다. 먼저 MySQL의 seat_maps 테이블을 살펴보자.

```
CREATE TABLE `seat_maps` (
  `flight_no` varchar(10) NULL,
  `seat_map` json NULL,
  `origin_code` varchar(10) NULL,
  `destination_code` varchar(10) NULL,
```

```
  PRIMARY KEY(`flight_no`)
);
```

필요한 또 다른 테이블은 flight_id, flight_no, datetimes이 조합된 flights 테이블이다. 이 테이블의 생성 스크립트는 다음과 같다.

```
CREATE TABLE `flights` (
  `flight_id` varchar(36) NOT NULL,
  `flight_no` varchar(10) NULL,
  `flight_date` datetime(0) NULL,

  PRIMARY KEY (`flight_id`),
  INDEX `idx_flight_date`(`flight_no`, `flight_date`)

  FOREIGN KEY(flight_no)
    REFERENCES seat_maps(flight_no)
);
```

다음으로 첫 번째 샘플 좌석 배치도를 입력한다.

```
INSERT INTO `seat_maps`(`flight_no`, `seat_map`, `origin_code`, /
`destination_code`) VALUES ('AA2532', '{\"Cabin\": [{\"Row\": [{\"Seat\": /
[{\"Number\": \"A\", \"Facilities\": [{\"Detail\": {\"content\": /
\"LegSpaceSeat\"}}], \"exitRowInd\": false, \"premiumInd\": false, /
\"noInfantInd\": false, \"restrictedReclineInd\": false}], \"RowNumber\": /
8}], \"Wing\": {\"lastRow\": 22, \"firstRow\": 14}, \"Column\": /
[{\"Column\": \"A\", \"Characteristics\": [\"Window\"]}], \"lastRow\": 23, /
\"firstRow\": 8, \"CabinClass\": {\"CabinType\": \"Economy\"}}]}', /
'LAX', 'DCA');
```

데이터베이스에 적절한 JSON 값이 있다면 다음과 같이 특정 값을 간단하게 선택하거나 필터링할 수 있다.

```
select seat_map->>"$.Cabin[0].firstRow" from seat_maps
```

이제 두 마이크로서비스를 위한 데이터 모델이 준비되었으니 마이크로서비스를 위한 코드 구현에 대해 자세히 알아보자.

9.3 마이크로서비스 코드 구현

우리는 각 기술 스택의 검증된 템플릿을 사용하여 새로운 마이크로서비스를 빠르게 시작한다. 항공편 마이크로시스템은 인기 있는 Node.js 부트스트래퍼인 노드 부트스트랩[node bootstrap][6]을 사용하여 구현한다. 예약 마이크로서비스는 파이썬 플라스크 보일러플레이트가 작성된 깃허브 저장소[7]를 사용한다.

재사용 가능한 템플릿으로 마이크로서비스를 시작

각 프로그래밍 언어의 코드 템플릿을 사용하여 마이크로서비스 개발을 시작한다. 템플릿을 사용하면 코드 품질과 개발 속도를 향상시킬 수 있으며 다양한 마이크로서비스를 균일하게 유지할 수 있다.

템플릿은 앞서 8장에서 소개한 로컬 개발 환경이 구성된 것으로 가정하고 도커와 GNU Make 를 사용한다. 도커를 설치하지 않았다면 8장을 참조하여 설치하기 바란다. GNU Make는 일반적으로 맥 OS와 리눅스/유닉스 시스템에 사전 설치되어 제공된다. 윈도우에서 GNU Make 를 설치하는 방법은 다양하다. 필자가 추천하는 방식은 리눅스용 윈도우 하위 시스템[Windows Subsystem for Linux][8]을 사용하는 것이다.

템플릿 프로젝트에서 작업할 때에는 맥 OS, 윈도우, 리눅스 머신에 설치된 코드 편집기와 다양한 make 명령을 활용한다. 컨테이너 내부에서 애플리케이션을 실행하기 때문에 개발 환경에는 도커를 사용할 수 있어야 한다. 낮은 수준의 디버깅을 하지 않는다면 컨테이너 내부에서 명시적으로 셸을 실행할 필요는 없다.

9.3.1 항공편 마이크로서비스 코드

Node/Express 마이크로서비스를 시작하기 위해 노드 부트스트랩을 사용하려면 npm install -g nodebootstrap(시스템에 노드를 사용할 수 있는 경우) 명령어로 설치하거나

---

6 *https://nodebootstrap.io/*

7 *https://oreil.ly/g1LIk*

8 *https://docs.microsoft.com/ko-kr/windows/wsl/install-win10*

nodebootstrap-microservice 깃허브 템플릿 저장소[9]를 복제한다.

로컬 개발 환경에 노드 설치했다면 npm을 통해 설치하는 방식을 권한다. 여기서는 시스템에 노드를 설치하지 않았다고 가정하여 깃 템플릿 복제 방식을 사용한다. 먼저 [그림 9-3]과 같이 nodebootstrap-microservice 저장소 페이지에서 [Use this template] 버튼을 클릭한다 (깃허브에 로그인한 상태여야 한다).

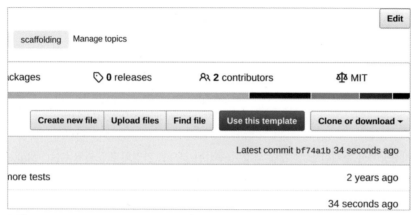

그림 9-3 nodebootstrap-microservice의 깃허브 저장소 페이지

ms-flights 마이크로서비스에 대한 새 저장소를 만든 후 로컬 개발 환경에 복제하여 코드 작성을 시작한다.

노드 부트스트랩 템플릿의 장점은 마이크로서비스의 OAS를 완벽하게 지원한다는 것이다. 이전에 설계한 스펙을 docs/api.yml 파일에 넣어 샘플 스펙과 교체한다. 터미널에서 docs 하위 폴더로 이동한 후 다음과 같이 make start 명령어를 실행한다.

```
→ make start
docker run -d --rm --name ms-nb-docs -p 3939:80 -v \
ms-flights/docs/api.yml:/usr/share/nginx/html/swagger.yaml \
-e SPEC_URL=swagger.yaml redocly/redoc:v2.0.0-rc.8-1
49e0986e318288c8bf6934e3d50ba93537ddf3711453ba6333ced1425576ecdf
server started at: http://0.0.0.0:3939
```

9 https://oreil.ly/Hi-wn

`http://0.0.0.0:3939`에 접속하면 API 스펙이 HTML 템플릿으로 렌더링되어 [그림 9-4]와 같이 나온다.

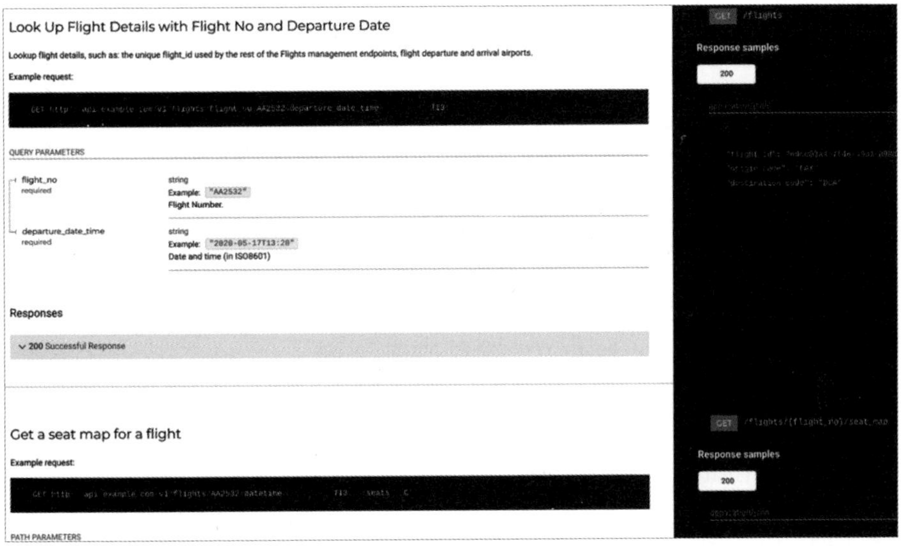

그림 9-4 ms-flights 마이크로서비스의 렌더링된 OAS

Nodebootstrap 마이크로서비스는 `lib/user` 폴더에 위치한 'users' 모듈을 포함한다. 우리는 유저 대신 항공편 관리가 필요하기 때문에 users의 이름을 flights로 수정하고 필요하지 않은 다른 기본 모듈인 `lib/homedoc`은 삭제한다. `lib/homedoc` 폴더를 삭제하면 루트 폴더에 있는 `appConfig.js` 파일에서 homedoc와 관련된 아래 코드를 제거해야 한다.

```
app.use('/',      require('homedoc')); // Attach to root route
```

마찬가지로 동일한 `appConfig.js` 파일에서 users 모듈에 대한 연결을 flights 모듈로 변경한다.

```
app.use('/flights', require('flights')); // Attach to sub-route
```

수정을 완료했다면 `lib/flights/controllers/mappings.js` 파일을 편집하여 몇 가지 입력 유효성 검사를 도입하고, 두 개의 API 엔드포인트에 대해 호출할 마이크로서비스 actions 모듈의 함수를 지정한다.

```
const {spieler, check, matchedData, sanitize} = require('spieler')();

const router       = require('express').Router({ mergeParams: true });
const actions      = require('./actions');

const log = require("metalogger")();

const flightNoValidation = check('flight_no',
  'flight_no must be at least 3 chars long and contain letters and numbers')
  .exists()
  .isLength({ min: 3 })
  .matches(/[a-zA-Z]{1,4}\d+/)

const dateTimeValidation = check('departure_date_time',
  'departure_date_time must be in YYYY-MM-ddThh:mm format')
  .exists()
  .matches(/\d{4}-\d{2}-\d{2}T\d{2}:\d{2}/)

const flightsValidator = spieler([
  flightNoValidation,
  dateTimeValidation
]);
const seatmapsValidator = spieler([
  flightNoValidation
]);

router.get('/', flightsValidator, actions.getFlightInfo);
router.get('/:flight_no/seat_map', seatmapsValidator, actions.getSeatMap);

module.exports = router;
```

mappings.js 파일에서는 두 가지 주요 엔드포인트에 대한 경로와 입력 매개 변수가 올바른 형식이 지정되었는지 확인하는 유효성 검사를 설정한다. 또한 노드 부트스트랩에서는 입력 매개 변수의 형식이 적절하지 않은 경우 클라이언트에게 알리기 위한 표준 오류 메시지를 정의한다.

이제 몇 가지 로직을 구현하자. 먼저 MySQL 테이블과 샘플 데이터를 만든다. 노드 부트스트랩은 데이터베이스 수정을 코드화하여 모든 환경에 적용할 수 있도록 데이터베이스 마이그레이션을 위한 간단한 솔루션을 제공한다.

예를 들어 다음과 같이 몇 가지 make 명령으로 여러 데이터베이스의 마이그레이션을 만들 수 있다.

```
→ make migration-create name=seat-maps
docker-compose -p msupandrunning up -d
ms-flights-db is up-to-date
Starting ms-flights ... done
docker-compose -p msupandrunning exec ms-flights
  ./node_modules/db-migrate/bin/db-migrate create seat-maps --sql-file
[INFO] Created migration at /opt/app/migrations/20200602055112-seat-maps.js
[INFO] Created migration up sql file at
  /opt/app/migrations/sqls/20200602055112-seat-maps-up.sql
[INFO] Created migration down sql file at
  /opt/app/migrations/sqls/20200602055112-seat-maps-down.sql
sudo chown -R $USER ./migrations/sqls/
[sudo] password for irakli:

→ make migration-create name=flights
docker-compose -p msupandrunning up -d
ms-flights-db is up-to-date
ms-flights is up-to-date
docker-compose -p msupandrunning exec ms-flights
  ./node_modules/db-migrate/bin/db-migrate create flights --sql-file
[INFO] Created migration at /opt/app/migrations/20200602055121-flights.js
[INFO] Created migration up sql file
  at /opt/app/migrations/sqls/20200602055121-flights-up.sql
[INFO] Created migration down sql file
  at /opt/app/migrations/sqls/20200602055121-flights-down.sql
sudo chown -R $USER ./migrations/sqls/

→ make migration-create name=sample-data
docker-compose -p msupandrunning up -d
ms-flights-db is up-to-date
ms-flights is up-to-date
docker-compose -p msupandrunning exec ms-flights
  ./node_modules/db-migrate/bin/db-migrate create sample-data --sql-file
[INFO] Created migration at
  /opt/app/migrations/20200602055127-sample-data.js
[INFO] Created migration up sql file at
  /opt/app/migrations/sqls/20200602055127-sample-data-up.sql
[INFO] Created migration down sql file at
  /opt/app/migrations/sqls/20200602055127-sample-data-down.sql
sudo chown -R $USER ./migrations/sqls/
```

세 가지 마이그레이션을 생성 작업을 완료했다면 [예제 9-1], [예제 9-2] 및 [예제 9-3]의 내용을 각 SQL 파일에 삽입한다.

예제 9-1 /migrations/sqls/[date]-seat-maps-up.sql

```sql
CREATE TABLE `seat_maps` (
  `flight_no` varchar(10) NOT NULL,
  `seat_map` json NOT NULL,
  `origin_code` varchar(10) NOT NULL,
  `destination_code` varchar(10) NOT NULL,
  PRIMARY KEY (`flight_no`)
) ENGINE=InnoDB DEFAULT CHARSET=utf8;
```

예제 9-2 /migrations/sqls/[date]-flights-up.sql

```sql
CREATE TABLE `flights` (
  `flight_id` varchar(36) NOT NULL,
  `flight_no` varchar(10) NOT NULL,
  `flight_date` datetime(0) NULL,

  PRIMARY KEY (`flight_id`),

  FOREIGN KEY(`flight_no`)
      REFERENCES seat_maps(`flight_no`)
) ENGINE=InnoDB DEFAULT CHARSET=utf8;
```

예제 9-3 /migrations/sqls/[date]-sample-data-up.sql

```sql
INSERT INTO `seat_maps`
VALUES ('AA2532', '{\"Cabin\": [{\"Row\": [{\"Seat\": [{\"Number\": \"A\",
        \"Facilities\": [{\"Detail\": {\"content\": \"LegSpaceSeat\"}}],
        \"exitRowInd\": false, \"premiumInd\": false, \"noInfantInd\": false,
        \"restrictedReclineInd\": false}], \"RowNumber\": 8}],
        \"Wing\": {\"lastRow\": 22, \"firstRow\": 14},
        \"Column\": [{\"Column\": \"A\", \"Characteristics\": [\"Window\"]}],
        \"lastRow\": 23, \"firstRow\": 8,
        \"CabinClass\": {\"CabinType\": \"Economy\"}}]}', 'LAX', 'DCA');
```

이제 make restart로 프로젝트를 다시 시작하여 마이그레이션이 자동으로 적용되도록 하거나(변경된 사항은 프로젝트 시작 시 적용된다), 명시적으로 make migrate를 실행하여 마이그레이션 작업을 수행한다.

남은 수정 사항은 다음과 같다.

1. 노드 부트스트랩 깃 저장소 템플릿을 사용하여 프로젝트를 구축한 경우 다양한 파일에서 ms-nodebootstrap-example을 ms-flights로 변경한다. nodebootstrap 유틸리티를 사용하여 프로젝트를 설정했다면 수정하지 않아도 된다.

2. 나머지 코드를 수정하여 flights 및 seat_maps 엔드포인트를 구현하고 데이터베이스에 연결한다.

> **NOTE_ ms-flights 전체 소스 코드**
>
> 수정된 ms-flights 프로젝트의 전체 코드는 깃허브 저장소[10]에서 확인할 수 있다.

모든 수정 작업을 완료했다면 로컬에서 /flight URL 엔드포인트에 접속해 결과를 확인한다.

```
http://0.0.0.0:5501/flights?flight_no=AA34&departure_date_time=2020-05-17T13:20
```

seat_maps URL 엔드포인트도 접속하여 확인해보자.

```
http://0.0.0.0:5501/flights/AA2532/seat_map
```

makefile의 모든 타겟을 실행하여 확인해보기를 권한다. 템플릿 프로젝트에서 제공하는 사용자 경험과 템플릿으로 개발자에게 제공해야 하는 여러 종류의 기능을 파악할 수 있을 것이다. make test에서 테스트를 통과하려면 샘플 프로젝트에서 사용하지 않는 함수와 관련된 추가 수정이 필요하다. 여기서는 자세한 내용은 다루지 않으므로 ms-flights 프로젝트의 깃허브 저장소를 복제하여 테스트하기를 권한다.

9.3.2 헬스 체크

쿠버네티스와 같은 대부분의 컨테이너 관리 솔루션은 컨테이너로 배포되는 앱의 수명 주기를 관리하기 위해 컨테이너의 상태를 확인할 수 있는 엔드포인트 서비스가 필요하다. 쿠버네티스의 경우에는 일반적으로 활성 프로브liveness probe와 준비성 프로브readiness probe를 위한 엔드포인트를 제공해야 한다.

---

10 *https://oreil.ly/Microservices_UpandRunning_msflights*

재사용 가능한 템플릿에서 마이크로서비스를 시작

헬스 체크 엔드포인트를 구현하기 위해 Node.js 헬스 체크 모듈[11]을 사용한다. 헬스 체크 응답 형식과 관련된 자세한 내용은 RFC 초안[12]을 참고하기 바란다.

노드 부트스트랩 템플릿에는 헬스 체크를 위한 샘플 구현[13]이 이미 되어 있으므로 `ms-flights` 코드베이스에 맞게 수정하면 된다.

먼저 `appConfig.js` 파일의 13~17행을 다음 코드로 변경한다.

```
// For Liveness Probe, defaults may be all you need.
const livenessCheck = healthcheck({"path": "/ping"});
app.use(livenessCheck.express());

// For readiness check, let's also test the DB
const check = healthcheck();
const AdvancedHealthcheckers = require('healthchecks-advanced');
const advCheckers = new AdvancedHealthcheckers();

// Database health check is cached for 10000ms = 10 seconds!
check.addCheck('db', 'dbQuery', advCheckers.dbCheck,
  {minCacheMs: 10000});
app.use(check.express());
```

우리는 `/ping` 체크로 컨테이너가 살아있는지 여부(쿠버네티스의 **활성 프로브**)를 간단하게 확인하고 `/health` 체크로 데이터베이스와 앱이 실제로 작동할 준비가 되었는지(쿠버네티스의 **준비성 프로브**) 확인할 수 있다. 마이크로서비스가 실행되었다고 해서 항상 작동하는 상태는 아니기 때문에 전체 상태를 위해 두 가지 종류의 프로브를 사용하는 것은 매우 유용하다. 데이터베이스와 같은 종속 요소가 아직 작동하지 않거나 문제가 발생하면 마이크로서비스는 아직 준비되지 않은 상태다.

---

11 https://oreil.ly/ZyfBZ
12 https://oreil.ly/nF9T-
13 https://oreil.ly/EzEIi

.addCheck() 함수의 네 번째 인수 {minCacheMs: 10000}는 서버 측의 캐시 기간을 밀리초로 설정하여 헬스 체크 미들웨어가 MySQL 데이터베이스에게 10초마다 쿼리를 실행하도록 지시한다.

쿠버네티스와 같은 상태 확인 인프라가 헬스 체크 엔드포인트를 자주 호출하더라도 미들웨어는 사용자가 충분히 가볍다고 생각하는 호출만 트리거한다. MySQL 데이터베이스 호출과 같은 무거운 호출의 경우에 미들웨어(Maikai 모듈)는 캐시된 값을 제공하여 데이터베이스와 같은 다운스트림 시스템에 대한 부하를 줄인다. 헬스 체크 설정을 완료하기 위해 libs/healthchecks-advanced/index.js 파일을 내 함수 이름을 dbUsersCheck에서 dbCheck로 변경한다. 그런 다음 7~10 행의 SQL 쿼리를 다음과 같이 업데이트한다.

```
async dbCheck() {
  const start = new Date();
  const conn = await db.conn();
  const query = 'select count(1) from seat_maps';
```

수정 작업을 완료했다면 make start로 마이크로서비스를 실행한 후 헬스 체크 엔드포인트를 확인한다. 터미널에서 curl http://0.0.0.0:5501/health를 실행하면 다음과 같은 상태 체크 결과가 나온다.

```
{
  "details": {
    "db:dbQuery": {
      "status": "pass",
      "metricValue": 15,
      "metricUnit": "ms",
      "time": "2020-06-28T22:32:46.167Z"
    }
  },
  "status": "pass"
}
```

curl http://0.0.0.0:5501/ping를 실행하면 다음과 같이 좀 더 간단한 결과가 출력된다.

```
{ "status": "pass" }
```

코드를 직접 수정하는 동안 문제가 발생했다면 ms-flights의 깃허브 저장소[14]에서 수정된 전체 구현 코드를 확인하기 바란다.

이제 Node.js 및 MySQL을 사용하여 완벽하게 작동하는 ms-flights 마이크로서비스가 준비되었다. 다음으로 ms-reservations의 마이크로서비스 코드를 작성한다.

9.4 두 번째 마이크로서비스 코드 구현

두 번째 마이크로서비스인 ms-reservations는 파이썬 플라스크와 레디스 데이터 저장소를 사용하여 구현한다. 두 번째 마이크로서비스 또한 파이썬/플라스크 스택을 위한 ms-python-flask-template 템플릿[15]을 사용한다.

이 템플릿은 ms-flights에서 사용한 노드 부트스트랩과 같은 특성을 지닌다. 도커와 GNU Make를 사용하며 원활한 개발 환경을 지원하기 위한 다양한 make 타겟과 테스트, 린팅 설정을 제공한다. 그러나 데이터베이스 마이그레이션에 대한 지원은 부족한 편이다.

MySQL과 다르게 레디스는 데이터베이스 스키마를 사용하지 않는다. '테이블' 생성을 위한 다양한 데이터 정의를 코드화할 필요가 없다. 다양한 환경에서 테스트 데이터를 만들기 위해 마이그레이션을 생성할 수는 있지만 이 책의 예제에서는 레디스 마이그레이션은 다루지 않는다.

ms-python-flask-template 저장소 페이지에서 [Use this template] 버튼을 클릭하여 신규 ms-reservations 저장소를 생성한 후 로컬에 복제한다. ms-flights와 마찬가지로 앞부분에서 작성한 OAS를 docs/api.yml에 배치하여 코드 수정을 시작한다. docs 폴더에서 make start를 실행한 후 웹 브라우저에서 http://0.0.0.0:3939에 접속하면 [그림 9-5]와 같이 예약 서비스 API 스펙에 대한 렌더링이 표시된다(참고: 프로젝트의 메인 makefile 파일과는 다르다!).

---

14 *https://oreil.ly/Microservices_UpandRunning_msflights*
15 *https://oreil.ly/rjRhK*

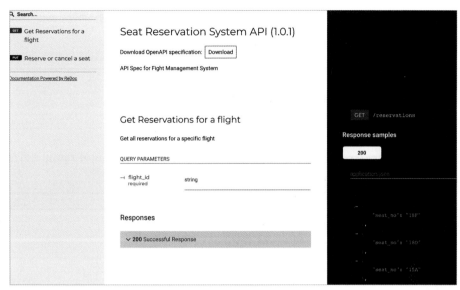

그림 9-5 ms-reservations 마이크로서비스의 렌더링된 OAS

이제 템플릿 마이크로서비스 수정을 시작한다. 먼저 예약 생성 엔드포인트를 구현한다.

service.py를 열고 update_user 함수와 POST / users 엔드포인트에 대한 매핑을 다음과 같이 reserve 함수와 PUT / reservations에 대한 매핑으로 변경한다.

```
@app.route('/reservations', methods=['PUT'])
def reserve():
    """Endpoint that reserves a seat for a customer"""
    json_body = request.get_json(force=True)
    resp = handlers.reserve(json_body)
    if (resp.get("status") == "success"):
        return jsonify(resp)
    else:
        return Response(
            json.dumps(resp),
            status=403,
            mimetype='application/json'
        )
```

예약 결과에 따라 성공 또는 오류를 결과를 출력하고 HTTP 상태 코드를 응답한다.

엔드포인트를 완전히 구현하려면 src/handler.py에 매핑 처리기를 만들어야 한다(일반적으로 오류 유효성 검사 작업을 수행하지만 여기서는 생략한다). 사용자 생성을 위한 **save_user** 핸들러를 다음과 같이 **reserve**로 변경한다.

```python
def reserve(json_body):
    """Save reservation callback"""
    return model.save_reservation(json_body)
```

가장 중요한 것은 src/models.py의 **save_user** 함수를 다음과 같이 변경하여 데이터베이스에 실제 저장을 구현해야 한다는 것이다.

```python
def save_reservation(reservation):
    """Saves reservation into Redis database"""

    seat_num = reservation['seat_num']
    try:
        result = this.redis_conn.hsetnx(
            this.tblprefix + reservation['flight_id'],
            seat_num,
            reservation['customer_id'])
    except redis.RedisError:
        response = {
            "error": f"Unexpected error reserving {seat_num}"
        }
        log.error(f"Unexpected error reserving {seat_num}", exc_info=True)
    else:
        if result == 1:
            response = {
                "status": "success",
            }
        else:
            response = {
                "error": f"Could not complete reservation for {seat_num}",
                "description": "Seat already reserved. Cannot double-book"
            }

    return response
```

이 코드는 앞서 예약 마이크로서비스를 위한 데이터 모델로 레디스를 설명할 때 레디스 CLI로 실행한 **hsetnx** 명령어를 파이썬으로 구현한다. 레디스의 **hsetnx** 함수는 키가 존재하지 않는 경우에만 값을 설정한다. 이를 활용해 이중 예약을 확실하게 방지할 수 있다. 이미 존재하는 키로 hsetnx 실행에 실패하면 0을 반환하며 성공한 경우에는 1을 반환한다.

다음으로 src/models.py의 this = sys.modules [__ name__]다음 라인에 예약을 위한 테이블 수준 접두사를 선언한다.

```
this = sys.modules[__name__] # 기존 라인
this.tblprefix = "flights:"  # 새로운 라인
```

예약 마이크로서비스를 위한 템플릿은 환경변수에 저장된 자격증명과 구성을 가져와 레디스데이터베이스에 접속한다. 이는 Twelve-Factor App원칙으로 잘 알려진 클라우드 네이티브 애플리케이션을 구축하기 위한 지침을 따른다. 특히 템플릿 문서는 세 번째 규칙[16]을 따라 환경변수로 구성을 관리한다. 우리가 사용한 템플릿이 이러한 모범 사례를 따르고 있는 것은 코드 템플릿 활용의 장점 중 하나다.

필요한 항목을 모두 변경했다면 엔드포인트를 테스트한다. 소스 코드의 루트 디렉터리에서 make를 실행한 후 0.0.0.0:7701로 프로젝트를 빌드한다.

문제가 발생하여 애플리케이션 로그 확인이 필요하다면 logs-app 타겟을 사용한다.

```
→ make logs-app
docker-compose -p ms-workspace-demo logs -f ms-template-microservice
Attaching to ms-template-microservice
ms-template-microservice    ¦ [INFO] Starting gunicorn 20.0.4
ms-template-microservice    ¦ [INFO] Listening at: http://0.0.0.0:5000 (1)
ms-template-microservice    ¦ [INFO] Using worker: sync
ms-template-microservice    ¦ [INFO] Booting worker with pid: 15
```

로그에는 5000번 포트에서 서비스가 실행 중이라고 나오지만 실제로는 호스트 머신이 아닌도커 컨테이너 내부의 5000번 포트다. 호스트 머신의 7701 포트를 플라스크 포트 5000로 매핑한다. make logs를 실행하면 앱 및 데이터베이스가 결합된 로그를 확인할 수 있고, make logs-db를 실행하면 데이터베이스 로그만 확인할 수 있다.

이제 몇 가지 예약을 등록하기 위해 curl 명령을 실행한다.

---

16 *https://12factor.net/config*

```
curl --header "Content-Type: application/json" \
  --request PUT \
  --data '{"seat_num":"12B","flight_id":"werty", "customer_id": "dfgh"}' \
  http://0.0.0.0:7701/reservations

curl --header "Content-Type: application/json" \
  --request PUT \
  --data '{"seat_num":"12C","flight_id":"werty", "customer_id": "jkfl"}' \
  http://0.0.0.0:7701/reservations
```

이중 예약에 대한 보호 기능이 작동하는지 테스트할 수도 있다. 이미 예약된 좌석인 '12C'을 예약하여 확인한다.

```
curl -v --header "Content-Type: application/json" \
  --request PUT \
  --data '{"seat_num":"12C","flight_id":"werty", "customer_id": "another"}' \
  http://0.0.0.0:7701/reservations
```

HTTP 403 에러 코드와 함께 에러 메시지를 응답한다.

```
→ curl -v --header "Content-Type: application/json" \
>   --request PUT \
>   --data '{"seat_num":"12C","flight_id":"werty", "customer_id": "another"}' \
>   http://0.0.0.0:7701/reservations
*   Trying 0.0.0.0:7701...
* TCP_NODELAY set
* Connected to 0.0.0.0 (127.0.0.1) port 7701 (#0)
> PUT /reservations HTTP/1.1
> Host: 0.0.0.0:7701
> User-Agent: curl/7.68.0
> Accept: */*
> Content-Type: application/json
> Content-Length: 64
>
< HTTP/1.1 403 FORBIDDEN
< Server: gunicorn/20.0.4
< Connection: close
< Content-Type: application/json
< Content-Length: 111
<
* Closing connection 0
```

```
{"error": "Could not complete reservation for 12C",
 "description": "Seat already reserved. Cannot double-book"}
```

이제 레디스 스토어에 데이터를 저장했으니 예약 검색 엔드포인트를 구현한다. service.py 파일의 매핑 정의로 돌아가 /hello/<name>의 greeter 엔드포인트를 다음으로 변경한다.

```
@app.route('/reservations', methods=['GET'])
def reservations():
    """ Get Reservations Endpoint"""
    flight_id = request.args.get('flight_id')
    resp = handlers.get_reservations(flight_id)
    return jsonify(resp)
```

src/handlers.py의 greeter 핸들러를 다음과 같이 get_reservations으로 변경한다(간소화를 위해 입력 유효성 검사는 생략한다).

```
def get_reservations(flight_id):
    """Get reservations callback"""
    return model.get_reservations(flight_id)
```

src/models.py 파일에는 다음 코드를 추가한다.

```
def get_reservations (flight_id):
    """List of reservations for a flight, from Redis database"""
    try:
        key = this.tblprefix + flight_id
        reservations = this.redis_conn.hgetall(key)
    except redis.RedisError:
        response = {
            "error": "Cannot retrieve reservations"
        }
        log.error("Error retrieving reservations from Redis",
            exc_info=True)
    else:
        response = reservations

    return response
```

예약 검색 엔드포인트를 테스트하기 위해 curl 명령을 실행하여 JSON 응답 결과를 확인한다.

```
→ curl -v  http://0.0.0.0:7701/reservations?flight_id=werty
*   Trying 0.0.0.0:7701...
* TCP_NODELAY set
> GET /reservations?flight_id=werty HTTP/1.1
> Host: 0.0.0.0:7701
> Accept: */*
>
< HTTP/1.1 200 OK
< Server: gunicorn/20.0.4
< Connection: close
< Content-Type: application/json
< Content-Length: 90
<
{
  "12B": "dfgh",
  "12C": "jkfl",
}
* Closing connection 0
```

> **NOTE_** ms-reservations 전체 소스 코드
>
> 수정된 ms-reservations 프로젝트의 전체 코드는 깃허브 저장소[17]에서 확인할 수 있다.

이제 우리가 해야 할 일은 두 마이크로서비스(그리고 앞으로 만들 수 있는 추가 구성 요소)를 단일 단위로 실행하는 것이다. 이를 위해 '엄브렐라 프로젝트^{umbrella project}'의 개념과 개발 방법을 설명한다.

---

17 *https://oreil.ly/Microservices_UpandRunning_msreservations*

9.5 엄브렐라 프로젝트로 서비스 연결

마이크로서비스 팀은 대부분의 시간에 개별 서비스를 개발한다. 이는 팀에 자율성을 제공하는 데 필수이며 조정 최소화로 이어진다. 마이크로서비스 스타일의 설계 작업 대부분은 조정 요구 사항을 최소화하는 것을 목표로 한다. 하지만 어떤 시점에서는 모든 마이크로서비스를 함께 작동하게 만들어야 한다. 이러한 요구사항은 자주 사용되지 않더라도 간단하게 만드는 것이 중요하다. 이는 앞서 8.1.1절의 네 번째 원칙에서 '단일 마이크로서비스를 실행하는 것과 여러 개의 하위 시스템으로 구성된 마이크로서비스를 실행하는 것은 간단해야 한다.'라고 설명한 이유다.

우리는 다루기 쉬운 **엄브렐라 프로젝트**가 필요하다. 간단한 명령어로 관련된 하위의 모든 마이크로서비스 프로젝트를 실행하고 엄브렐라 프로젝트를 종료하기 전까지 모두 구성 요소를 잘 작동할 수 있어야 한다. 엄브렐라 프로젝트는 개발자가 쉽게 이해할 수 있도록 간단하게 구성해야 한다.

먼저 사용하기 쉬운 엄브렐라 프로젝트를 배포하기 위해 마이크로서비스 워크스페이스 템플릿인 `microservices-workspace` 깃허브 저장소[18]를 활용한다. 우리는 예제를 위해 미리 만들어 놓은 템플릿 저장소[19]에서 워크스페이스를 시작한다.

Faux 깃 서브모듈을 사용

엄브렐라 저장소 아래에 개별 마이크로서비스 저장소를 체크아웃하기 위해 오픈 소스 프로젝트 Faux 깃 서브모듈[20]을 사용한다. 이는 마이크로서비스가 포함된 워크스페이스 저장소의 하위 폴더를 업데이트, 커밋, 푸시할 수 있는 완전한 기능의 저장소로 취급한다. Faux 깃 서브모듈은 일반적인 깃 서브모듈과 동일한 기능을 제공하지만 필자의 경험으로 Faux 서브모듈이 깃에서 제공하는 서브모듈보다 훨씬 더 간단하고 예측 가능하게 작동한다.

먼저 `fgs.json` 파일을 다음과 같이 편집하여 이번 장에서 만든 두 개의 마이크로서비스 저장소를 워크스페이스의 구성 요소로 표시한다.

----

18 *https://oreil.ly/VpyDJ*
19 *https://oreil.ly/Microservices_UpandRunning_workspace*
20 *https://oreil.ly/ic_c0*

```json
{
  "ms-flights": {
    "url" : "https://github.com/implementing-microservices/ms-flights"
  },

  "ms-reservations": {
    "url": "https://github.com/implementing-microservices/ms-reservations"
  }
}
```

여기서는 예제 설명을 위해 읽기 전용 프로토콜인 'https://' 사용하여 ms-flights 및 ms-reservations 저장소를 표시한다. 실제 프로젝트에서는 읽기 및 쓰기를 함께 수행할 수 있는 'git://' 프로토콜을 사용하여 저장소를 수정할 수 있게 한다.

fgs.json을 구성했으므로 이제 ms-flights 및 ms-reservations 마이크로서비스를 워크스페이스로 가져온다.

```
→ make update
git clone -b master \
   https://github.com/implementing-microservices/ms-flights ms-flights
Cloning into 'ms-flights'...

git clone -b master \
   https://github.com/implementing-microservices/ms-reservations ms-reservations
Cloning into 'ms-reservations'...
```

> **NOTE_** 또한 이 작업은 체크아웃된 ms-flights, ms-reservations 저장소를 부모 폴더의 .gitignore
> 에 추가하여 부모 저장소가 잘못된 위치로 이중 커밋을 시도하는 것을 방지한다.

또한 bin/start.sh 및 bin/stop.sh 스크립트를 편집하여 기본값을 변경해야 한다. 먼저 [예제 9-4]와 같이 bin/start.sh를 편집한다.

예제 9-4 bin/start.sh

```
#!/usr/bin/env bash

export COMPOSE_PROJECT_NAME=msupandrunning
```

```
export wkdr=$PWD
cd $wkdr/ms-flights && make start
cd $wkdr/ms-reservations && make start

cd $wkdr
make proxystart

unset wkdr
```

다음으로 bin/stop.sh 파일을 [예제 9-5]와 같이 수정한다.

예제 9-5 bin/stop.sh

```
#!/usr/bin/env bash

export COMPOSE_PROJECT_NAME=msupandrunning

export wkdr=$PWD
cd $wkdr/ms-flights && make stop
cd $wkdr/ms-reservations && make stop

cd $wkdr
make proxystop
unset wkdr
```

간단하면서도 강력한 자동화를 유지하기 위해 워크스페이스 설정은 Traefik 엣지 라우터[edge router]를 사용하여 마이크로서비스로의 라우팅을 제공한다. Traefik은 docker-compose.yml 파일에서 설치한다. 또한 [예제 9-6]과 [예제 9-7]과 같이 ms-flights, ms-reservations 마이크로서비스의 docker-compose.yml 파일에 Traefik 관련 레이블을 추가하여 적절한 서비스로 트래픽이 라우팅 되도록 구성해야 한다.

예제 9-6 ms-flights/docker-compose.yaml

```
services:
  ms-flights:
    container_name: ms-flights
    labels:
      - "traefik.enable=true"
      - "traefik.http.routers.ms-flights.rule=PathPrefix(`/reservations`)"
```

예제 9-7 ms-reservations/docker-compose.yaml

```
services:
  ms-reservations:
    container_name: ms-reservations
    labels:
      - "traefik.enable=true"
      - "traefik.http.routers.ms-reservations.rule=PathPrefix(`/reservations`)"
```

워크스페이스의 makefile에는 엄브렐라 프로젝트의 이름(모든 서비스의 네임스페이스와 네트워크 이름 역할을 함)을 업데이트하기 위해 project: = ms-workspace-demo 대신 다음과 같이 표시한다.

```
project:=msupandrunning
```

워크스페이스에서 make start를 실행하면 워크스페이스에 연결된 두 마이크로서비스에 접속할 수 있다. Traefik을 로컬 포트 9080에 마운트하여 http://0.0.0.0:9080/을 기본 URI로 만든다. 다음 두 명령은 예약 및 항공편 시스템을 조회한다.

```
> curl http://0.0.0.0:9080/reservations?flight_id=qwerty
> curl \
  http://0.0.0.0:9080/flights?\
  flight_no=AA34&departure_date_time=2020-05-17T13:20
```

예제 워크스페이스의 전체 코드는 이 책에서 제공하는 엄브렐라 프로젝트 깃허브 저장소[21]를 참조하기 바란다.

---

21 https://oreil.ly/Microservices_UpandRunning_workspace

9.6 마치며

이번 장에서는 마이크로서비스를 성공적으로 제공하기 위한 많은 시스템 설계와 코드 구현 지침을 종합했고, 서비스를 통합 프로젝트로 작업할 수 있는 엄브렐라 워크스페이스를 소개했다. 우리는 SEED(S) 방법론에 따라 단계별 구현과 개별 데이터 모델 설계를 수행하고 강력한 템플릿 프로젝트로부터 코드 구현을 빠르게 시작했다.

잘 모듈화된 구성 요소를 빠르고 효율적이게 결합할 수 있는 능력은 마이크로서비스를 성공적으로 수행하는 능력에 중대한 차이를 만들 수 있다. 이 장에서 여러분이 배울 수 있었던 지식은, 다른 이들이 프로젝트 진행에 너무 오랜 시간을 들이거나 또는 잘못된 방향으로 빠지는 것과는 큰 차이가 있다. 이러한 차이는 프로젝트를 성공 또는 실패로 이끄는 중요한 요소가 될 것이다.

## CHAPTER 10

마이크로서비스 릴리스

이번 장에서는 마이크로서비스 구축의 가장 흥미로운 지점인 모든 것을 통합하는 과정을 진행한다. 지금까지 우리는 운영 모델, 마이크로서비스 설계, 기반 인프라, 두 개의 마이크로서비스를 구축했다. 이제 이 모든 것들을 하나의 구현에 통합한다.

우리는 **스테이징**이라는 새로운 인프라 환경을 구축하고 컨테이너 전달 프로세스를 통해 코드 저장소를 확장한다. 컨테이너가 준비되면 Argo CD 깃옵스 도구를 사용하여 배포 프로세스를 구현한다. 배포를 완료하면 [그림 10-1]과 같은 아키텍처가 생성된다.

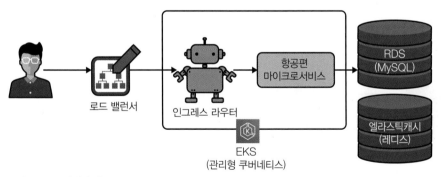

그림 10-1 스테이징 배포

> **NOTE_** 다루어야 할 내용이 많기 때문에 이번 장에서는 항공편 마이크로서비스만 배포한다. 하지만 여기에서 설명하는 모든 메커니즘은 예약 마이크로서비스에도 동일하게 적용할 수 있다.

마이크로서비스 릴리스 작업을 수행하기 위해 우리는 세 개의 다른 깃허브 저장소를 사용한다 (그림 10-2 참조). 이러한 방식을 사용하는 이유 중 하나는 2장에서 정의한 운영 모델에 적합하고 각 팀에 자체 책임과 도메인을 부여하기 위해서다.

그림 10-2 배포를 위한 세 개의 코드 저장소

먼저 첫 번째 단계인 AWS 기반 스테이징 환경 프로비저닝에 대해 자세히 알아보자.

10.1 스테이징 환경 설정

지금까지는 로컬 개발 환경에 마이크로서비스를 배포했다. 이제 로컬에서 구축하고 테스트한 서비스를 AWS 기반 클라우드 인프라에 배포한다. 이번 절에서는 [그림 10-3]에 표시된 프로세스를 사용하여 스테이징 환경에 인프라를 구축한다.

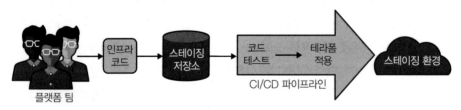

그림 10-3 스테이징 환경 구축 프로세스

이 작업은 7장에서 샌드박스 환경을 구축할 때부터 시작되었다. 이제 항공편 정보와 예약 마이크로서비스의 요구사항을 반영하도록 인프라 코드를 업데이트한다. 마이크로서비스 지원을 위해 테라폼 코드에 새로운 구성 요소 세 가지를 추가한다.

- 쿠버네티스에 구축된 마이크로서비스로 요청을 전달하는 인그레스 컨트롤러ingress controller와 엣지 라우터

- 항공편 마이크로서비스 데이터를 위한 AWS 기반 MySQL 데이터베이스 인스턴스

- 예약 마이크로서비스 데이터를 위한 AWS 기반 레디스 데이터베이스 인스턴스

우리는 불변형 인프라와 코드형 인프라(IaC) 접근 방식을 도입한 덕분에 이러한 종류의 변경 사항을 효율적으로 적용할 수 있다. 모두 테라폼 코드로 작성해서 우리는 현재 환경이 어떻게 구축되었는지 정확하게 알고 있다. 지금 해야 할 일은 새로운 구성 요소에 대한 모듈을 만들고 환경 정의를 업데이트하고 CI/CD 파이프라인을 통해 빌드하는 것이다.

7장에서 이미 테라폼 모듈을 작성하는 프로세스를 자세히 설명했다. 이번 장에서는 이전에 작성한 코드와 구성을 활용한다. 작성된 코드를 필요에 맞게 약간 수정하면 된다.

이제 새로운 구성 요소를 프로비저닝하는 데 필요한 모듈을 간략히 살펴본다. 먼저 인그레스 게이트웨이ingress gateway 모듈부터 알아보자.

10.1.1 인그레스 모듈

9장에서는 Traefik이라는 엣지 라우터를 사용하여 컨테이너 기반 마이크로서비스로 메시지를 라우팅했다. 이번 장에서는 AWS 기반 인프라에 유사한 아키텍처를 구현한다. 인그레스 라우팅을 수행하는 데 활용할 수 있는 많은 도구가 있다. 예를 들어 많은 실무자가 Nginx 인그레스 컨트롤러[1]를 사용한다. 우리는 개발 단계에서 사용한 Traefik을 AWS 환경에서도 활용하여 인그레스 컨트롤러를 구현한다.

> **인그레스 컨트롤러로 Traefik을 활용**
>
> Traefik을 사용하여 로드 밸런서의 메시지를 쿠버네티스에 배포된 마이크로서비스로 라우팅한다.

시간을 절약하기 위해 Traefik 인그레스 컨트롤러를 환경에 설치하는 테라폼 모듈을 이미 작성했다. 6장에서 사용한 네트워크, EKS, Argo CD 모듈과 동일한 방식으로 테라폼 환경 코드

---

1 *https://oreil.ly/QyHmJ*

에서 이 모듈을 사용할 수 있다. Traefik 모듈 코드는 module-aws-traefik의 깃허브 사이트[2]를 참조한다.

'프런트를 위한 백엔드'(BFF) API는 시간 관계상 구현하지 않는다. 하지만 우리가 설정하는 인그레스는 향후에 이러한 목적으로 확장할 수 있다. 예를 들어 인그레스 컨트롤러 앞에 AWS API 게이트웨이를 프로비저닝하여 서비스를 단일 API로 구성할 수 있다. 또는 AWS 네트워크 로드 밸런서를 사용하여 이러한 종류의 연결을 더 쉽게 구현할 수 있다.

인그레스 모듈은 10.1.3절에서 스테이징 환경을 구축할 때 사용할 예정이다. 이제 데이터베이스를 어떻게 구현할지 살펴보자.

10.1.2 데이터베이스 모듈

각 마이크로서비스는 서로 다른 데이터베이스를 사용하므로 인프라 환경에서 두 개의 데이터베이스를 프로비저닝 한다. 우리는 MySQL과 레디스 데이터베이스를 사용하여 마이크로서비스 팀의 요구사항을 지원한다. 플랫폼 팀은 이를 위해 AWS 관리형 데이터베이스 제품을 사용하며, 데이터베이스를 필요로 하는 마이크로서비스 팀에 **엑스 애즈 어 서비스** 방식으로 제공한다.

관리형 데이터베이스 서비스를 사용

플랫폼 팀은 테라폼 기반 모듈을 생성하여 AWS 관리형 데이터베이스 서비스를 각 환경에 프로비저닝 한다.

데이터베이스 모듈에서는 AWS 엘라스틱캐시 서비스를 사용하여 레디스 데이터 스토어를 프로비저닝하고 AWS 관계형 데이터베이스(RDS)를 사용하여 MySQL 인스턴스를 프로비저닝한다. 이러한 작업을 수행하는 module-aws-db 모듈을 작성하여 깃허브 저장소[3]에 업로드했으니 참조하기 바란다. 모듈은 두 가지 유형의 데이터베이스뿐만 아니라 데이터베이스 서비스가 작동하는 데 필요한 네트워크 구성과 접근 정책을 제공한다.

모듈이 스테이징 환경에 적용되면 레디스와 MySQL 데이터베이스가 모두 실행되고 사용할 준

---

2 https://oreil.ly/8YXIW
3 https://oreil.ly/Microservices_UpandRunning_mod_awsdb

비가 된다. 이제 남은 것은 인프라 테라폼 코드에서 모듈을 사용하여 스테이징 환경에 프로비저닝하는 것이다.

10.1.3 스테이징 인프라 프로젝트 포크

스테이징 환경은 샌드박스 환경에서 적용한 원칙과 방법을 동일하게 사용한다. 테라폼을 사용하여 환경을 코드로 정의하고 이전에 작성한 네트워크, 쿠버네티스, Argo CD 모듈을 사용한다. 추가로, 방금 설명한 인그레스 모듈과 데이터베이스 모듈을 사용한다. 마지막으로 샌드박스 환경에서 한 것과 같이 깃허브 액션 파이프라인을 사용하여 환경에 프로비저닝 한다.

앞서 6장에서 깃허브 액션 파이프라인을 생성하는 방법과 테라폼 코드를 작성하고 사용하는 프로세스를 설명했기 때문에 이번 장에서는 다시 설명하지 않는다. 대신에 이미 생성한 스테이징 환경의 스켈레톤 프로젝트를 사용한다(그림 10-4 참조). 이는 사용자의 AWS 환경에 맞춰 코드를 약간 수정해야 한다. 먼저 저장소를 포크하여 소스를 원하는 대로 변경할 수 있도록 사본을 생성한다.

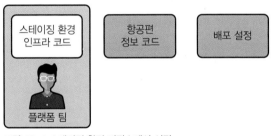

그림 10-4 스테이징 환경 저장소에서 시작

깃허브에서 **포크**^{fork}를 사용하면 다른 사람의 코드 프로젝트를 자신의 계정에 복사할 수 있다. 스테이징 환경 저장소를 포크하려면 다음 단계를 따른다.

1. 브라우저를 열고 깃허브 계정에 로그인한다.
2. infra-staging-env의 저장소[4]로 이동한다.
3. 화면 오른쪽 상단에 있는 [Fork] 버튼을 클릭한다.

----

4 *https://oreil.ly/Microservices_UpandRunning_infrastaging_env*

TIP infra-staging-env 저장소를 포크하는 대신에 복제할 수 있다. 이렇게 하면 저장소의 액세스 모드를 공개 대신에 비공개로 변경할 수 있다. 깃허브 저장소를 복제하는 방법은 관련된 깃허브 문서[5]를 참조하기 바란다.

작업을 완료하면 infra-staging-env의 포크된 저장소가 생성된다. 하지만 아직 AWS 계정 리소스를 사용하도록 구성되지 않았다. 먼저 깃허브 액션 워크플로를 업데이트해야 한다

10.1.4 스테이징 워크플로 구성

방금 생성한 포크된 CI/CD 워크플로는 자격 증명이 없어 AWS 계정에 접근할 수 없다. 따라서 AWS 접근 관리 자격 증명과 MySQL 패스워드를 저장소의 시크릿에 추가해야 한다. 우리는 앞서 6장에서 수행한 파이프라인 설정 작업에서 AWS 운영 계정의 자격 증명을 생성했다. 저장된 자격 증명 키가 없다면 브라우저에서 AWS 관리 콘솔을 열고 운영 계정에 대한 새로운 자격 증명을 생성한다.

자격 증명이 준비되었다면 포크된 깃허브 저장소의 설정 창으로 이동하고 왼쪽 탐색 메뉴에서 시크릿을 선택한다. [New secret] 버튼을 클릭하여 [표 10-1]과 같이 시크릿을 추가한다.

표 10-1 인프라 시크릿

키	값
AWS_ACCESS_KEY_ID	AWS 운영 계정의 액세스 키 ID
AWS_SECRET_ACCESS_KEY	AWS 운영 계정의 시크릿 액세스 키
MYSQL_PASSWORD	microservices

[표 10-1]에 나온 대로 정확한 키 이름을 입력해야 한다. 그렇지 않으면 파이프라인이 AWS 인스턴스에 접근하여 리소스를 생성할 수 없다. MYSQL_PASSWORD 값에는 microservices 를 입력한다. 이 패스워드는 AWS RDS 데이터베이스를 프로비저닝할 때 사용한다. infra-staging-env 저장소를 포크할 때 깃허브는 CI/CD 파이프라인을 정의하는 워크플로 는 복제하지만, 보안상의 이유로 깃허브 액션 기능을 자동으로 활성화하지 않는다(그림 10-5 참조). 따라서 다음을 수행하여 깃허브 액션을 활성화해야 한다.

---

5 *https://oreil.ly/HbZMN*

- 포크된 저장소의 관리 콘솔에서 Actions 탭을 클릭한다.

- 포크한 워크플로를 활성화하도록 설정한다.

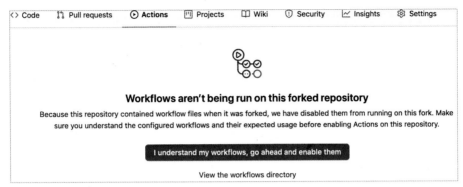

그림 10-5 깃허브 액션 활성화

포크된 인프라 파이프라인은 활성화 상태로 트리거 될 준비가 되었다. 이제 스테이징 환경을 생성하는 테라폼 코드를 약간 수정하면 된다.

CAUTION_ 스테이징 워크플로는 프로비저닝 프로세스의 과정에서 **kubeconfig** 파일을 자동으로 생성한다. 이 파일에는 EKS에서 만든 쿠버네티스 클러스터에 연결할 수 있는 정보가 포함되어있다. 이 코드 저장소는 공개되어 있으므로 해당 파일은 저장소에 접근하는 모두에게 노출되어있다. 이론적으로 이것은 문제가 되지는 않는다. EKS 클러스터는 AWS 자격 증명을 요구하여 인증하고 접속한다. **kubeconfig** 파일을 사용하더라도 공격자는 AWS 자격 증명이 없는 한 클러스터에 연결할 수 없다.

10.1.5 스테이징 인프라 코드 수정

이 책에서 작성한 테라폼 코드는 AWS 계정과 환경에 대한 변수 값을 설정하지 않는다면 제대로 작동하지 않는다. 이를 위해 `infra-staging-env` 저장소를 로컬 환경에 복제하여 파일 작업을 진행한다.

TIP 깃허브 사용에 익숙하지 않다면 깃허브 문서에서 저장소를 로컬 환경에 복제하는 방법[6]을 참조하기 바란다.

먼저 스테이징 환경을 정의하는 main.tf 파일을 편집한다. [표 10-2]에서 정의한 몇 가지 지역 변수의 값을 변경해야 한다.

표 10-2 main.tf의 스테이징 환경 값

리소스	속성	설명
terraform	bucket	테라폼 백엔드의 S3 버킷 이름
terraform	key	S3에서 백엔드 데이터에 사용할 식별자
terraform	region	AWS 리전
locals	aws_region	AWS 리전

TIP 이 값은 7장에서 만든 구성과 동일하므로 해당 코드가 있다면 여기에 복사하여 붙여 넣을 수 있다.

자주 사용하는 편집기를 실행하여 main.tf를 적절한 값으로 업데이트한다. 변경이 필요한 모든 값은 상단의 terraform과 locals 섹션에 있다. 값을 변경했다면 나머지 테라폼 파일을 검토하고 정의된 인프라를 자세히 살펴보기 바란다. 작업이 완료된 파일의 상단은 [예제 10-1]과 유사하다.

예제 10-1 스테이징 환경을 위한 변경된 main.tf **파일**

```
terraform {
backend "s3" {
  bucket = "rm-terraform-backend"
  key = "terraform-env"
  region = "eu-west-2"
  }
}

locals {
  env_name = "staging"
  aws_region = "eu-west-2"
```

---

6 *https://oreil.ly/hvEWn*

```
    k8s_cluster_name = "ms-cluster"
}
```

테라폼 코드 작업은 완료되었지만 AWS 운영자 계정에 올바른 권한이 없기 때문에 아직 스테이징 인프라 환경을 구축할 수 없다. 몇 가지 새로운 데이터베이스 모듈을 추가했기 때문에 운영자 계정에 해당 리소스를 생성하거나 작업할 수 있는 권한을 추가해야 한다. 권한 추가 작업 없이 현재 상태에서 테라폼을 실행하면 AWS 액세스 오류가 발생한다.

이를 위해 AWS 운영자 계정에 몇 가지 권한을 더 부여한다. 먼저 데이터베이스 작업을 위한 새로운 IAM 그룹을 생성한다. 그룹이 설정되면 운영자 계정을 그룹에 추가하여 권한을 상속한다.

먼저 AWS CLI 명령어를 사용하여 **DB-Ops**라는 이름의 새로운 그룹을 생성한다.

```
$ aws iam create-group --group-name DB-Ops
```

다음으로 RDS와 엘라스틱캐시 접근 정책을 그룹에 추가한다.

```
$ aws iam attach-group-policy --group-name DB-Ops\
 --policy-arn arn:aws:iam::aws:policy/AmazonRDSFullAccess &&\
aws iam attach-group-policy --group-name DB-Ops\
 --policy-arn arn:aws:iam::aws:policy/AmazonElastiCacheFullAccess
```

마지막으로 운영자 계정을 방금 생성한 그룹에 추가한다.

```
$ aws iam add-user-to-group --user-name ops-account --group-name DB-Ops
```

이제 적절한 권한을 가진 운영자 계정으로 스테이징 인프라 환경을 작업할 준비가 됐다. 테라폼 코드를 커밋하기 전에 업데이트된 인프라 코드에 문제가 없는지 확인한다. 다음 테라폼 명령을 실행하여 업데이트된 코드의 형식을 지정하고 유효성을 검사한다.

```
infra-staging-env$ terraform fmt
[...]
infra-staging-env$ terraform init
[...]
infra-staging-env$ terraform validate
[...]
infra-staging-env$ terraform plan
[...]
```

최신 버전의 테라폼을 사용해서 에러가 발생한다면 load_config_file 부분을 주석 처리해야
한다.

1. main.tf 파일 내 쿠버네티스 공급자에서 load_config_file을 주석 처리한다.

```
provider "kubernetes" {
  # load_config_file      = false
  ...
}
```

2. argo-cd-server 모듈의 source를 아래 주소로 변경한다.

```
module "argo-cd-server" {
  source = "github.com/november11th/module-argo-cd"
  ...
}
```

3. traefik 모듈의 source를 아래 주소로 변경한다.

```
module "traefik" {
  source = "github.com/november11th/module-aws-traefik/"
  ...
}
```

load_config_file 관련 주석 처리를 완료했다면 앞서 실행한 테라폼 명령을 처음부터 다시
실행한다.[7]

7 *https://github.com/november11th/infra-staging-env*

이제 인프라 코드를 커밋하고 CI/CD 파이프라인을 실행하자. 다음과 같이 업데이트된 테라폼 코드를 포크된 저장소에 커밋한다.

```
$ git add .
$ git commit -m "Staging environment with databases"
$ git push origin
```

워크플로는 v로 시작하는 릴리스 태그를 푸시할 때 워크플로가 트리거 된다. 다음 깃 명령어를 실행하여 새로운 v1.0 태그를 생성하고 포크된 저장소에 푸시한다.

```
$ git tag -a v1.0 -m "Initial staging environment build"
$ git push origin v1.0
```

브라우저 기반 깃허브 콘솔에서 스테이징 프로비저닝의 파이프라인 상태를 확인할 수 있다. 파이프라인 작업을 성공하면 스테이징 환경에서 쿠버네티스 클러스터와 MySQL, 레디스 데이터베이스를 사용할 준비가 된다. 마이크로서비스 배포를 위해서는 쿠버네티스 클러스터가 필요하다. 다음 단계로 쿠버네티스 클러스터가 잘 작동하는지 확인한다. 테라폼 apply 실행 과정에서 에러가 발생한 경우 오른쪽 상단에 있는 [Re-run all jobs]를 클릭하여 파이프라인을 재실행한다.

쿠버네티스 클러스터 접속 테스트

스테이징 쿠버네티스 클러스터와 통신하려면 kubectl 애플리케이션에 대한 구성 정보가 필요하다. 구성 정보를 얻기 위해 7.2.6절과 동일한 프로세스로 구성 파일을 다운로드하고 로컬 환경 설정을 업데이트한다.

> **NOTE_** 쿠버네티스 클러스터에 연결을 시도하기 전에 CI/CD 파이프라인이 성공적으로 완료되었는지 먼저 확인해야 한다.

깃허브 액션 스테이징 파이프라인이 생성한 kubeconfig 파일을 다운로드한 후 KUBECONFIG 환경 변수에 다운로드한 kubeconfig 파일 경로를 지정한다.

```
$ export KUBECONFIG=~/Downloads/kubeconfig
```

환경변수를 설정했다면 kubectl get svc --all-namespaces를 실행하여 스테이징 클러스터가 실행 중인지, 쿠버네티스 객체가 배포되었는지 확인한다. 잘 작업되었다면 [예제 10-2]와 같은 결과가 나온다.

예제 10-2 svc 결과

```
$ kubectl get svc --all-namespaces
NAMESPACE    NAME                                         TYPE          CLUSTER-IP
argocd       msur-argocd-application-controller ClusterIP     172.20.133.240
argocd       msur-argocd-dex-server                ClusterIP     172.20.74.68
default      ms-ingress-nginx-ingress              LoadBalancer 172.20.239.114
[... lots more services ...]
```

출력 결과에는 우리가 배포한 모든 쿠버네티스 서비스 목록이 표시된다. 여기에는 Argo CD 애플리케이션과 Nginx 인그레스 서비스가 포함되어야 한다. 이는 클러스터가 실행되어 작동 중이고 관련된 서비스가 성공적으로 프로비저닝 되었음을 나타낸다.

쿠버네티스 시크릿 생성

마지막 단계로 쿠버네티스 **시크릿**을 설정한다. 항공편 정보 마이크로서비스를 MySQL에 연결할 때에는 비밀번호가 필요하다. 이때 특별한 쿠버네티스 오브젝트인 시크릿을 사용하여 비밀번호를 일반 텍스트로 저장하지 않고 권한이 있는 사람만 조회할 수 있게 한다.

다음 명령을 실행하여 MySQL 비밀번호를 위한 쿠버네티스 시크릿을 생성하고 설정한다.

```
$ kubectl create secret generic \
mysql --from-literal=password=microservices -n microservices
```

NOTE_ 쿠버네티스가 기본으로 제공하는 시크릿 이외에도 해시코프 볼트[Vault][8]와 같은 다양한 도구를 사용하면 적절한 구현을 위한 더 많은 기능을 사용할 수 있다.

---

8 *https://oreil.ly/YeiHQ*

이제 우리의 마이크로서비스의 요구사항에 맞는 스테이징 인프라 환경이 구성되었다. 다음 단계는 마이크로서비스를 스테이징 환경에 배포할 수 있는 컨테이너로 게시하는 것이다.

10.2 항공편 정보 컨테이너 게시

앞서 9장에서는 make를 사용하여 로컬 개발 환경에서 마이크로서비스를 테스트, 빌드, 실행했다. 하지만 테스트, 스테이징과 같은 다양한 환경에 서비스를 구축하고 배포하기 위해서는 반복 가능하고 자동화된 프로세스가 필요하다.

> **NOTE_** 우리는 컨테이너화된 항공편 마이크로서비스 이미지[9]를 이미 도커 허브에 게시했다. 따라서 도커 허브 배포 워크플로를 구축하는 데 관심이 없다면 10.3절로 넘어가면 된다.

인프라 구축과 마찬가지로 자동화와 데브옵스 기술을 사용하여 서비스를 구축하면 마이크로서비스 배포의 예측 가능성, 품질, 속도가 향상된다. 이번 절에서는 [그림 10-6]과 같이 항공 마이크로서비스를 빌드하고 컨테이너 레지스트리에 게시하기 위한 지속적 통합과 지속적 전달(CI/CD)를 구축한다.

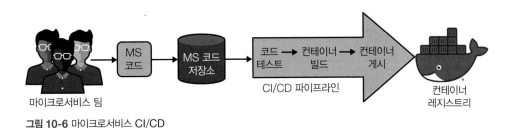

그림 10-6 마이크로서비스 CI/CD

먼저 마이크로서비스를 호스팅하는 데 사용할 컨테이너 레지스트리인 도커 허브를 살펴본다.

---

9 https://oreil.ly/7LHnY

10.2.1 도커 허브 소개

9장에서는 make 기반 빌드 프로세스에서 docker-compose와 docker를 모두 사용하여 테스트 및 릴리스용 컨테이너를 생성했다. 이러한 컨테이너를 스테이징 환경으로 가져오려면 컨테이너를 이동하거나 게시할 방법이 필요하다. 컨테이너는 바이너리 애플리케이션과 유사하기 때문에 대상 환경의 파일 시스템에 업로드할 수 있다. 하지만 컨테이너 수가 늘어나면 관리가 어려워진다.

컨테이너 레지스트리는 컨테이너를 저장하는 소프트웨어 시스템으로 컨테이너를 안전하게 유지하고, 쉽게 발견하고, 업데이트 및 변경할 수 있게 돕는다. 도커는 레지스트리 작업을 위한 API를 정의하고 도커 엔진은 이를 기본으로 지원한다.

도커 레지스트리 API를 지원하는 다양한 레지스트리 호스팅 서비스가 있다. 주요 클라우드 제공 업체는 안전한 개인 레지스트리를 호스팅한다. 또한 도커의 오픈 소스 구현을 사용하여 자체 레지스트리 서버를 호스팅할 수 있다. 이 책에서는 도커의 공개 호스팅 레지스트리인 도커 허브를 사용한다. 도커 허브는 무료로 사용할 수 있고 인기 있는 컨테이너 레지스트리로 깃허브 액션과 좋은 통합을 제공한다.

도커 허브를 컨테이너 레지스트리로 사용

마이크로서비스 컨테이너를 도커 허브 컨테이너 레지스트리에 게시한다.

10.2.2 도커 허브 설정

도커 허브 레지스트리를 설정하는 방법은 간단하다. 도커 허브에 로그인하여 신규 저장소를 생성하는 것이 전부다. 다음 단계에 따라 항공 애플리케이션 예제를 위한 저장소를 생성한다.

1. 웹 브라우저에서 도커 허브 홈페이지[10]로 이동한다.
2. 도커 허브에 로그인 한다.
3. [Create Repository] 버튼을 클릭한다.

---

10 *https://hub.docker.com/*

4. 저장소 이름으로 flights을 입력한다.

5. [Create] 버튼을 클릭한다.

> **NOTE_** 도커 허브를 사용하려면 도커 계정이 있어야 한다. 개발자 환경을 설정할 때 도커를 설치했다면 이미 도커 ID가 있을 것이다. 아직 ID가 없는 경우 https://hub.docker.com을 방문하여 신규 계정을 생성한다.

레지스트리 저장소를 생성하는 과정에서 문제가 발생했다면 도커 웹사이트에서 제공하는 문서[11]를 참조하길 바란다. 도커 계정과 컨테이너 저장소가 준비되었다면 CI/CD 파이프라인을 사용하여 컨테이너를 빌드하고 게시할 수 있다.

10.2.3 파이프라인 구성

우리는 IaC 기반 프로비저닝 작업에 깃허브 액션을 파이프라인 도구로 사용했다. 일관성을 위해 마이크로서비스의 컨테이너 빌드 파이프라인에서도 깃허브 액션을 사용한다. 깃허브 액션에서 도커가 제공하는 고급 액션을 사용하면 도커 허브와 워크플로를 더 쉽게 통합할 수 있다.

앞서 9장에서 항공편 정보 마이크로서비스를 만드는 단계를 따랐다면 마이크로서비스 코드와 makefile을 포함한 깃허브 저장소가 있어야 한다. 저장소에 깃허브 액션 워크플로를 생성하여 CI 파이프라인이 코드와 함께 작동할 수 있게 한다. 항공편 마이크로서비스 저장소가 없다면 이 책의 ms-flights 저장소[12]를 포크하여 생성한다.

그림 10-7 항공편 마이크로서비스 저장소에 컨테이너를 구축한다.

---

11 https://oreil.ly/owCnP

12 https://oreil.ly/Microservices_UpandRunning_msflights

이전에 했던것과 같이 깃허브 저장소의 파이프라인에 자격 증명을 추가하는 설정부터 시작한다.

도커 허브 시크릿 설정

컨테이너를 게시하려면 워크플로가 도커 허브와 통신할 수 있어야 한다. 따라서 도커 허브 접속 정보를 항공편 깃허브 저장소의 시크릿으로 추가한다. [표 10-3]에 정의된 대로 도커 허브 로그인에 필요한 두 개의 자격 증명 시크릿을 생성한다.

표 10-3 도커 허브를 위한 깃허브 시크릿

키	설명
DOCKER_USERNAME	도커 계정 ID
DOCKER_PASSWORD	도커 계정 패스워드

시크릿을 추가하는 방법은 다음과 같다.

1. 웹 브라우저에서 ms-flights 저장소로 접속한 후 상단의 메뉴에서 [Settings]를 선택한다.
2. 왼쪽 메뉴에서 [Secrets]를 선택한다.
3. 새 시크릿을 추가한다.

ms-flights 저장소의 파이프라인에서는 AWS 인스턴스를 배포하지 않기 때문에 AWS 계정 시크릿을 추가하지 않는다. ms-flights 저장소의 워크플로는 스테이징 환경이 아닌 도커 허브 레지스트리로 컨테이너를 푸시한다.

이러한 방식은 마이크로서비스 컨테이너의 이식성과 독립성을 보장한다(우리는 컨테이너 빌드 과정에서 환경별 로직이나 값을 추가하지 않는다). 모든 테스트 및 릴리스 환경에서 동일한 컨테이너를 사용하면 전체 시스템의 안정성이 높일 수 있다.

이제 컨테이너를 구축, 테스트, 게시하는 워크플로를 생성하자.

항공편 서비스 컨테이너 게시

이 책에서 제공하는 ms-flights 저장소를 포크했다면 컨테이너를 빌드하고 게시하는 깃허브 액션 워크플로가 이미 작성되어 있다. 포크된 저장소의 Actions 탭으로 이동하면 워크플로 활성화 메시지가 나온다. 직접 **ms-flights** 저장소를 구축했다면 워크플로 코드[13]를 저장소의 워크플로 디렉터리에 복사한다. 우리가 정의한 깃허브 액션 워크플로는 릴리스 태그에 의해 트리거 되며 다음 단계를 따른다.

1. 코드에 대한 유닛 모의테스트
2. 마이크로서비스의 컨테이너 빌드
3. 컨테이너를 도커 허브 레지스트리로 푸시

이미 도커 허브 자격 증명을 저장소에 추가했으므로 워크플로를 실행 수 있다. CI/CD 워크플로를 트리거하기 위해 **v1.0** 태그를 릴리스에 푸시하면 된다. 이번에는 깃허브 브라우저 기반 UI를 사용하여 빌드를 트리거한다.

브라우저에 **ms-flights** 깃허브 저장소의 Code 탭으로 이동한다. [그림 10-8]과 같이 화면 오른쪽의 Release 섹션에 'Create a new release' 링크를 클릭한다.

그림 10-8 새로운 릴리스 생성

다음으로 [그림 10-9]과 같이 태그 버전 필드에 **v1.0** 값을 입력한 후 화면 하단에 있는 [Publish Release] 버튼을 클릭한다.

그림 10-9 태그 버전 설정

---

13 *https://oreil.ly/Microservices_UpandRunning_mainyaml*

브라우저 기반 UI에서 **v1.0** 태그로 깃허브 릴리스를 게시하는 것은 깃 CLI로 태그를 푸시하는 것과 동일하게 깃허브 액션 워크플로를 트리거한다. 저장소의 Actions 탭으로 이동하여 **CICD** 워크플로가 시작되었는지 확인한다. makefile을 실행하고 컨테이너로 패키징하는 데 몇 분 정도 소요된다. 작업이 완료되면 항공편 서비스 컨테이너가 도커 허브 레지스트리로 푸시되어 사용할 준비가 된다.

파이프라인 내 테스트 과정에서 실패할 경우, 워크플로 파일에서 테스트 코드를 주석 처리한다.

```
# Test the service using the make file
#   - name: Run Unit Tests
#     run: make test
```

주석 처리한 후 새로운 버전(e.g. **v1.1**)태그로 깃허브 릴리스를 게시하여 깃허브 액션 워크플로를 재실행한다.[14]

컨테이너가 업로드되었는지 확인하려면 브라우저에서 도커 허브 계정에 접속하여 저장소를 살펴본다. [그림 10-10]과 같이 방금 푸시한 컨테이너가 보여야 한다.

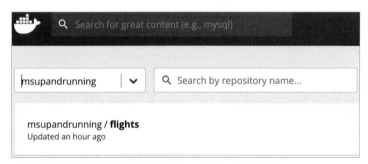

그림 10-10 도커 허브 레지스트리에 푸시된 ms-flights 컨테이너

스테이징 환경에 배포할 수 **ms-flights** 마이크로서비스 컨테이너가 준비되었다. 다음으로 컨테이너 레지스트리에 마이크로서비스가 푸시되면 스테이징 환경에 컨테이너를 자동으로 배포하는 작업을 구성한다.

---

14 *https://github.com/november11th/ms-flights*

10.3 항공편 서비스 컨테이너 배포

우리는 인프라 파이프라인을 사용하여 테스트 환경을 프로비저닝했으며 서비스 배포를 위한 컨테이너 이미지를 생성했다. 이제 항공편 마이크로서비스를 배포한다. 배포 작업을 위해 7장에서 인프라에 설치한 깃옵스 배포 도구인 Argo CD를 사용한다.

반복 가능한 배포를 위해 헬름 패키지를 포함한 새로운 배포 저장소를 만든다. 헬름은 앞서 7.2.5절에서 샌드박스 환경을 구축할 때 도입했다. 헬름 패키지는 마이크로서비스를 배포하는 방법을 설명한다. 배포할 준비를 마친 후 헬름 패키지를 배포 저장소로 푸시하면 Argo CD는 스테이징 환경으로 컨테이너를 배포한다(그림 10-11 참조).

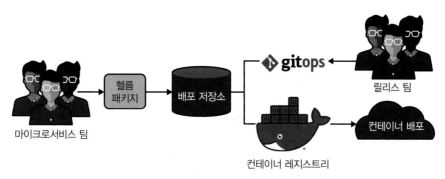

그림 10-11 헬름 패키지는 서비스 배포를 정의한다.

10.3.1 쿠버네티스 배포의 이해

7장에서는 컨테이너 기반 마이크로서비스의 실행과 운영을 위해 쿠버네티스를 소개하고 설치했다. 쿠버네티스는 컨테이너를 실행하고, 상태를 확인하고, 서비스를 검색 및 복제하고, 문제가 발생했을 때 다시 실행하는 것과 같은 다양한 일을 처리한다. 이는 시스템에 탄력성과 자가 치유self-healing 특성을 제공하고자 하는 우리의 원칙을 만족시킨다.

하지만 쿠버네티스 클러스터는 해야 할 일을 알아야 한다. 컨테이너 이미지를 찾을 수 있는 위치를 모른다면 마이크로서비스를 배포할 수 없다. 어떤 API를 호출해야 할지 모르면 마이크로서비스의 상태를 확인할 수 없다. 또한 생성하는 컨테이너 인스턴스 수의 제한과 이러한 서비스가 네트워크를 통해 어떻게 접근되어야 하는지 쿠버네티스가 알아야 한다.

쿠버네티스는 모든 것을 선언적인 구성 오브젝트로 바라본다. 마이크로서비스의 배포를 구성하려면 실행할 컨테이너의 최적 상태를 선언해야 한다. 선언을 마친 후 쿠버네티스는 백그라운드에서 작업을 수행하여 서비스를 시작하고 유지한다.

이러한 선언적인 접근 방식은 테라폼을 사용한 인프라 리소스 정의 방식과 유사하다. 쿠버네티스에서는 YAML 형식을 사용하여 특별한 배포 오프젝트를 정의한다. 쿠버네티스는 엄청나게 복잡하기 때문에 이 책에서 모든 내용을 자세히 다루지 못한다. 하지만 마이크로서비스가 배포되는 방식을 이해할 수 있도록 몇 가지 핵심 오브젝트를 설명한다.

쿠버네티스 오브젝트 및 컨트롤러 이해

쿠버네티스 플랫폼을 실행하는 방식을 이해하려면 다양한 오브젝트를 알아야 한다. 여기서는 항공편 마이크로서비스의 배포 패키지를 만들기 위한 5가지 주요 오브젝트(파드pod, 레플리카셋Replicaset, 배포deployment, 서비스service, 인그레스ingress)를 간단하게 설명한다.

파드

파드는 기본 워크로드 단위로 하나 이상의 컨테이너를 실행하고 관리한다.

레플리카셋

레플리카셋은 동시에 실행해야 하는 특정 파드의 수를 쿠버네티스에게 알려준다. 일반적으로 레플리카셋은 직접 작업하지 않는다.

배포

배포 컨트롤러는 파드 및 관련된 레플리카셋에 대해 원하는 상태를 선언한다. 배포는 쿠버네티스 배포를 위해 작업해야 하는 기본 오브젝트다.

서비스

서비스는 쿠버네티스 클러스터에 있는 애플리케이션이 네트워크를 통해 파드로 접근하는 방법을 정의한다. 서비스 오브젝트는 복제된 파드 그룹에 접근하기 위해 단일 IP와 포트를 정의한다.

인그레스

인그레스 오브젝트는 클러스터 외부의 애플리케이션을 위해 서비스 오브젝트로의 수신 경로를 정의한다. 인그레스 선언에는 인그레스 컨트롤러가 올바른 서비스 오브젝트로 메시지를 라우팅할 수 있도록 라우팅 규칙을 포함한다.

마이크로서비스를 배포하려면 인그레스, 서비스, 배포 오브젝트에 대한 선언적 구성을 작성해야 한다. 파드와 레플리카셋에 대한 구성은 자체 파일로 작성하지는 않지만 배포 오브젝트 구성에 세부 사항을 포함한다. 앞서 언급했듯이 우리는 헬름을 사용하여 이러한 모든 구성 파일을 패키징 한다.

10.3.2 헬름 차트 생성

쿠버네티스 배포는 컨테이너를 배포할 방법, 시기, 위치를 알아야 하기 때문에 쿠버네티스 API를 여러 번 호출해야 한다. 이러한 복잡성 중 일부를 관리하기 위해 우리는 헬름 패키지 도구를 사용한다.

헬름은 쿠버네티스용 패키지 관리자다. 헬름은 쿠버네티스 클러스터에 애플리케이션의 설치와 배포를 관리할 수 있는 방법을 제공한다. 우리는 앞서 헬름을 사용하여 Argo CD와 같은 기존의 솔루션을 설치했다. 이제 우리의 마이크로서비스를 위한 자체 헬름 패키지를 작성하여 항공편 서비스를 더 쉽게 설치한다.

헬름을 사용하려면 먼저 **차트**Chart, **템플릿**Template, **값**Value 세 가지 개념을 이해해야 한다.

차트

차트는 쿠버네티스 리소스와 배포를 설명하는 파일의 모음이다. 차트는 헬름 배포의 핵심 단위다. 우리는 앞서 Argo CD와 같은 쿠버네티스 기반 애플리케이션을 배포할 때 미리 생성한 차트를 사용했다.

템플릿

템플릿은 특정 쿠버네티스 리소스를 설명하는 차트의 파일이다. 헬름이 파일의 값을 바꾸는 데 사용하는 특수한 명령을 포함하기 때문에 템플릿이라 한다. 예를 들어 마이크로서비스에 대한 서비스 오브젝트의 템플릿을 생성하고 템플릿의 값으로 포트 번호를 지정한다.

값

모든 차트에는 템플릿을 채우는 데 사용해야 하는 값을 정의해야 한다. 값 파일은 환경 간의 차이를 관리할 수 있는 유용한 방법이다. 이미 헬름 차트가 설치된 경우에도 값을 재정의할 수 있다.

항공편 서비스의 헬름 패키지를 생성하려면 헬름 차트를 생성해야 한다. 헬름 차트에는 항공편 서비스를 배포하는 방법을 선언하는 템플릿 파일을 정의한다. 템플릿은 다른 유형의 환경에서 사용할 수 있도록 매개변수화된 값을 포함한다. 마지막으로 스테이징 환경에 대한 템플릿을 값 파일을 생성하여 채운다.

우리의 헬름 차트는 Argo CD가 조회하고 사용할 수 있어야 한다. 따라서 먼저 차트를 저장하고 관리할 수 있는 마이크로서비스 배포 저장소를 만든다.

10.3.3 마이크로서비스 배포 저장소 생성

우리는 헬름 차트를 마이크로서비스 배포의 단일 '모노레포'로 유지한다. 이는 우리의 운영 모델에 적합하며 릴리스 팀이 실제 서비스 릴리스를 전체적인 방식으로 관리할 수 있도록 지원한다. 마이크로서비스 팀은 자체 헬름 배포 차트를 소유하고 배포 저장소에 독립적으로 배포할 수 있다(그림 10-12 참조).

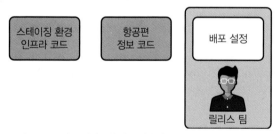

그림 10-12 배포 저장소에 배포 패키지 만들기

먼저 `ms-deploy`라는 이름의 깃허브 저장소를 생성하고 로컬 개발 환경에 저장소를 복제한다.

깃허브 저장소를 생성하고 복제하는 데에 아직 익숙하지 않다면 깃허브 퀵스타트 문서[15]를 읽어보길 권한다.

> **TIP** 생성 중인 배포 저장소는 이 장의 뒷부분에서 설정하는 Argo CD 깃옵스 배포 도구의 '단일 저장소source of truth'가 된다.

헬름 파일 작업을 시작하는 가장 간단한 방법은 헬름 CLI 애플리케이션을 사용하는 것이다. 헬름 CLI는 쿠버네티스 API를 사용하여 헬름 차트를 생성, 설치, 검사할 수 있다. 예제에서는 헬름 3.2.4 버전[16]을 사용한다.

헬름 CLI가 설치되지 않은 경우 로컬 개발 환경에 다운로드하고 설치한다. 설치를 완료하면 `ms-flights` 헬름 차트를 생성을 시작한다.

헬름 차트 생성

헬름 CLI의 장점 중 하나는 새로운 차트를 빠르게 부트스트랩할 수 있는 편리한 기능을 제공한다는 것이다. 먼저 차트를 만들기 위해 `ms-deploy` 저장소의 루트 디렉터리에서 다음 명령어를 실행한다.

```
ms-deploy $ helm create ms-flights
```

헬름은 차트를 설명하는 `chart.yaml` 파일, 차트 값을 정의하는 `values.yaml` 파일, 기본적인 배포를 위해 쿠버네티스 YAML 템플릿이 포함된 `template` 디렉터리를 생성한다.

헬름의 가장 큰 장점은 마이크로서비스의 쿠버네티스 배포를 위해 작성해야 하는 보일러플레이트 코드를 제공한다는 것이다. 우리는 헬름이 제공한 템플릿을 약간만 변경하여 배포 가능한 패키지를 만들 수 있다.

특히 `template/deployment.yaml` 파일을 배포하려는 컨테이너에 맞춰 조금 더 구체적으로 수정해야 한다.

---

15 *https://oreil.ly/TdrGG*
16 *https://oreil.ly/ohMF7*

배포 템플릿 업데이트

`/ms-flights/templates/deployment.yaml` 파일은 파드의 배포 상태를 선언하는 쿠버네티스 오브젝트 파일이다. 우리는 앞서 쿠버네티스 오브젝트가 꽤 복잡하다고 설명했다. 좋은 소식은 헬름이 생성한 파일에는 그대로 사용할 수 있는 플레이스홀더placeholder 값이 많다는 것이다. 우리는 항공편 마이크로시스템의 배포를 위해 몇 가지 사항만 변경하면 된다.

먼저 배포 오브젝트의 몇 가지 기본적인 YAML 속성에 대해 알아보자.

apiVersion

모든 쿠버네티스 YAML 파일은 사용하는 쿠버네티스 API의 버전을 지정한다.

kind

쿠버네티스 오브젝트의 유형을 식별한다. 예제에서 사용하는 쿠버네티스 오브젝트는 `Deployment`다.

spec

쿠버네티스 오브젝트의 스펙을 지정한다(이번 설명에서 핵심적인 부분이다).

spec.replicas

배포에 필요한 레플리카 수를 지정한다. 쿠버네티스는 이 값을 기반으로 레플리카셋을 생성한다.

spec.template

배포 스펙의 `template` 속성은 배포하려는 파드 템플릿이다. 쿠버네티스는 템플릿을 사용하여 파드를 프로비저닝한다.

spec.template.containers

파드 템플릿의 `containers` 속성은 쿠버네티스가 파드의 레플리카를 생성할 때 사용하는 컨테이너 이미지와 환경 변수를 식별한다.

간단한 배포를 위해 우리는 헬름이 생성한 배포 오브젝트 속성의 기본 값을 사용한다. 하지만 spec.template.containers 속성은 우리가 구축한 ms-flights 컨테이너로 업데이트해야 한다. YAML 파일의 containers 속성에서 [예제 10-3]에 표시된 대로 env, ports, livenessProbe, readinessProbe 값을 업데이트 한다.

예제 10-3 ms-flights 템플릿 스펙

```yaml
spec:
[...]
  template:
  [...]
    spec:
    [...]
      containers:
        - name: {{ .Chart.Name }}
          [...]
          imagePullPolicy: {{ .Values.image.pullPolicy }}
          env:
            - name: MYSQL_HOST
              value: {{ .Values.MYSQL_HOST | quote }}
            - name: MYSQL_USER
              value: {{ .Values.MYSQL_USER | quote }}
            - name: MYSQL_PASSWORD
              valueFrom:
                secretKeyRef:
                  name: {{ .Values.MYSQLSecretName }}
                  key: {{ .Values.MYSQLSecretKey }}
            - name: MYSQL_DATABASE
              value: {{ .Values.MYSQL_DATABASE | quote }}
          ports:
            - name: http
              containerPort: 5501
              protocol: TCP
          livenessProbe:
            httpGet:
              path: /ping
              port: http
          readinessProbe:
            httpGet:
              path: /health
              port: http
          [...]
```

NOTE_ 수정된 ms-flights 헬름 차트의 완성된 예제는 이 책의 깃허브 사이트[17]에서 확인할 수 있다.

containers 섹션에 대한 업데이트 내용은 다음과 같다.

- MySQL 데이터베이스에 연결하기 위한 템플릿 환경 변수의 집합(나중에 실제 값을 설정한다)

- 항공편 마이크로서비스에 바인딩하고 컨테이너가 노출하는 TCP 포트

- 파드가 살아있는지 쿠버네티스가 확인하는 데 사용하는 (9장에서 정의한) 활성 프로브와 준비성 프로브 엔드포인트

헬름이 생성한 템플릿을 수정하는 작업은 여기까지다. 이제 매개변수화된 템플릿을 사용하여 쿠버네티스 배포 오브젝트를 생성할 수 있다. 우리는 템플릿에서 사용하는 일부 값만 정의하면 된다.

패키지 값 설정

배포를 위해 헬름 패키지를 사용할 때의 장점 중 하나는 동일한 템플릿에 몇 가지 값을 변경하여 다른 환경에서 재사용할 수 있다는 것이다. 값을 설정하는 방법 중 하나는 배포 시 헬름 클라이언트에 값을 전달하는 것이다. 우리는 Argo CD용 헬름 패키지를 설치할 때 이 방법을 사용했다.

다른 방법은 사용하려는 모든 값을 직렬화하는 단일 파일을 만드는 것이다. 이는 배포 값을 코드로 관리할 수 있기 때문에 배포 패키지에 적용할 수 있는 방식이다. 우리는 헬름이 이미 생성한 values.yaml 파일을 사용한다. ms-flights 차트의 루트 디렉터리에서 values.yaml 파일을 찾을 수 있다.

먼저 도커 이미지의 세부 정보를 업데이트한다. values.yaml 파일을 선호하는 텍스트 편집기로 열고 YAML 파일의 시작 부분에서 image 키를 찾는다. image의 세부 정보를 [예제 10-4]와 같이 수정한다.

---

17 https://oreil.ly/Microservices_UpandRunning_msflights

예제 10-4 Image 수정 예제

```
replicaCount: 1

image:
  repository: "msupandrunning/flights"
  pullPolicy: IfNotPresent
  tag: "v1.0"
```

> **NOTE_** 예제에서는 필자가 구축한 컨테이너를 지정한다. 직접 구축한 컨테이너를 사용하려면 `repository`
> 와 `tag` 값을 변경한다.

다음으로 MySQL 연결 값을 추가하여 마이크로서비스가 스테이징 환경의 데이터베이스에 연결할 수 있게 한다. MySQL 구성 값을 `values.yaml` 파일에 추가한다(`tag` 속성 바로 뒤에 추가하면 된다).

```
image:
[..]

MYSQL_HOST: rds.staging.msur-vpc.com
MYSQL_USER: microservices
MYSQL_DATABASE: microservices_db
MYSQLSecretName: mysql
MYSQLSecretKey: password
```

마지막으로 YAML 파일에서 ingress 속성을 찾아 다음과 같이 업데이트한다.

```
ingress:
  enabled: true
  annotations:
    kubernetes.io/ingress.class: traefik
  hosts:
    - host: flightsvc.com
      paths: ["/flights"]
```

ingress 정의를 통해 인그레스 서비스가 호스트 flightsvc.com에 URI가 /flights인 모든 메시지를 항공편 정보 마이크로서비스로 라우팅 함을 알 수 있다. 실제로 flightsvc.com 도메인에서 서비스를 호스팅할 필요는 없다. 서비스에 도달하기를 원한다면 HTTP 요청이 해당 값을 갖게 하면 된다.

프로덕션 환경의 경우 더 많은 값과 템플릿 변경이 필요할 것이다. 여기서는 예제 설명을 위해 실행에 필요한 값만 다룬다.

패키지 테스트와 커밋

마지막으로 해야 할 일은 구문 오류가 있는지 확인하기 위한 간단한 모의테스트다. 쿠버네티스 클러스터에 연결해야 하므로 해당 환경에서 접속 가능한지 확인해야 한다. 다음 명령어를 실행하여 헬름이 패키지를 빌드할 수 있는지 확인한다(에러가 발생할 경우 export KUBECONFIG=~/Downloads/kubeconfig을 실행하여 이전에 생성한 EKS의 config 정보를 설정한다).

```
ms-flights$ helm install --debug --dry-run flight-info .
```

헬름은 다음과 같이 생성할 오브젝트를 나타내는 많은 양의 YAML을 반환한다.

```
[... lots of YAML...]
  backend:
              serviceName: flight-info-ms-flights
              servicePort: 80
NOTES:
1. Get the application URL by running these commands:
  http://flightsvc.com/flights
```

> **TIP** 헬름 패키지를 작동하는 데 문제가 있는 경우 이 책의 예제 저장소[18]에 있는 항공편 서비스 헬름 패키지의 예제를 참조하길 권한다.

모든 것이 잘 작동한다면 완성된 헬름 파일을 깃허브 저장소에 커밋한다.

---

18 *https://oreil.ly/Microservices_UpandRunning_msflights_ex*

```
ms-flights$ git add .
ms-flights$ git commit -m "initial commit"
ms-flights$ git push origin
```

이제 배포 모노레포에 저장된 패키지 파일을 사용하여 Argo CD 깃옵스 배포 도구를 구성한다.

10.3.4 깃옵스 배포용 Argo CD

지금까지 우리는 쿠버네티스 클러스터에 마이크로서비스를 효율적으로 배포할 수 있는 헬름 차트를 만들었다. 헬름은 쿠버네티스 클러스터에 배포하는 기능을 포함한다. 이제 헬름을 사용하여 스테이징 환경에 항공 정보 서비스를 배포할 수 있다.

하지만 지금은 수동적인 방법으로 헬름 CLI를 직접 실행하여 배포해야 한다. 또한 배포 저장소가 업데이트될 때 새 배포가 필요한지 여부를 알 수 있도록 배포된 서비스의 현재 버전을 지속적으로 추적해야 한다.

우리는 지속적 배포 도구를 사용하여 이를 개선할 수 있다. 지금부터 지속적 배포 도구인 Argo CD를 사용하여 스테이징 환경에 서비스를 배포하는 방식을 개선한다.

Argo CD는 깃옵스 배포 도구로 워크로드와 서비스의 원하는 배포 상태를 대한 소스를 관리하며 깃 저장소를 사용한다. Argo CD는 지정한 저장소를 확인하여 환경에서 실행 중인 상태와 우리가 정의한 대상의 상태가 일치하는지 비교한다. 일치하지 않은 경우 Argo CD는 헬름 차트에서 선언한 내용과 실행 중인 상태가 일치하도록 배포를 '동기화synchronize' 한다.

이러한 선언적 접근 방식은 테라폼과 같이 우리가 도입한 도구와 원칙을 따른다. 이제 스테이징에 설치한 Argo CD 인스턴스에 로그인하고 ms-deploy 저장소를 지정한 다음 동기화된 배포를 설정한다.

> **NOTE_** 10장 '쿠버네티스 시크릿 생성'절에 설명한 MySQL 비밀번호를 위한 쿠버네티스 시크릿을 추가했는지 확인한다. 그렇지 않으면 항공편 정보 서비스를 실행할 수 없다.

Argo CD 로그인

Argo CD에 로그인하기 전에 Argo 관리자 계정의 비밀번호를 알아야 한다. Argo CD는 쿠버네티스 오브젝트의 이름과 동일한 기본 비밀번호를 설정한다. 다음과 같이 kubectl 명령어를 실행하여 Argo CD 파드를 찾는다.

```
$ kubectl get pods -n "argocd" | grep argocd-server
NAME                                  READY    STATUS     RESTARTS    AGE
msur-argocd-server-c6d4ffcf-9z4c2     1/1      Running    0           51s
```

로그인에 사용할 비밀번호인 파드의 이름을 복사해 놓는다. 예를 들어 예제의 비밀번호는 msur-argocd-server-c6d4ffcf-9z4c2다.

파드의 이름 비밀번호로 로그인이 실패한 경우, Argo CD 1.9 이상은 다음 명령어로 비밀번호를 확인할 수 있다.

```
$ kubectl -n argocd get secret argocd-initial-admin-secret -o
jsonpath="{.data.password}" | base64 -d && echo
```

로그인 화면에 접속하고 자격 증명을 사용하려면 포트 전달 규칙port-forwarding rule을 설정해야 한다. 아직 인터넷에서 쿠버네티스 클러스터로 접속하는 방법을 정의하지 않았기 때문이다. 하지만 다행스럽게도 kubectl은 로컬 개발 환경에서 클러스터로 요청을 전달할 수 있는 편리한 내장 도구를 제공한다. 이를 위해 다음과 같이 실행한다.

```
$ kubectl port-forward svc/msur-argocd-server 8443:443 -n "argocd"
Forwarding from 127.0.0.1:8443 -> 8080
Forwarding from [::1]:8443 -> 8080
```

이제 브라우저에서 localhost:8443으로 접속한다. 사이트를 신뢰할 수 없다는 경고가 표시되지만 문제없다. 계속해도 괜찮다는 것을 브라우저에게 알리면 [그림 10-13]과 같은 로그인 화면이 나온다.

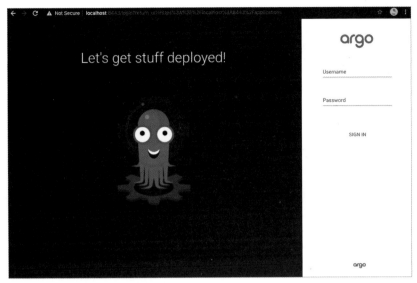

그림 10-13 Argo CD 로그인 화면

사용자 ID로 admin을 입력하고 앞서 확인한 비밀번호를 사용하여 로그인한다. 로그인에 성공하면 대시보드 화면이 나온다. 이제 항공편 정보 서비스 배포에 대한 참조를 만들 수 있다.

마이크로서비스 동기화와 배포

Argo CD에서 배포해야 하는 마이크로서비스나 워크로드를 **애플리케이션**이라 한다. 항공편 정보 마이크로서비스를 배포하려면 새로운 '애플리케이션'을 생성하고 앞서 생성한 깃 저장소의 헬름 패키지를 참조하도록 값을 구성한다.

대시보드 화면에서 [Create Application]이나 [New App] 버튼을 클릭하면 화면 오른쪽에 채워야 하는 웹 양식이 슬라이드 된다. 여기에 애플리케이션의 메타데이터와 헬름 패키지의 위치를 정의한다. 우리의 경우 Argo CD가 배포 모노레포의 ms-flights 디렉터리에서 가져오도록 설정한다.

[표 10-4]의 값을 사용하여 항공 정보 마이크로서비스의 배포를 설정한다. YOUR_DEPLOYMENTS_REPOSITORY_URL을 10.3.3절에서 생성한 배포 저장소로 수정하여 Argo CD가 헬름 패키지에 접속할 수 있게 한다.

표 10-4 항공편 정보 서비스 값

섹션	키	값
GENERAL	Application name	`flight-info`
GENERAL	Project	`default`
GENERAL	Sync policy	`manual`
SOURCE	Repository URL	`YOUR_DEPLOYMENTS_REPOSITORY_URL`
SOURCE	Path	`ms-flights`
DESTINATION	Cluster	`https://kubernetes.default.svc`
DESTINATION	Namespace	`microservices`

작성을 완료했다면 [Create] 버튼을 클릭한다.

TIP 문제가 발생한다면 Argo CD 문서[19]에서 애플리케이션 설정 방법을 참조한다.

애플리케이션을 성공적으로 생성한 경우 [그림 10-14]와 같이 Argo CD의 대시보드에 flight-info 애플리케이션이 나온다.

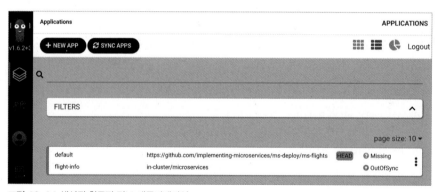

그림 10-14 생성된 항공편 정보 애플리케이션

생성한 flight-info 애플리케이션은 배포 선언과 동기화하지 않았기 때문에 헬름 패키지에 작성한 내용이 쿠버네티스 클러스터에 적용되지 않는다. Argo CD가 실제로 배포를 적용하게 하려면 flight-info 애플리케이션을 클릭하고 [Sync] 버튼을 클릭한다. 그다음 [그림 10-15]와

---

19 *https://oreil.ly/kZZJP*

같이 슬라이드 된 윈도우에서 [Synchronize] 버튼을 클릭한다.

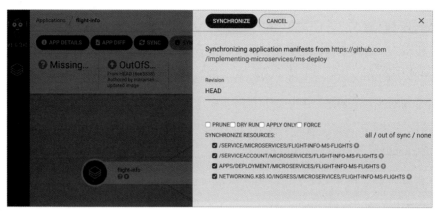

그림 10-15 항공편 정보 애플리케이션 동기화

Argo CD는 헬름 패키지에서 설명한 상태와 애플리케이션이 일치하게 만든다. 모든 것이 순조롭게 진행되었다면 [그림 10-16]과 같이 동기화되어 배포된 마이크로서비스가 생성된다.

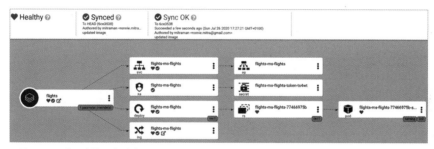

그림 10-16 배포된 항공편 서비스

> **NOTE_** 배포 상태가 'healthy'가 아니라면 맨 오른쪽에 있는 파드를 클릭한다. 문제 해결에 도움이 되는 이벤트와 로그 메시지를 확인할 수 있다.

컨테이너가 쿠버네티스 클러스터에 배포되었으며 상태 확인 및 활성화 확인이 통과되어 요청을 처리할 준비가 되었음을 나타낸다.

이제 간단한 요청으로 항공편 서비스를 테스트한다.

항공편 서비스 테스트

이제 AWS에서 호스팅하는 스테이징 환경에 항공 마이크로서비스가 실행되고 서비스된다. 요청 메시지와 함께 서비스를 테스트하기 위해 Traefik 로드 밸런서로 액세스하여 컨테이너화된 서비스로 요청을 라우팅해야 한다. 가장 먼저 필요한 것은 로드 밸런서의 네트워크 주소다. DNS 항목을 설정하지 않았기 때문에 자동으로 임의의 주소가 제공된다. 주소를 확인하려면 다음과 같이 kubectl 명령어를 실행한다.

```
$ kubectl get svc ms-traefik-ingress
```

다음과 같은 출력 결과가 나온다.

```
NAME                 TYPE           CLUSTER-IP       EXTERNAL-IP
ms-traefik-ingress   LoadBalancer   172.20.149.191   ab.elb.amazonaws.com
```

EXTERNAL-IP는 Traefik 로드 밸런서의 주소다. 요청 테스트를 위해 기록한다.

curl을 사용하여 항공편 마이크로서비스에 요청 메시지를 전달한다. 로컬에 curl 이 설치되지 않았다면 curl 웹사이트[20]를 참고하여 설치한다. curl 은 URL 기반 주소로 메시지를 보내는 강력한 명령줄 도구다. HTTP 요청에 호스트 헤더를 설정하는 기능을 포함하여 유용한 옵션이 많이 있기 때문에 curl을 사용한다. 특히 우리는 인그레스 라우팅 규칙을 따르기 위해 호스트에 flightsvc.com을 설정해야 하기 때문에 매우 유용하다.

다음 curl 명령을 실행하여 항공편 서비스에 테스트 요청 메시지를 보낸다({TRAEFIK-EXTERNAL-IP}를 여러분의 환경에 맞는 로드 밸런서 주소로 대체한다).

```
curl --header "Host: flightsvc.com" \
  {TRAEFIK-EXTERNAL-IP}/flights?flight_no=AA2532
```

---

20 *https://oreil.ly/xtfjJ*

모든 것이 정상적으로 잘 작동한다면 해당 항공편에 대한 세부 정보를 JSON 형식으로 응답한다.

TIP 포스트맨Postman 또는 SoapUI와 같은 전용 API 테스트 도구를 사용하여 사용자 친화적인 형태의 응답 메시지를 얻을 수도 있다.

방금 생성한 HTTP 요청은 인그레스 서비스를 호출한다. 인그레스 서비스는 설정한 규칙에 따라 메시지를 항공편 마이크로서비스로 라우팅한다. 항공 마이크로서비스는 데이터베이스에서 데이터를 조회하고 로드 밸런서를 통해 결과를 반환한다. 이 요청으로 우리는 아키텍처의 모든 부분을 하나로 모아 엔드 투 엔드 마이크로서비스 아키텍처를 테스트할 수 있다.

이제 생성한 AWS 리소스를 정리하여 불필요한 비용이 청구되지 않게 한다.

CAUTION_ AWS는 트래픽을 처리하지 않는 경우에도 EKS 리소스에 대한 비용을 청구하므로 사용하지 않는 경우 인프라를 제거해야 한다.

10.4 리소스 정리

이전에 샌드박스 환경을 정리했던 것처럼 로컬 환경에서 테라폼 클라이언트를 사용하여 인프라를 정리한다. 스테이징 테라폼 파일이 있는 디렉터리에서 다음 명령어를 실행한다.

```
infra-staging-env $ terraform destroy
```

명령어 수행이 완료되면 쿠버네티스 기반 스테이징 환경이 제거된다. AWS CLI나 AWS 브라우저 기반 콘솔을 사용하여 리소스가 삭제되었는지 확인할 수 있다. 앞서 7.2.7절에서 실행한 CLI 명령어를 참고하기 바란다.

10.5 마치며

이번 장에서는 책 전체에서 구축해온 마이크로서비스 아키텍처의 엔드 투 엔드 배포를 통해 모든 작업이 성과를 거두었다. 또한 짧은 시간에 더 많은 작업을 수행하기 위해 이전에 구축한 도구와 관행의 일부를 재사용했다.

우리는 마이크로서비스 팀의 종속성을 지원하도록 인프라 템플릿을 업데이트했다. 마이크로서비스 코드 저장소에 빌드와 통합 파이프라인을 구현하고 서비스를 배포하기 위한 새로운 배포 저장소와 도구 기반 프로세스를 구축했다.

우리가 배포할 때 내린 결정이 초기의 원칙, 운영 모델, 인프라, 설계에 대한 결정에서 얼마나 많이 영향을 받았는지 확인하기 바란다. 이러한 결정들이 모여 구현된 마이크로서비스로 최종 상태가 만들어졌다.

하지만 마이크로서비스 시스템은 변화를 처리할 때 더욱 진가를 발휘한다. 다음 장에서는 변경을 처리하는 방법을 알아보자.

## CHAPTER 11

변경 관리

우리는 다양한 도구 및 기술, 저장소를 사용하여 변경 작업에 최적화된 마이크로서비스 시스템을 구축했다. 이번 장에서는 변경 관점에서 우리가 구축한 시스템을 살펴본다. 일반적으로 수행하는 변경 작업의 유형과 이를 지원하기 위한 패턴과 방법론을 소개한다.

변경은 서비스에 영향을 주기 때문에 중요한 요소다. 제대로 설계되지 않은 소프트웨어는 조직에 많은 고통을 안겨준다. 1장에서 강조했듯이 마이크로서비스 시스템의 장점 중 하나는 빠르고 안전하게 변경 작업을 수행할 수 있다는 것이다.

변경에는 항상 그에 따른 비용이 발생한다. 소프트웨어 시스템에서 비용은 시간, 돈, 사람에 대한 영향 등이 있다. 마이크로서비스 시스템을 최대한 활용하려면 변경 비용을 최소화하고 가장 큰 영향을 미치는 변경을 수행해야 한다. 변경 비용을 줄이면 모든 팀이 자유롭게 실험, 최적화, 개선할 수 있다. 변경 관리에 집중하면 한정된 변경 예산에서 더 나은 결과를 얻을 수 있다.

지금부터 마이크로서비스 시스템에서 기대할 수 있는 변경의 종류와 변경에 대한 결정을 내리는 가장 좋은 방법을 알아보자.

11.1 마이크로시스템에서의 변경

마이크로시스템에서 변경은 문제problem나 버그bug 수정이 아닌 기능feature 추가가 되어야 한다. 즉, 시스템을 변경하여 소프트웨어를 개선하고 더 나은 가치를 제공해야 한다. 사람들은 소프트웨어 변경에 대해 생각할 때 비즈니스나 사용자의 요청에서 비롯되는 외부 요인을 생각한다. 예를 들어 시스템을 변경해야 하는 몇 가지 일반적인 이유는 다음과 같다.

- 신제품 출시 지원
- 사용자 경험을 저하시키는 버그 해결
- 새로운 파트너와 통합

이는 모두 변경이 필요한 중요한 이유이며 아키텍처는 이러한 유형의 변경을 가능한 비용 효율적으로 처리하기 위해 고민한다. 또한 마이크로서비스 스타일이 최적화 기술이라는 점을 이해하는 것도 중요하다. 이는 다음과 같은 시스템의 본질적인 변경 또한 고려해야 한다는 것이다.

- 코드 복잡성을 줄이기 위해 마이크로서비스 분할
- 인프라 코드와 실제 환경을 동기화하기 위해 인프라 재배포
- 변경 사항을 더 빠르게 전달하기 위해 CI/CD 파이프라인 최적화

외부의 변경 요인을 지원해야 하는 것은 물론 중요하다. 하지만 마이크로서비스 시스템에서 최고의 가치를 얻으려면 본질적인 변경 또한 계획하고 실행해야 한다. 이러한 지속적인 개선 방식을 실천하는 좋은 방법은 데이터 및 측정을 사용하여 결정을 내리는 것이다.

11.1.1 데이터 기반 의사 결정

소프트웨어 개발의 고전적인 문제는 오버 엔지니어링과 조기 최적화다. 이는 발생하지 않을 문제를 해결하기 위한 소프트웨어와 아키텍처를 설계할 때 나온다. 또는 예측된 문제를 해결하기 위한 솔루션이 문제 자체보다 비용이 더 많이 드는 경우다.

마이크로서비스 시스템에도 또한 이러한 문제점이 발생할 수 있다. 그렇기 때문에 변경(특히 본질적인 개선과 같은) 시점에 데이터와 측정을 사용하여 의사 결정을 내리는 것이 중요하다. 데이터가 없다면 추측을 통해 실제 개선이 필요하지 않은 시스템 부분에 힘을 쓸 수 있다. 또한, 다른 긴급한 문제를 감지 못할 수도 있다. 그러므로 데이터를 통해 의사 결정을 최적화하지

않는다면 리소스는 항상 부족할 수밖에 없다.

제품 팀은 데이터를 사용하여 원하는 변경에 대해 정보에 기반한 결정을 내린다. 비즈니스 부서는 목표와 핵심 결과objective and key result(OKR), 핵심 성과 지표key performance indicator(KPI), 순수 추천 고객 지수net promoter score(NPS), 만족도 조사, 수익 수치를 사용하여 전략적 의사 결정과 변경의 백로그를 작성한다.

이와 같이 소프트웨어의 개선과 최적화 계획을 세우려면 다음과 같은 프로젝트, 설계, 런타임 메트릭 정보를 수집하는 것이 좋다.

- 마이크로서비스당 변경 시간
- 마이크로서비스당 변경 빈도
- 변경 요청당 변경된 마이크로서비스 수
- 마이크로서비스의 코드 줄 수(제약 조건이 아닌 참고용 데이터)
- 마이크로서비스당 런타임 지연 시간
- 마이크로서비스 간 종속성

> **NOTE_** 우리는 마이크로서비스 아키텍처에서 관측 가능성observability이나 리포트를 구현하지 않았다. 그 이유는 한정된 분량 내에서 기본 요소에 대한 설명에 집중하기 위해서다. 좋은 소식은 시스템을 확장하여 앞서 설명한 메트릭을 제공할 수 있는 다양한 도구가 있다는 것이다.

종합적으로 이러한 종류의 분석 메트릭은 개선이 필요한 부분에 대해 좀 더 나은 전체적인 그림을 제공할 수 있다. 이를 통해 많은 리소스를 투여해야 할 부분에 대한 의사 결정을 내릴 수 있다. 물론 변경에 따른 영향과 개선할 수 있는 부분 사이에서는 균형을 맞춰야 한다.

11.1.2 변경의 영향

소프트웨어 변경이 서비스에 미치는 잠재적 영향은 매우 다양하다. 특히 현대 조직에서는 구현 시간, 조정 시간, 다운타임, 소비자 영향과 같은 주요 네 가지가 문제가 되는 것으로 알려져 있다. 마이크로서비스 시스템에서 변경 비용을 검토할 때에는 이러한 네 가지 영역을 고려해야 한다.

구현 시간

변경 비용의 핵심은 실제로 변경하는 데 걸리는 시간이다. 이는 현재 상태를 이해하고 원하는 변경을 수행 및 테스트하고 프로덕션 환경에 업데이트하는 데 필요한 시간을 포함한다. 구현 시간에서 중요한 요소는 변경될 구성 요소의 가독성, 학습 용이성, 유지 보수성이다.

조정 시간

변경 사항을 구현하기 위해서는 대부분의 경우 팀 간 의사소통이 필요하다. 조정 시간은 구현 시간의 일부이지만 별도로 분리하여 설명할 필요가 있다. 사실 조정 시간은 매우 중요하기 때문에 이 책에서도 몇 차례 언급했다. 조정 시간은 리소스에 접근하고 변경 활동에 권한과 동의를 얻는 데 소요되는 시간과 대규모 조직에서 일반적으로 발생하는 '조직적 마찰'이 포함될 수 있다. 조정 시간은 조직 설계 및 구성의 요소가 되기도 한다.

다운타임

다운타임은 변경 사항이 구현되는 동안 시스템이나 시스템 구성 요소를 사용할 수 없는 시간을 측정한 것이다. 다운타임은 몇 년 전까지만 해도 소프트웨어 변경 프로세스의 일부로 받아들여졌다. 하지만 기술 팀이 변경 사항에 대한 다운타임을 최소화해야 한다는 인식이 늘어났고, 시스템을 지속적으로 사용할 수 있는 '제로 다운타임zero downtime' 변경 모델을 적용하기 위해 노력하는 것이 일반적이다.

소비자 영향

놓치기 쉬운 영향 중 하나는 변경이 시스템 사용자에게 미치는 비용이다. 다운타임은 소비자 영향을 한 가지 형태로 다루지만 '제로 다운타임' 모델조차도 피할 수 없는 예측 불가능한 영향이 있을 수 있다. 예를 들어 인프라 모듈 변경은 마이크로서비스 개발 팀에 광범위한 영향을 미칠 수 있다. 마찬가지로 인터페이스를 변경하면 이를 사용하는 모든 구성 요소의 코드가 영향을 받을 수 있다.

소프트웨어 아키텍처는 앞서 설명한 네 가지 관점의 변경 비용 및 영향에 큰 역할을 한다. 하지만 또 다른 부분은 변경을 적용하는 방식이다. 마이크로서비스 아키텍처, 클라우드 인프라, 데브옵스의 관행은 변경을 적용하는 방식을 크게 개선시켰다. 다음으로 현대적인 배포 패턴과 기존의 배포 패턴을 알아보자.

11.1.3 세 가지 배포 패턴

변경을 적용하고 소프트웨어 구성 요소를 배포하는 방법은 다양하다. 구축한 아키텍처의 변경 가능성을 검토하기 전에 시스템을 변경할 때 사용할 수 있는 세 가지 배포 패턴을 먼저 알아보자. 세 가지 배포 패턴에는 블루-그린blue-green, 카나리canary, 다중 버전multiple version이 있다. 먼저 블루-그린 배포부터 살펴본다.

블루-그린 배포

블루-그린 배포[1]는 두 개의 환경을 병렬로 유지한다. 하나는 라이브 상태로 트래픽을 처리하고 다른 하나는 유휴 상태로 남아있는다. 변경이 유휴 환경에 적용되고 서비스할 준비가 되면 트래픽을 변경된 환경으로 라우팅한다. 라우팅 작업이 완료되면 두 개의 환경은 역할을 바꿔 다음 변경을 준비한다.

블루-그린 배포는 안전하게 변경을 적용할 수 있기 때문에 프로덕션 환경에 유용한 배포 패턴이다. 트래픽을 전환하기 때문에 라이브 상태의 시스템 변경에 대해 걱정하지 않아도 된다. 환경의 실제 색상은 중요하지 않다. 블루-그린 배포 패턴의 핵심은 두 개의 환경이 라이브와 유휴 사이에서 역할을 교대한다는 것이다.

블루-그린 패턴의 장점은 제로 다운타임 모델까지 다운타임을 크게 줄일 수 있다는 것이다. 하지만 두 개의 환경을 유지하려면 데이터베이스와 같은 영구적인 시스템을 신중하게 처리해야 한다. 지속적으로 변화하는 데이터는 블루-그린 모델 외부에서 완전하게 동기화, 복제 또는 관리되어야 한다.

카나리 배포

카나리 배포[2]는 블루-그린 배포와 유사하지만 두 개의 완전한 환경을 유지하는 대신에 두 개의 구성 요소를 병렬적으로 릴리스한다. 카나리 패턴에서 '카나리'는 '탄광의 카나리아'[3] 역할을 하여 위험을 조기에 경고한다. 예를 들어 웹 애플리케이션의 카나리 배포를 수행한다면 기존에 실행 중인 웹 애플리케이션과 함께 카나리 버전의 새로운 애플리케이션을 릴리스한다.

---

1 *https://oreil.ly/zj7g-*
2 *https://oreil.ly/QXtSZ*
3 *https://oreil.ly/hr1Vk*

카나리 배포는 블루–그린 패턴과 같이 트래픽 관리와 라우팅 로직이 필요하다. 새로운 애플리케이션 버전을 배포한 후 일부 트래픽이 카나리 버전으로 라우팅 된다. 카나리 버전에 도달한 트래픽은 전체 트래픽의 일부거나 고유한 헤더 또는 특별한 식별자를 기반으로 정해진다. 시간이 지남에 따라 더 많은 트래픽이 카나리 버전으로 라우팅되어 결국에는 새로운 버전이 완전한 프로덕션 상태가 된다.

카나리 패턴은 블루–그린과 유사하지만 더 세밀하다는 장점이 있다. 전체 중복 환경을 유지하는 대신 소규모의 제한된 변경에 집중하고 운영 중인 시스템 내에서 해당 변경을 수행한다. 만약에 배포된 카나리 버전이 다른 시스템에 영향을 준다면 문제가 될 수 있다. 예를 들어 카나리 배포가 공유 리소스를 새로운 방식으로 변경하는 경우 카나리로 전달되는 트래픽이 1% 이더라도 시스템 전체에 치명적인 영향을 미칠 수 있다.

하지만 독립적인 배포를 위해 설계된 시스템이라면 카나리 패턴은 잘 작동할 수 있다. 적절하게 경계가 나뉘고 자체 리소스를 보유한 구성 요소를 변경하면 문제의 범위가 제한된다. 따라서 올바른 유형의 아키텍처로 작업한다면 카나리 배포는 시도할 가치가 있는 좋은 패턴이다.

다중 버전 배포

다중 버전 패턴은 사용자와 클라이언트를 변경 프로세스의 일부로 보고 여러 버전을 병렬로 실행하는 패턴이다. 앞서 설명한 블루–그린과 카나리 배포 패턴은 일시적으로 병렬 인스턴스를 실행하는 메커니즘(**확장과 축소** 패턴이라고 불리는)을 사용한다. 하지만 두 경우 모두 안전할 때까지 새로운 기능의 세부 정보를 공유하지 않고 새 인스턴스와 이전 인스턴스를 비공개로 실행한다. 새로운 기능으로의 라우팅 결정은 **암시적**이며 시스템의 사용자로부터 숨겨진다.

다중 버전 패턴은 시스템의 사용자와 클라이언트에게 변경 사항을 더 투명하게 전달한다. 다중 버전 배포 패턴에서는 구성 요소나 인터페이스의 버전을 **명시적**으로 지정하고 클라이언트가 사용할 구성 요소의 버전을 선택할 수 있다. 이런 방식으로 다양한 버전을 동시에 제공할 수 있다.

다중 버전 패턴을 사용하는 주요한 이유는 변경을 수행하기 위해서 종속된 시스템에도 변경이 필요한 상황이 있기 때문이다. 대표적인 예는 클라이언트 코드에 영향을 주는 방식으로 API를 변경하는 경우가 있다. 이 경우 관련된 사용자의 마이그레이션을 관리하려면 상당한 조정 노력이 필요하다. 다중 버전 배포를 사용하면 모든 클라이언트가 변경될 때까지 기다릴 필요 없이 이전 버전을 계속 실행하면 된다.

다중 버전 배포 방식에는 몇 가지 중요한 문제가 있다. 실행 중인 모든 버전의 구성 요소는 시스템에 추가 유지 보수 및 복잡성 부담을 안겨준다. 여러 버전은 안전하게 함께 실행될 수 있어야 하며 지속적으로 관리, 지원, 문서화되고 보안을 유지해야 한다. 이는 운영상의 문제가 되어 시간이 지남에 따라 시스템 변경의 가능성을 늦추게 된다. 결과적으로는 이전 버전의 사용자를 마이그레이션하고 버전을 축소해야 한다.

> **NOTE_** 이전 버전을 거의 대부분 계속 유지하는 시스템도 있다. 예를 들어 이 책을 쓸 당시에 Salesforce SaaS API는 버전 49가 있으며 19개의 이전 버전을 병렬로 지원한다.

변경의 영향을 평가할 수 있는 적절한 프레임워크와 변경 작업에 활용할 수 있는 일반적인 배포 패턴에 대해서 알아보았다. 이제 인프라, 마이크로서비스, 데이터 전반에 걸쳐 앞서 구축한 아키텍처를 변경 관점에서 평가해본다. 먼저 인프라 플랫폼의 변경 가능성부터 살펴보자.

11.2 아키텍처에 대한 검토

앞서 우리는 훌륭한 도구와 서비스를 활용하여 짧은 시간이었음에도 빠른 엔지니어링 속도로 제대로 된 마이크로서비스 아키텍처를 구축했다. 또한 우리의 아키텍처는 다양한 요소를 지속적으로 개선할 수 있는 변경 가능성을 제공한다.

이번 절에서는 구축한 시스템을 검토하여 앞서 우리가 내린 결정이 아키텍처의 변경 가능성에 어떤 영향을 미치는지 자세히 살펴본다. 특히 이 장의 앞부분에서 소개한 구현 비용, 조정 시간, 다운타임, 소비자 영향의 관점에서 변경 사항을 살펴본다. 우리는 마이크로서비스 아키텍처를 인프라, 마이크로서비스, 데이터 세 가지로 분리하여 다룬다. 먼저 인프라를 살펴보자.

11.2.1 인프라 변경

우리는 마이크로서비스의 네트워킹, 쿠버네티스, 깃옵스 개발 도구를 포함하기 위한 테라폼 기반 플랫폼을 개발했으며 새로운 요구사항에 따라 MySQL, 레디스 데이터베이스를 추가했다.

사용자와 팀의 요구사항이 진화하고 비즈니스 목표가 변화함에 따라 인프라 플랫폼이 계속해서 변화할 것이다.

인프라의 경우 새로운 리소스로 플랫폼을 확장하는 것과 기존의 플랫폼 리소스를 변경하는 것 두 가지로 나뉜다. 새로운 리소스를 생성하는 것은 실행 중인 시스템에 영향을 덜 미치는 확장의 형태다. 반면에 기존 리소스를 변경하는 것은 더 신중하게 관리해야 한다.

아키텍처에 새로운 리소스를 추가하는 경우는 다음과 같다.

- 새로운 마이크로서비스를 위해 AWS SNS를 사용하여 이벤트 스트림 인프라를 구현하는 경우
- 서드 파티 애플리케이션 설치를 위해 Amazon ECS^{Elastic Container Service} 인스턴스 및 VPC를 프로비저닝하는 경우
- IAM 시스템에 새로운 운영자 계정을 추가하는 경우

기존 리소스를 변경하는 경우는 다음과 같다.

- EKS 서비스가 배포된 VPC의 네트워크 설계를 변경하는 경우
- RDS 인스턴스의 MySQL 버전을 업그레이드하는 경우
- 쿠버네티스 클러스터 구성을 변경하는 경우

인프라의 변경 가능성을 평가할 때에는 두 가지 유형을 모두 고려해야 한다. 다음으로 인프라의 구현 비용을 살펴보자.

인프라 변경: 구현 비용

인프라 변경의 구현 비용은 변경을 이해하고 실행하는 것이 얼마나 어려운지에 비례한다. 이는 우리가 초기에 인프라 설계에 투자한 것이 도움이 되는 부분이다. 우리는 앞서 변경 불가능한 인프라의 원칙을 수용했고 CI/CD 파이프라인을 구축했으며 IaC를 작성했기 때문에 인프라 변경 비용을 크게 줄일 수 있다.

인프라를 변경할 때가 되면 앞서 구현한 도구 덕분에 다음과 같은 변경 프로세스를 사용할 수 있다.

1. 원하는 인프라 변경을 결정한다.

2. 변경이 필요한 인프라 코드를 식별한다(예를 들어, 새로운 테라폼 모듈을 생성해야 하는지? 또는 환경 정의만 업데이트하면 되는지?)

3. 인프라 개발 환경에서 인프라 변경을 테스트한다.

4. 업데이트된 인프라에 마이크로서비스와 애플리케이션을 배포한다.

5. 마지막으로 테스트(통합 테스트, 성능 테스트, 엔드 투 엔드 테스트 등)하고 릴리스한다.

우리는 IaC 원칙을 채택함으로써 인프라 설계의 변경 가능성을 크게 높였다. 인프라 파이프라인을 통해서만 변경을 수행하므로 코드에 없다면 인프라에도 존재하지 않는다는 것을 알고 있다.

모든 환경에서 동일한 모듈 코드를 사용하므로 인프라 변경 사항이 개발 환경에서 작동하는 경우에는 프로덕션 환경에서도 작동한다. 마지막으로 자동화된 파이프라인은 인프라 코드와 테스트를 일관되고 반복적인 방식으로 실행하도록 보장한다.

우리가 시스템에서 수행한 작업은 파이프라인을 통해 변형을 유도하는 것이다. 우리가 걱정해야 할 불확실성이 줄어들면 변경 자체에 더 집중할 수 있다. IaC를 작성하려면 약간의 사전 노력이 필요하지만 이후 이 노력은 변경이 필요할 때 가치 있는 투자가 된다.

전반적으로 IaC를 활용한 인프라 구현 비용은 AWS 콘솔을 사용하여 직접 변경한 경우보다 더 낮아야 한다.

인프라 변경: 조정 비용

우리는 운영 모델을 설계할 때 플랫폼 팀이 클라우드 기반 인프라를 설계, 관리, 운영하기로 결정했다. 플랫폼 팀에서 인프라 설계를 중앙 집중화하면 의사 결정 비용이 줄어든다. 인프라 변경이 필요할 때마다 시스템 내 담당자 간의 합의를 얻을 필요가 없기 때문이다. 대신에 플랫폼 팀은 인프라 변경에 대해 독립적인 권한과 자율성 및 책임을 갖는다.

플랫폼 팀과 같이 **엑스 애즈 어 서비스** 방식으로 인프라 플랫폼을 제공하는 것은 쉽지 않다. 마이크로서비스 팀이 서비스 제공을 위해 플랫폼을 사용하려면 활성화, 참여, 합의가 필요하다. 플랫폼 팀의 중앙화된 특성은 잠재적인 문제가 될 수 있다. 플랫폼 팀이 전체 시스템에 영향을 줄 수 있는 변경을 필요로 하면 어떻게 될까? 모든 팀에서 새로운 변경 사항을 어떻게 테스트해야 할까?

플랫폼 모델은 셀프서비스, 낮은 빈도의 조정을 가능하게 하는 적절한 도구와 프로세스가 있는 경우에만 작동한다. 이를 위해서는 많은 선행 작업과 지속적인 노력이 필요하기 때문에 과소평가가 되어서는 안 된다. 예를 들어 적절한 문서, 이슈 추적, 합리적인 수준의 지원이 없다면 테라폼 기반 환경을 마이크로서비스 팀에 제공해서는 안 된다.

> **TIP** 일정 규모 이상의 조직에서 마이크로서비스 시스템의 인프라 변경은 거의 항상 시작 단계에서부터 추가적인 조정 비용이 발생한다. 잘못된 인프라 결정의 잠재적인 영향이 크기 때문에 인프라 변경을 배포하기 전에 보안, 비즈니스, 위험을 확인하는 것이 일반적이다. 조정 비용을 줄이는 실용적인 방법 중 하나는 이러한 그룹을 플랫폼 소비자로 취급하고 그에 따라 솔루션을 설계하는 것이다.

인프라 변경: 다운타임

잠깐의 다운타임 없이 인프라를 변경하는 것은 어렵다. 인프라는 소프트웨어 시스템의 기본 요소이기 때문이다. 예를 들어 일시적인 시스템 중단 없이 쿠버네티스 서버를 업그레이드하거나 주요 네트워크 변경 작업을 수행하기는 쉽지 않다.

우리가 구축한 인프라 시스템은 테라폼 코드와 파이프라인으로 확장 및 추가 작업을 매우 쉽게 처리할 수 있다. 하지만 우리의 시스템은 최소한의 중단 없이 기존의 인프라를 변경하기에는 적합하지 않다.

우리 인프라의 큰 목표는 불변성이다. 이를 위해 구성 요소의 작은 변경에도 제거 작업이 필요하다. 변경 시점에 워크로드와 트래픽을 동시에 처리하려면 문제가 생길 수 있다.

이러한 종류의 인프라를 변경하기 위해서 블루-그린 배포 패턴(11장 '블루-그린 배포'절 참조)을 채택할 수 있다. 여기서 우리는 한 단계 더 나아가 피닉스^{phoenix} 배포 패턴[4]을 사용한다. 피닉스 패턴은 블루-그린 패턴과 유사하지만 유휴 상태의 환경을 유지하는 대신에 필요에 따라 IaC 파이프라인을 사용하여 새로운 환경을 생성한다.

우리의 인프라 시스템은 변경을 수행할 때 새로운 환경을 생성한다. 몇 가지 테스트를 마친 후 모든 마이크로서비스를 새로운 환경에 배포할 수 있으며 모든 것이 정상으로 작동하면 서비스 트래픽을 새로운 환경으로 전환할 수 있다. 예를 들어 API 게이트웨이나 로드 밸런서를 활용하여 트래픽을 새로운 환경으로 라우팅한다.

---

4 *https://oreil.ly/enM_P*

하지만 가장 큰 문제는 데이터다. 우리는 데이터 인스턴스와 애플리케이션 인스턴스를 명확하게 분리하지 않았다. 간결함과 단순함을 위해 모든 데이터베이스를 마이크로서비스 인스턴스와 동일한 네트워크에 배치했다. 따라서 무거운 데이터 복제 작업을 수행하지 않으면 새로운 환경으로 전환할 수 없기 때문에 변경 프로세스가 상당히 복잡해진다.

만약 제로 다운타임이 중요한 원칙이라면 데이터 관점에서 인프라 설계를 다시 검토해야 한다.

인프라 변경: 소비자 영향

애플리케이션의 소비자는 인프라와 직접적으로 상호작용하지 않는다. 하지만 우리는 운영 모델에서 인프라를 '서비스형 인프라'로 제공하기로 결정했기 때문에 인프라 변경이 마이크로서비스 팀에 미치는 영향까지 고려해야 한다.

인프라의 일부를 변경할 때 플랫폼을 서비스로 사용하는 모든 마이크로서비스 팀에 어떤 영향을 미칠 수 있는지 고려해야 한다. 이는 시스템에서 마이크로서비스가 증가함에 따라 규모가 큰 조정 작업이 될 수 있다.

사실 우리가 구축한 아키텍처는 소비자 영향을 고려하여 설계되지 않았다. 우리의 아키텍처에서 인프라 변경으로 인해 기존 마이크로서비스가 중단되지 않게 하려면 몇 가지 작업을 추가 수행해야 한다. 또한 변경할 때마다 몇 가지 테스트가 필요하다.

조정 비용을 최소화하기 위해 플랫폼과 마이크로서비스 팀은 변경 사항을 전달하고, 자동화된 테스트를 최신 상태로 유지하며, 시스템의 전반적인 안정성과 품질에 대한 책임을 공유하는 방식을 정해야 한다. 항상 그렇듯이 이를 위해서는 팀 토폴로지, 아키텍처, 훌륭한 도구와 기술의 조합이 필요하다.

확실한 것은 대부분의 마이크로서비스가 항공 시스템 예제에서 사용한 두 개의 서비스보다 규모가 커지게 될 것이라는 점이다. 따라서 마이크로서비스 팀이 처리해야 할 많은 변경 사항이 있다. 다음으로 마이크로서비스의 변경을 살펴본다.

11.2.2 마이크로서비스 변경

시스템에서 변경해야 하는 대부분의 사항은 마이크로서비스에 있다. 새로운 제품을 제공하거나, 사용자 경험이 작동하는 방식을 변경하거나, 시스템을 약간 수정하려는 경우에는 마이크로서비스 하위 시스템의 변경이 필요할 것이다. 이는 새로운 마이크로서비스를 만들고 기존 서비스의 로직을 업데이트하거나 서비스를 폐기, 분할 또는 결합하는 것을 의미한다.

우리의 아키텍처에서 검색 및 예약 서비스를 제공하는 여행 시스템을 추가한다고 생각해보자. 이 경우 새로운 마이크로서비스 클러스터를 만들고 게이트웨이에서 API를 업데이트하여 새롭고 확장된 기능을 지원할 것이다.

새로운 기능을 단순히 추가하는 것은 일반적으로 가장 쉬운 유형의 변경 작업이다. 하지만 이미 운영 중인 서비스를 변경해야 하는 상황은 좀 더 복잡하다. 다음과 같은 변경 상황을 생각해보자.

- 항공편 정보 마이크로서비스를 국내와 국외 항공편 서비스로 분할
- 예약 서비스에 '임시' 예약 상태 기능을 업데이트
- 항공편 정보와 예약 마이크로서비스를 하나로 통합

이러한 모든 경우에는 서비스가 이미 사용 중이기 때문에 변경 관리가 더 복잡해진다. 다행히 우리가 구축한 아키텍처는 이러한 영향을 최소화하는 데 큰 역할을 한다. 네 가지 변경 영향을 통해 마이크로서비스 변경을 살펴보자.

마이크로서비스: 구현 비용

마이크로서비스 변경과 관련하여 주요 구현 비용은 코드 이해, 유지 보수, 테스트에서 발생한다. 우리의 아키텍처에서는 구현 비용을 낮추기 위해 몇 가지 중요한 결정을 내렸다.

이벤트 스토밍을 사용하여 마이크로서비스의 규모를 정한다.

이벤트 스토밍은 내부적으로 일관되고 도메인의 특정 부분을 다루는 마이크로서비스 경계 정의에 도움이 되었다. 결과적으로 코드 이해력이 향상되고 변경은 더 작은 배치로 신속하게 구현될 수 있었다.

모든 마이크로서비스는 마이크로서비스 부트스트랩을 사용한다.

마이크로서비스 부트스트랩 프레임워크는 문서화 및 마이크로서비스 테스트 방법에 일관성을 제공한다. 우리는 프레임워크를 의무화함으로써 조직 전체에 변경을 수행하고 테스트하는 부담을 줄일 수 있었다. 개발자는 도구에 빠르게 익숙해질 수 있으며 서비스 테스트와 구축 작업은 팀 전체의 공통 역량이 될 수 있었다.

마이크로서비스를 위한 CI/CD를 사용한다.

CI/CD 파이프라인을 사용하는 것은 모든 코드의 변경 사항이 테스트, 린트, 검증된다는 것을 의미한다. CI/CD 파이프라인을 통해 변경된 코드는 사용 가능하고 유지관리 가능한 상태에 있을 가능성이 더 크다.

전반적으로 서비스의 적절한 규모와 데브옵스 도구는 우리의 아키텍처에서 마이크로서비스 코드의 구현 비용을 크게 줄이는 데 도움이 된다.

마이크로서비스: 조정 비용

시간이 지남에 따라 애플리케이션 코드는 다른 라이브러리, 구성 요소, 시스템과의 종속성을 포함하며 복잡해질 수 있다. 이러한 상호 의존성은 변경 검토를 위해 다른 팀과 협업해야 하는 조직적 마찰을 발생시켜 변경 속도를 늦춘다.

우리는 앞서 아키텍처에서 조정 비용을 줄이는 데 도움이 되는 몇 가지 결정을 내렸다. 1.1절에서 강조한 마이크로서비스 엔지니어링 및 릴리스 작업을 위한 독립성을 위해 다음과 같은 마이크로서비스의 독립성을 높일 수 있는 몇 가지 결정을 따른다.

- 모든 마이크로서비스는 한 팀만 소유한다.
- 모든 마이크로서비스에는 자체 저장소와 CI/CD 파이프라인이 있다.

이러한 결정을 종합하면 마이크로서비스 코드를 변경하는 팀의 자율성이 높아진다.

팀 간 조정을 줄이는 것 외에도 '적절한' 서비스 경계와 팀 규모를 제한하기로 결정한 것은 팀 내 조정 비용도 상대적으로 낮게 유지하는 것을 보장한다. 마이크로서비스 코드 변경에 대한 조정 비용을 줄이는 것은 우리가 구축한 아키텍처의 주요 목표라고 할 수 있다.

하지만 라이프 사이클 이벤트와 인터페이스 변경과 같이 운영 중인 상태에서 조정 비용을 피하기 어려운 경우가 있다.

앞서 우리는 2장에서 시스템 전체의 건강과 가치를 책임지는 시스템 팀을 소개했다. 시스템 팀에서 발생하는 변경은 높은 수준의 조정으로 이어진다. 예를 들어 시스템 팀이 두 개의 마이크로서비스를 하나로 병합해야 한다고 결정하면 어떻게 될까? 더 나쁜 상황으로, 마이크로서비스를 두 개의 다른 팀이 소유하고 있다면 어떻게 될까? 우리의 아키텍처에서 이러한 유형의 변경은 개별 마이크로서비스에 대한 코드 변경보다 더 많은 협의, 계획, 의사소통이 필요하다.

우리는 이를 받아들일 만한 비용 절충cost trade-off으로 생각한다. 필자의 경험상 라이프 사이클과 시스템 유형 변경은 새로운 비즈니스나 기술에 대한 요구사항을 반영하기 위해 코드를 수정하는 것에 비해 비교적 드물다. 그러므로 더 자주 발생할 것으로 예상되는 유형에 맞게 변경 모델을 최적화하는 것이 좋다.

마이크로서비스 코드를 변경하는 것 외에도 마이크로서비스의 인터페이스를 변경해야 하는 경우도 종종 있다. 이 경우에는 소비자와 공급자 사이 API 계약의 특성으로 인해 추가 조정 작업이 필요할 수 있다. 이러한 변경 요소는 '마이크로서비스: 소비자 영향'절에서 자세히 설명한다.

마지막으로 우리는 프로덕션 환경에 업데이트를 책임지는 단일 릴리스 팀을 구성하기로 결정했다. 이러한 결정은 잘못될 가능성이 가장 높다. 우리는 변경과 함께 발생하는 조정 비용에 특별한 주의를 기울이기 위해 릴리스 팀을 구성했다. 또한 변경 속도에 미치는 영향을 최소화하기 위해 릴리스 팀이 배포 도구를 사용하게 했다. 하지만 궁극적으로 릴리스 팀이 변경에 방해가 된다면 시스템 설계와 릴리스 주기를 활성화하는 토폴로지 및 도구를 다시 검토해야 한다.

전반적으로 아키텍처 내에서 마이크로서비스 변경의 조정 비용은 낮다. 이는 우리가 앞서 내린 운영 모델, 도구, 설계와 관련된 결정 덕분이다.

마이크로서비스: 다운타임

우리가 최적화한 또 다른 변경 영역은 개별 마이크로서비스가 변경될 때 필요한 다운타임을 최소화하는 것이다. 이는 플랫폼 수준에서 도입한 도구와 인프라 덕분이다. 다운타임 비용을 낮추는 핵심은 마이크로서비스 릴리스에 카나리 배포 패턴(11장 '카나리 배포'절 참조)을 사용하는 것이다. 새로운 마이크로서비스 버전을 출시할 때가 되면 설치된 도구를 사용하여 다음 변경 프로세스를 수행한다.

1. 기존 버전과 함께 새로운 버전의 마이크로서비스를 카나리로 배포한다.

2. 라우팅 규칙을 설정하여 작은 비율의 트래픽을 새로운 버전으로 보낸다.

3. 새로운 버전의 상태를 관찰하고 결과가 예상대로인지 확인한다.

4. 모든 트래픽을 새로운 버전으로 라우팅하여 카나리 마이크로서비스를 정식 버전으로 승격한다.

5. 이전 버전의 마이크로서비스를 비우고 삭제한다.

카나리 패턴은 대부분의 변경 작업에 적용할 수 있으며, Argo CD를 사용하여 카나리 활동을 조정할 수 있다. 하지만 새로운 버전의 마이크로서비스가 이전 버전에 영향을 줄 수 있는 경우에는 주의해야 한다. 예를 들어 새로운 버전이 공유된 데이터베이스의 데이터를 변경한다면 변경 사항이 이전 버전과 호환되는지 확인해야 한다.

마이크로서비스: 소비자 영향

지금까지 우리는 마이크로서비스 코드 변경에 중점을 두었다. 서비스의 논리, 유효성 검사, 동작이 반영되기 때문에 코드는 변경 빈도가 높은 부분이다. 하지만 때로는 마이크로서비스의 인터페이스(또는 API)를 변경해야 하는 경우가 있으며, 이로 인해 큰 문제가 발생할 수 있다.

마이크로서비스의 인터페이스 변경은 언젠가는 발생할 수 있는 작업으로 매개변수를 변경하거나 호출에서 반환되는 데이터를 변경한다. 문제는 다른 서비스와 구성 요소가 인터페이스에 의존하면 변경 사항은 작아도 관련된 모든 것들의 추가 작업으로 이어진다는 것이다.

우리가 구축한 아키텍처는 변경으로 인한 소비자 영향을 줄이기 위해 별도의 작업은 하지 않았다. API 변경으로 인한 소비자 영향을 최소화하는 가장 좋은 방법은 몇 가지 모범 관행을 준수하는 것이다. 예를 들어 이미 릴리스한 내용은 변경하지 않으며, 새로운 데이터를 허용하는 클라이언트 코드를 작성하고 관련된 매개 변수를 필수로 지정하지 않는다.

TIP 필자가 가장 좋아하는 API 설계 조언자는 마이크 아문센이다. 진화 가능한 API를 구축하는 데 관심이 있다면 그가 쓴 『Design and Build Great Web APIs』(Pragmatic Bookshelf, 2020)에서 API 변경 패턴을 학습하기를 권한다.

일부 마이크로서비스 실무자들은 이러한 종류의 설계 원칙 외에도 인터페이스를 변경할 때 팀 간 조정 비용을 최소화하는 방법으로 계약 테스트contract test를 도입했다. 계약 테스트에서 소비자와 공급자는 인터페이스 사용 방법을 설명하는 계약을 공유한다. 이를 통해 공급자는 계약 테스트를 독립적으로 실행하고 변경 사항이 API를 사용하는 기존 클라이언트에 영향을 미치는지 확인할 수 있다.

> **NOTE_** 시스템을 최대한 빠르게 실행하기 위해 우리의 아키텍처에는 계약 테스트 구성 요소를 포함하지 않았다. 하지만 많은 실무자들이 소비자 중심의 계약 테스트를 위해 팩트^{Pact}를 사용한다. 팩트와 같은 도구를 사용하면 소비자와 공급자가 인터페이스에 대한 변경 사항을 지속적으로 공유하고 테스트할 수 있다.

하지만 계약 테스트를 하더라도 결국 누군가의 코드를 손상시키는 변경 사항을 도입할 가능성이 있다. 이 경우 다중 버전의 패턴(11장 '다중 버전 배포'절 참조)을 구현하여 기존 버전을 사용하는 클라이언트 팀이 필요한 변경을 수행할 수 있을 때까지 마이크로서비스를 유지해야 한다.

궁극적으로 우리의 아키텍처는 소비자 영향의 변경 비용을 줄이는 데 많은 역할을 하지 못한다. API 변경은 어렵기 때문에 변경 비용을 합리적으로 만들기 위해서는 좋은 설계 사고와 계획이 필요하다. 이제 마지막으로 데이터의 변경을 살펴보자.

11.2.3 데이터 변경

마이크로서비스 아키텍처를 유지하는 데 있어 가장 어려운 부분은 데이터를 다루는 것이다. 데이터 모델은 일반적으로 변경하기 가장 어려운 것으로 알려져 있다. 지속성 계층은 소프트웨어 시스템에서 매우 필요한 부분이지만 데이터 구조를 변경할 때에는 상황이 복잡해질 수 있다. 소프트웨어 구성 요소는 데이터 시스템에 의존성을 갖고 있고 데이터를 변경하면 시스템에 영향을 미치기 때문에 큰 변경 비용이 발생한다.

우리는 이러한 상황을 개선하고 데이터 모델 변경 비용을 줄이려 노력했다. 네 가지 변경 관점을 통해 구축한 데이터 아키텍처를 살펴보자.

데이터: 구현 비용

가장 기본적인 수준에서 데이터 모델 변경 비용은 구조, 형식, 관계가 얼마나 복잡한지와 변경하는 데 필요한 도구와 언어에 영향을 받는다. 복잡한 값과 다양한 데이터 타입, 고유한 키, 까다로운 값이 있을 때 모델의 복잡성이 증가한다. 데이터 모델 자체를 잘 이해해야 안전하게 변경할 수 있다.

우리는 데이터 모델이 너무 복잡해지는 것을 방지하기 위해서 아키텍처에서 명시적으로 많은 작업을 수행하지 않았다. 하지만 우리는 마이크로서비스가 자체 데이터를 소유해야 한다는 결정을 내렸다. 이러한 결정만으로도 모델의 범위와 크기를 제한하는 데 도움이 되어 코드 변경 비용을 줄일 수 있을 것이다

따라서 코드 변경과 같이 독립성을 우선순위로 두는 결정을 통해 구현 비용의 이점을 얻을 수 있다. 하지만 코드와 마찬가지로 구현 비용을 지속적으로 측정하여 서비스와 데이터 모델이 경계를 넘어서는 크기로 확장되지 않게 해야 한다.

데이터: 조정 비용

데이터 독립성의 가장 큰 장점은 조정 비용의 감소다. 마이크로서비스가 자체 데이터를 소유한다고 결정하면 다른 팀이나 시스템 소유자와의 조정 없이 데이터 구조를 자유롭게 변경할 수 있다. 이는 여러 팀이 공유된 데이터 서비스를 사용하며 모든 데이터 사용자에 걸쳐 변경 사항을 신중하게 조정해야 하는 기존 모델과는 완전히 다르다.

하지만 독립적인 데이터 접근 방식에는 숨겨진 비용이 있다. 우리는 우리의 아키텍처를 빠르고 자율적인 로컬 변경을 위해 최적화했다. 이는 시스템 전체에서 변경해야 하는 경우에 더 많은 비용이 발생한다. 예를 들어 항공기 식별자 코드를 전역으로 변경해야 하는 경우, 이를 사용하는 데이터 모델을 구현한 모든 팀 간에 조정이 필요하다. 이 경우에 공유 데이터베이스를 사용하는 것보다 더 많은 비용이 발생할 수 있다.

> **TIP** 분산 데이터 패턴을 이해하고 싶다면 마틴 클레프만Martin Kleppmann이 쓴 『데이터 중심 애플리케이션 설계』(위키북스, 2018)를 읽어보길 권한다.

경험상 로컬 변경 빈도가 더 높기 때문에 로컬 변경을 최적화하기로 결정했다. 하지만 구축 중인 시스템에 전역적인 변경이 있을 가능성이 크다면 다시 이러한 결정을 다시 검토해야 한다.

> **TIP** 시스템에서 여러 데이터 모델을 동시에 변경하는 경우가 많다면 마이크로서비스 경계를 다시 검토해야 한다는 신호일 수 있다.

데이터: 다운타임

우리의 독립적인 데이터 모델은 조정과 관련하여 몇 가지 큰 이점을 제공한다. 하지만 이는 제로 다운타임 데이터 모델 변경을 위해 구축되지는 않았다. 항공편 정보 마이크로서비스가 사용하는 MySQL 데이터베이스의 경우 특히 더 그렇다.

MySQL의 근본적인 한계는 공유된 데이터베이스 인스턴스를 사용하여 여러 마이크로서비스 레플리카에 데이터를 제공한다는 것이다. 데이터 모델이 변경되면 현재 실행 중인 마이크로서비스에 영향을 미친다. 예약 서비스에서 사용하는 레디스 저장소라면 이 작업이 더 간단할 수 있지만 기존 버전을 손상시키는 변경에 대해서는 여전히 주의해야 한다.

기존 버전에 영향을 주는 데이터 모델 변경이 필요한 경우 가장 간단한 방법은 기존 마이크로서비스 버전을 삭제하고 데이터 변경을 구현한 새로운 마이크로서비스 인스턴스로 교체하는 것이다. 쿠버네티스 환경에서는 서비스에 미치는 영향을 최소화하면서 이를 수행할 수 있다. 제로 다운타임을 구현하려면 블루–그린 배포를 활용한다.

데이터: 소비자 영향

마이크로서비스가 자체 데이터를 소유한다는 결정을 내렸기 때문에 데이터 모델 변경의 영향은 서비스 자체로 제한된다. 따라서 서비스의 소비자에게 직접 영향을 주지 않고 데이터를 자유롭게 변경할 수 있다. 데이터 모델은 마이크로서비스 내에 캡슐화되어 있기 때문에 마이크로서비스 팀이 더 자유롭게 변경할 수 있다. 하지만 앞서 언급했듯이 약간의 다운타임이 발생할 수 있다.

실제로 데이터 모델을 변경하려면 코드와 인터페이스의 변경도 필요할 수 있다. 하지만 소비자에게 직접적인 영향을 미칠 변경 사항을 구현하기 전에 먼저 데이터 모델 변경을 수행할 수 있도록 이러한 수정 사항을 분리하거나 시차를 두고 조정할 수 있다.

11.3 마치며

전반적으로 우리가 구축한 아키텍처는 변경을 더 쉽고 비용 효율적으로 수행하도록 설계되었다. 변경은 외부 요인과 본질적인 요인에서 발생할 수 있지만, 핵심은 변경 비용과 영향을 줄여 팀이 좀 더 자유롭게 시스템과 제품을 개선할 수 있게 하는 것이다.

우리는 변경의 관점에서 인프라, 코드, API, 데이터 전반에 걸친 아키텍처를 살펴보았다. 이번 장에서 보았듯이 앞서 우리가 내린 결정이 결합되어 시스템 변경 가능성을 만들었다. 결정 중 일부는 특정 유형의 변경을 최적화하기 위해 만들어진 절충안이며, 다른 결정들은 간단한 예시 설명을 위해 일부 요소를 생략한 절충안이었다.

이제 우리는 마이크로서비스 아키텍처를 구축하고 아키텍처의 유용성과 적합성을 평가할 수 있다. 아키텍처와 관련하여 남은 일은 아키텍처를 개선하는 일이다. 이는 다음 장에서 설명한다.

## CHAPTER 12

여정의 끝(그리고 새로운 시작)

축하한다. 드디어 긴 여정의 마지막 장에 도달했다! 우리와 함께한 시간이 마이크로서비스 아키텍처로의 길고 유익한 여정의 시작이 되길 바란다. 우리는 마이크로서비스 아키텍처의 열렬한 지지자이며 마이크로서비스가 바르게 구축되었을 때 얻을 수 있는 이점을 중요하게 생각한다. 마이크로서비스는 소프트웨어를 구성하는 여러 방법 중 하나일 뿐이지만, 마이크로서비스를 모두 이해하고 구현할 수 있다면 아키텍처 도구로서 강력한 무기가 될 것이다.

필자는 주변에서 성공한 마이크로서비스 프로젝트를 많이 봐왔다. 또한 마이크로서비스를 채택하려다 실패한 경우도 목격했다. 이 책을 작성한 주된 동기는 마이크로서비스 스타일로 시스템을 구현하기로 선택한 경우 성공 가능성을 높이기 위한 것이다. 마이크로서비스를 배포하는 방법, 시기, 이유에 대한 실용적인 설명을 제공하고, 간단한 예제를 사용하여 핵심 개념을 설명하고, 이러한 개념을 구현하는 방법을 직접 보여주고자 했다. 추상적인 개념을 더 접근하기 쉬운 단계별 설명으로 전환한다는 목표를 성공적으로 달성했기를 바란다. 비록 그것이 여러분이 실제 시스템을 구현할 때 사용할 수 있는 몇 가지 핵심 아이디어만을 제공했더라도 말이다.

마지막 장에서는 마이크로서비스 아키텍처 결정에 대한 요약과 마이크로서비스로의 전환을 결정한 경우 전환 과정을 측정할 수 있는 몇 가지 접근 방식을 소개한다.

12.1 마이크로서비스를 사용한 복잡성 및 단순화

우리는 복잡하고 지속적으로 변화하는 규모가 큰 시스템을 구현할 때 마이크로서비스가 가장 적합하다고 주장했다. 마이크로서비스 아키텍처 자체가 간단하지 않고 어렵기 때문에, 마이크로서비스를 구축하는 것은 그보다 훨씬 더 복잡한 문제를 해결하는 데 도움이 되어야만 한다. 하지만 복잡성의 본질은 무엇이며 마이크로서비스가 어떤 방식으로 복잡성을 줄일 수 있을까?

1886년 프레더릭 브룩스은 소프트웨어 복잡성에 대한 그의 논문 「No Silver Bullet(은빛 총알은 없다)」에서 다음과 같이 언급했다.

> 앞으로 10년 이내에 생산성, 신뢰성, 단순성을 10배 향상시킬 수 있는 단일 기술이나 관리 기법은 존재하지 않는다.

브룩스는 이러한 현상의 원인이 소프트웨어 시스템에는 필수적인 복잡성이 존재하기 때문이라고 설명한다. 코드 베이스에는 자체적인 구현 선택과 관련된 부수적 복잡성accidental complexity이 항상 존재한다. 복잡성의 대부분은 소프트웨어 시스템에 관련된 것이 아닌 도메인 자체를 모델링하는 문제와 관련이 있다. 브룩스는 시스템이 표현하려는 모델을 나타내는 정교한 데이터 세트, 데이터 간 관계, 알고리즘, 호출 흐름을 '본질적 복잡성essential complexity'이라 부른다. 본질적 복잡성을 넘어서 시스템을 단순화하려고 하면 핵심 모델에서 벗어나 더 이상 동일한 시스템이 되지 않는다.

대부분의 사람들은 복잡한 시스템을 단순하게 만든다고 알려진 마이크로서비스의 약속에 매료되며, 이는 마이크로서비스 구현의 강력한 동기 부여가 된다. '더 큰' 시스템을 간단하고 작은 여러 개의 마이크로서비스로 구현함으로써 우리는 전체 프로세스를 더 간단하게 만들 수 있다. 반대파들은 마이크로서비스가 작고 단순할 수 있지만 다수의 마이크로서비스를 일관되고 복잡한 시스템으로 오케스트레이션 하는 것은 쉬운 작업이 될 수 없다고 주장한다. 실제로 그들의 말에는 일리가 있다. 하지만 더 중요한 것은 「No Silver Bullet」를 읽은 사람들이 의문을 품는 것과 같이 "마이크로서비스가 본질적인 복잡성을 제거할 방법이 없다는 브룩스의 주장을 깨뜨렸는가?" 또는 "마이크로서비스 아키텍처가 부수적인 시스템 복잡성을 해결하고 개선할 수 있는가?" 다.

사실은 그렇지 않다. 마이크로서비스의 개념은 부수적인 복잡성과 더 나은 코딩 스타일을 위한 방법론이 아니라 본질적으로 다른 접근 방식이다. 마이크로서비스는 본질적인 복잡성을 제거할 수는 없지만 시스템의 한 부분에서 다른 부분으로 본질적인 복잡성을 이동할 수 있다. 이는 시스템의 다른 부분이 더 큰 수준의 노력을 요구하지 않는다면 문제가 되지 않는다.

간단히 말해 소프트웨어 시스템을 구축할 때 필요한 구현 부분(코드)과 운영 부분(배포와 오케스트레이션)에서 우리는 코드를 여러 개의 작은 마이크로서비스로 분할하여 더 간단하게 만들 수 있다. 그러나 이러한 변화는 운영을 어렵게 만든다. 한 부분을 간단하게 만들었지만 다른 부분은 어려워졌기 때문에 별 차이가 없는 것처럼 보인다. 하지만 '더 어려운' 부분인 운영의 복잡성을 자동화할 수 있다면 실제로는 더 좋은 결과를 얻을 수 있다.

지난 10년 동안 소프트웨어 운영 자동화는 상당히 발전했다. 앤서블^{Ansible}, 퍼핏^{Puppet}, 셰프^{Chef}, 테라폼, 도커, 쿠버네티스와 같은 운영 자동화 도구와 서버리스 함수, 다양한 클라우드 서비스를 사용하여 1986년에 브룩스가 상상했던 그 어떤 것보다 복잡한 운영을 훨씬 더 간단하게 만들 수 있었다. 하지만 실제로 코드를 작성하는 것은 1980년대와 마찬가지로 여전히 어렵다(물론 몇 가지 발전이 있었지만 중요할 만큼은 아니다). 따라서 코딩에서 운영으로 복잡성을 전환한다면 소프트웨어 구축을 더 쉽게 만들 것이다.

> **TIP** **마이크로서비스는 단순화를 제공한다.**
>
> 마이크로서비스 아키텍처는 복잡한 시스템의 구현에 훨씬 더 적합하다. 이는 본질적인 복잡성을 제거하지는 않기 때문에 브룩스의 「No Silver Bullet」 법칙에서 벗어나지 않는다. 마이크로서비스 아키텍처는 우리가 자동화, 설계, 코딩할 수 없는 영역에서 자동화에 능숙한 운영 영역으로 복잡성을 전환하는 것이다. 우리는 마이크로서비스 아키텍처를 활용함으로써 많은 이점을 얻을 것이다.

12.1.1 마이크로서비스 사분면

복잡성에 대해 더 자세히 알아보자. 시스템 이론에서는 까다로운^{complicate} 시스템과 복잡한^{complex} 시스템을 구분한다. 이는 의사 결정을 위한 시네핀 프레임워크$^{Cynefin\ framework}$[1]를 통해 더욱 확장되고 대중화되었다. 까다로운 시스템은 매우 정교하고 이해하기 어려울 수 있지만 본질적으로 예측 가능하며 한정된 수의 잘 정의된 규칙을 기반으로 한다. 복잡한 시스템은 본질적으로 비결정적이며 자유롭게 상호작용하는 많은 요소로 구성되어 결과적으로 새로운 행동을

---

1 *https://oreil.ly/3Wx_M*

일으킬 수 있다. 이러한 용어를 모놀리스와 마이크로서비스로 분류하면 모놀리스는 까다로운 시스템이며, 마이크로서비스는 복잡한 시스템에 더 가깝다.

또 다른 흥미로운 분류는 '쉬운easy'과 '단순한simple'의 개념이다. 동의어처럼 보이는 두 형용사는 디자인의 맥락에서 완전히 다른 의미를 지닌다. 흔히 단순한 디자인은 디자인하기 어렵다고 한다(애플의 원래 iPod과 iMac, 컴퓨터 마우스와 같은 단순한 디자인 발명품을 생각해보자). 그렇다고 쉬운 디자인이 항상 사용하기 편한 것은 또 아니다.

앞서 언급한 두 가지 관점을 축으로 마이크로서비스의 아키텍처 및 구현을 바라본 '마이크로서비스 사분면microservices quadrant'은 [그림 12-1]과 같다.

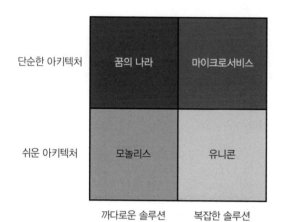

그림 12-1 마이크로서비스 사분면(출처: *https://oreil.ly/I05t8*)

이는 전반적인 복잡성과 단순성을 고려하여 다양한 유형의 솔루션을 사분면에 나열한 것으로 모놀리스와 마이크로서비스의 사분면은 다음과 같다.

- 마이크로서비스는 구현이 복잡하지만 단순한 아키텍처다.
- 모놀리스는 쉬운(하지만 단순한 것은 아닌) 아키텍처지만 구현이 까다롭다.

나머지 두 개의 사분면은 다음과 같다.

- 많은 소프트웨어 엔지니어가 단순한 아키텍처와 까다롭더라도 예측 가능한 구현을 가진 솔루션을 원한다. 사실 이러한 솔루션은 현실이 아닌 '꿈의 나라dreamland'에서나 존재할 것이다(우아하고 성공적인 비 마이크로서비스 구현이므로, 현대에 부정적인 의미를 내포하는 '모놀리스'라고 부르지 않는다). 하지만

시스템이 지속적으로 빠르게 변한다면 이러한 솔루션 내에서 문제를 해결하는 것은 꿈 속에서나 가능할 것이다.

- 오른쪽 아래 사분면에서는 최소한의 노력을 필요로 하는 쉬운 설계를 선택했지만 결국에는 복잡한 구현이 되었다. 이러한 소프트웨어는 지원 및 유지 보수를 위해 '10배의 개발자들'이 필요하기 때문에 여러 가지 면에서 상상 속에서나 존재하는 유니콘^{unicorn}이 될 것이다. 하지만 필자는 이러한 경우가 어딘가에는 존재할 것이라 확신한다.

마이크로서비스 사분면은 구현 복잡성과 단순성의 관점에서 마이크로서비스와 모놀리스를 비교한 특성을 이해하기 쉽게 표현한다.

복잡성의 관점에서 마이크로서비스 아키텍처의 특성을 이해했다면 이제 마이크로서비스 전환에 대해 논의해보자.

11장에서는 마이크로서비스의 복잡한 시스템과 기술 변화를 관리하는 데 필요한 마이크로서비스 아키텍처의 역할에 대해 논의했다. 하지만 마이크로서비스와 관련하여 또 다른 중요한 측면이 있다. 새로운 조직 및 기술 구조를 채택하여 마이크로서비스로 넘어갈 때 조직 전체가 거쳐야 하는 변화다. 다음 절에서는 전체적인 관점에서 마이크로서비스 전환에 성공하는 방법을 살펴보고 기술 만능주의의 함정을 피할 수 있는 방법을 다룬다.

12.2 마이크로서비스 전환 진행률 측정

마이크로서비스로의 전환에 대해 고려할 때에는 복잡한 기술과 조직 문화 변화가 필요하다는 사실을 기억해야 한다. 마이크로서비스를 신중하게 관리하지 않으면 마이크로서비스의 이점을 누릴 확률보다 문제가 발생할 확률이 훨씬 높다. 지난 몇 년 간 마이크로서비스에 대해 비판한 게시물에 따르면 다양한 실패 사례를 확인할 수 있다. 한 예로, 마이크로서비스 아키텍처를 채택하고 장점에 대한 블로그 게시물을 작성한 한 회사는 몇 년 후 마이크로서비스의 복잡성에 대해 불평하고 모놀리스로의 전환을 찬양하는 블로그 게시물을 작성했다. 일부 팀, 프로젝트, 기업의 경우 마이크로서비스가 실제로 잘못된 선택일 수 있지만, 실패의 원인이 항상 적합하지 않았기 때문은 아니다. 대부분은 올바르지 못한 실천이 실패의 근본적인 원인이다.

업체에서 구매하거나 오픈 소스 라이선스로 설치하여 '마이크로서비스'를 하룻밤 사이에 마법처럼 만들 수 있는 턴키^{turnkey} 소프트웨어는 없다. 게다가 성공을 보장하는 엄격한 정책과 지침 또한 없다. 실제로 마이크로서비스 아키텍처의 많은 특성은 미래 지향적이며 직접적으로 정량화할 수 없다. 독립적인 배포 가능성, 분산형 거버넌스, 인프라 자동화, 진화 아키텍처는 즉시 성과를 내거나 진행 상황을 쉽게 측정할 수 있는 것이 아니다. 마이크로서비스가 성숙할 때까지는 오랜 시간과 상당한 인내가 필요하며 거의 대부분 완벽하지 않다. 마이크로서비스 아키텍처로의 전환 초기에는 완벽하게 만드는 것이 목표가 되어서는 안 된다.

> **CAUTION_** 마이크로서비스 도입 초기 단계에서 가장 안 좋은 사례는 모든 마이크로서비스 원칙과 특성을 준수하도록 엄격하게 강제하며 통제하는 것이다. 마이크로서비스로의 전환은 긴 과정으로 인내와 측정이 필요한 여정이다.

마이크로서비스의 특성과 관련하여 팀의 성숙도를 고려할 때 채택해야 하는 것은 마이크로서비스 규모에 대해 논의할 때 설명한 철학과 대체로 유사하다. 마이크로서비스의 크기와 세분성은 시간이 지남에 따라 유기적으로 진화하며 초기에 대상을 세분화하여 시작하려는 시도는 옳지 않다. 마찬가지로 전환 초기에 독립적인 배포 및 자동화와 같은 '완벽한' 마이크로서비스 구현을 고집하는 것은 상당히 위험하다. 대신 팀이 실용성을 유지하고 그들 스스로 질문을 던지는 것이 중요하다.

- 쿠버네티스는 의심할 여지없이 시장을 선도하는 컨테이너 오케스트레이션 솔루션이지만 현재 이를 지원할 기술과 개발자 역량이 있는가? 현재 사용 중인 클라우드 호스팅에서 쿠버네티스 솔루션을 제공하는가? 또는 Amazon ECS와 같이 훨씬 더 간단한 것으로 시작해야 하는가?

- 초기에 인프라를 얼마나 자동화해야 하는가? 초기에는 어떤 수준의 셀프 힐링이 필요한가?

- (궁극적으로 인하우스^{in-house}로 다시 가져올 수 있더라도) 클라우드 제공 업체에 위임하여 관리할 수 있는 시스템은 무엇인가? 예를 들어 데이터베이스, 이벤트 스트림 등이 있는가? 새로운 데이터베이스 시스템으로 시작해야 할까? 또는 초기에 덜 강력하지만 클라우드에서 제공하는 데이터베이스를 사용하여 유지 보수 비용을 줄일 수 있는가?

대부분의 경우 이와 유사한 질문들에 대한 올바른 답은 초기에는 여유를 갖고 천천히 단계적으로 전환을 진행하는 것이다. 팀이 새로운 기술에 익숙하지 않다면 마이크로서비스를 도입할 때에 기존의 '지루한' 기술을 유지하는 것이 더 현명한 선택이 될 수 있다. 예를 들어 MySQL을 카산드라로 업그레이드하거나 자바를 고 언어로 바꾸는 별도의 작업을 하지 않는 것이다. 대신에 팀은 비즈니스 차이를 만드는 일에 집중한다. 인프라 설정, 기술 스택 업데이트, 새로운 도구에 대한 끝없는 실험으로 시간을 낭비해서는 안 된다. 이러한 지연은 전환 작업이 제대로 시작되기도 전에 관련 담당자를 지치게 만들 수 있다.

> **TIP** 마이크로서비스 아키텍처는 단순한 목적지가 아니라 여정이라는 점을 기억해야 한다. 이 여정에서는 과정이 가장 중요하며, 놀랍게도 현재의 상태는 상대적으로 훨씬 덜 중요하다. 특히나 초기 전환 단계에는 더욱 그렇다.

마이크로서비스 아키텍처의 핵심은 조정 비용을 최소화하는 것이다. 초기에 마이크로서비스 지지자들이 제시한 원칙을 얼마나 따랐는지와 관계없이, 조정 비용을 절감한 팀은 그들이 올바른 방향으로 나아간다면 성공적인 마이크로서비스 아키텍처를 구축할 수 있을 것이다. 여기에서의 접근 방식은 닐 포드[Neal Ford], 레베카 파슨스[Rebecca Parsons], 패트릭 쿠아[Patrick Kua] 가 쓴 『Building Evolutionary Architectures』(O'Reilly, 2017)에 나온 피트니스 함수[fitness function] 의 개념과 유사하다.

하지만 올바른 방향으로 나아가는지 어떻게 알 수 있을까? 물론 조정 비용을 절감하는 것이 우리의 핵심 목표지만 '조정 비용'을 값으로 측정할 수는 없다. 일부 팀은 '속도' 또는 '안정성'을 측정하려고 하지만 이러한 값 또한 파생적이며 측정이 어렵기 때문에 마찬가지로 문제가 된다. 속도와 안정성의 증가를 인지할 수는 있지만 인과 관계를 주장하기 위해 새로운 속도를 무엇과 비교할 것인가? 아무도 마이크로서비스와 모놀리스 아키텍처로 동일한 시스템을 구축하지 않는다. 속도의 증가는 직관적인 보람을 느낄 수는 있지만 비과학적이다. 안정성 증가를 측정하려는 시도 또한 마찬가지다.

대신에 필자는 세 가지 측정 지표를 제안한다. 그중 두 가지는 팀의 자율성을 높이는 것과 직접적인 관련이 있고 세 번째는 소프트웨어 팀(니콜 폴스그렌[Nicole Forsgren], 진 킴[Gene Kim], 제즈 험블이 쓴 『디지털 트랜스포메이션 엔진』(에이콘출판, 2020)가 전반적인 효율성을 가장 잘 설명한다.

- 모든 팀에서 자율적인 팀의 평균 규모
- 자율적인 팀이 다른 팀을 기다리지 않고 작업할 수 있는 평균 시간(작업 대기는 일반적으로 중요한 종속성에 의해 발생한다)
- 성공적인 배포 빈도

올바른 궤도에 오른 마이크로서비스 전환 단계에서는 자율적인 팀의 규모가 점차 감소하고 팀이 독립적으로 작업할 수 있는 시간이 증가해야 한다. 예를 들어 평균 자율 팀 규모는 15~20

명의 구성원이었다면 마이크로서비스를 구현한 후에는 점차적으로 10, 8, 6명으로 감소하기 시작해야 한다.

마찬가지로 조정과 관련된 교착상태의 빈도가 감소하는지도 관찰해야 한다. 조정 교착상태에는 자율적인 팀이 다른 팀(예를 들어 고가용성 카프카 또는 카산드라 클러스터를 제공하는 인프라 팀 또는 코드를 감사하는 보안 팀)이 제공하는 공유된 기능을 사용하기 위해 기다리는 동안 작업이 중단된다. 팀이 중단되는 또 다른 일반적인 예는 다양한 이해관계자가 중요한 결정을 내리는 조정 회의 결과를 기다려야 하는 경우가 있다.

이러한 전체 회의는 이해관계자의 우선순위가 다양하기 때문에 일정을 잡는 데에도 오랜 시간이 걸릴 수 있다. 상용 환경에 코드를 릴리스하기 전에 팀이 정리해야 하는 종속성 수를 추적하는 것도 측정할 가치가 있다. 추적할 이벤트 유형의 또 다른 중요한 예는 공유 데이터 모델의 변경으로 인해 다른 팀이 코드를 변경할 때까지 팀이 기다려야 하는지 여부다. 중단 트리거와 기간은 조직과 비즈니스의 상황에 따라 달라진다. 의미 있고 실행 가능한 교훈을 도출하고 개선할 수 있도록 트리거 유형과 중지 기간을 모두 추적하는 것이 중요하다.

세 번째 측정 항목인 배포 빈도는 조정 비용을 직접 측정하지 않지만 폴스그렌 등이 과학적으로 입증한 일반적인 측정 항목으로 팀 민첩성의 강력한 지표가 된다. 독립적으로 배포 가능한 마이크로서비스에 적용하면 경험상 마이크로서비스의 전환 상태를 나타낼 수 있다.

세 가지 메트릭을 지속적으로 측정하고 전환이 올바른 방향으로 진행되고 있는지 확인함으로써 팀은 모든 마이크로서비스 특성에서 완벽을 달성해야 한다는 불안에서 벗어나 장기적인 성공을 위해 스스로를 해방시킬 수 있을 것이다.

12.3 마치며

이 책의 마지막 장에서는 마이크로서비스에 대한 생각을 공유했다. 마이크로서비스는 복잡한 시스템을 더 간단하게 만들 수 있지만 '은빛 총알'은 아니다. 또한 반드시 마술처럼 복잡성을 제거하지 않아도 복잡성을 변경하여 최종 효과를 얻을 수 있다는 점을 이해해야 한다. 이러한 주장을 할 때에는 '복잡성'이 의미하는 바를 명확히 이해하는 것이 도움이 된다. 이는 '까다로운' 시스템의 개념과는 다르며, 다양한 시스템을 분류할 때 '쉬운' 아키텍처 접근 방식과 '단순한' 아키텍처 접근 방식의 차이를 알아야 한다.

이후로는 마이크로서비스 전환 중에 인내의 중요성과 장기적인 전망에 대한 필자의 관점을 공유했다. 마이크로서비스 전환은 단거리 경주가 아닌 마라톤이며 성공하고자 하는 팀은 적절한 도구를 갖추고 현재의 상태보다는 변화의 궤도에 더 집중해야 한다. 마이크로서비스 전환이 올바른 길을 가고 있는지 확인하기 위해 몇 가지 신뢰할 수 있는 지표를 측정하는 습관을 갖길 권한다.

마지막으로 이 책과 함께한 시간이 즐거웠기를 바란다. 이전보다 더 많은 실용적인 지침을 얻어갔기를 바라며 우리가 제공한 코드와 예제가 도움이 되었기를 바란다.

우리는 여러분이 마이크로서비스 전환으로의 여정에서의 큰 성공을 거두기를 기원한다. 여러분만의 마이크로서비스를 구현했을 때 배운 것이 무엇인지 들을 수 있기를 기대하겠다.

INDEX

INDEX

INDEX

INDEX

INDEX

INDEX

INDEX